股市短线稳健掘金

张 莲 ◎ 编著

中国铁道出版社有限公司
CHINA RAILWAY PUBLISHING HOUSE CO., LTD.

内 容 简 介

全书从短线投资的角度出发，介绍了各类实用的短线交易策略及投资技术，具体包括看懂盘面信息、K线及其中的短线交易信号、从成交量变化判断短线买卖点、借助技术指数寻找短线机会、根据趋势变化做短线交易判断及超短线T+0操盘等内容。书中内容丰富，结构完整，能够帮助投资者建立成熟、有效且稳健的短线交易系统，从而提高投资者的技能。

书中内容既适合老股民夯实自身技法，提升技能，也适合新股民系统地学习短线投资知识和成功经验。

图书在版编目（CIP）数据

股市短线稳健掘金/张莲编著.—北京：中国铁道出版社有限公司，2022.6
ISBN 978-7-113-28956-0

Ⅰ.①股… Ⅱ.①张… Ⅲ.①股票投资-基本知识 Ⅳ.①F830.91

中国版本图书馆CIP数据核字(2022)第039849号

书　　名	**股市短线稳健掘金** GUSHI DUANXIAN WENJIAN JUEJIN
作　　者	张　莲
责任编辑	张亚慧　　编辑部电话：(010) 51873035　　邮箱：lampard@vip.163.com
封面设计	宿　萌
责任校对	孙　玫
责任印制	赵星辰
出版发行	中国铁道出版社有限公司（100054，北京市西城区右安门西街8号）
印　　刷	三河市宏盛印务有限公司
版　　次	2022年6月第1版　2022年6月第1次印刷
开　　本	700 mm×1 000 mm　1/16　印张：13.75　字数：206千
书　　号	ISBN 978-7-113-28956-0
定　　价	69.00元

版权所有　侵权必究

凡购买铁道版图书，如有印制质量问题，请与本社读者服务部联系调换。电话：(010) 51873174
打击盗版举报电话：(010) 63549461

前言

股票投资是目前很多人财富增值的一种方法，上市股票流动性强，投资门槛较低，投资者只要具备闲散资金便可随时买入，待到需要资金时也可以随时卖出。不仅可以提高闲散资金的利用率，还能通过投资收益增加收入来源。

但是，股市瞬息万变，稍有不慎可能遭受严重的经济损失。因此，投资者要根据自己的实际情况，选择适合自己的投资方法，做适合自己的投资。

股市投资从投资期限上来看可以分为长线投资、中线投资及短线投资。方法没有优劣之分，只有适合与不适合。对于空闲时间较少、闲置资金比较充裕、投资心态较好的人来说，比较适合长线投资；而对于空余时间较多，能够长时间盯盘，关注盘面变化，资金闲置的期限较短，且反应灵敏的人来说，则更适合短线或中线投资。

笔者从短线投资的角度出发编写本书，书中介绍了各类实用的短线交易策略及投资技术，帮助投资者建立成熟、有效且稳健的短线交易系统，从而提高投资者的技能。

全书共七章，可大致划分为三个部分：

◆ 第一部分为第 1 章，这部分为基础认识，主要介绍了短线投资的基本内容，帮助读者正确认识短线，树立正确的短线投资意识，掌握短线投资要点。

- ◆ 第二部分为第2～6章，这是本书的主要部分，也是重点部分，从各个方面为读者介绍了短线的交易方法，包括看懂盘面信息、K线及其中的短线交易信号、从成交量变化判断短线买卖点、借助技术指数寻找短线机会及根据趋势变化做短线交易判断等。
- ◆ 第三部分为第7章，这部分是对短线操作技术的能力提升，主要介绍了短线中的超短线T+0，帮助投资者学会在交易日当天进行恰当的买进、卖出操作，通过价差获得收益。

本书的优势在于帮助投资者掌握实用、成熟和稳健的短线交易方法，书中专门介绍了多种实用性强的交易策略和投资方法，以便投资者选择使用。书中图文并茂，结合大量的实际案例来进行知识点的讲解分析，便于读者深入理解相关经验和战术。

书中内容既适合老股民夯实自身技法，提升技能，也适合新股民系统地学习短线投资知识和成功经验。最后，希望所有读者都能从书中学到想学的知识，在股市获利，也请牢记，股市有风险，投资需谨慎。

作　者

2022年2月

目录

第1章 正确理解"短线投资"再行动

短线投资，从表面上看比较简单，无非就是缩短投资期限而已，实际上这样片面的理解是不正确的。不同的投资期限需要不同的投资策略，也会带来不同的投资结果，投资者如果想要利用"短线"获利，首先有必要正确认识短线投资。

1.1 短线投资的基础认识 2
1.1.1 什么是短线投资 2
1.1.2 短线操作需具备的基本条件 3
1.1.3 短线投资优缺点分析 4

1.2 短线必知的交易原则 5
1.2.1 顺应行情趋势 5
实例分析 珠海中富（000659）短线顺势策略 6
1.2.2 避免全仓交易 7
1.2.3 反向加仓是大忌 8

I

1.3 短线获胜秘诀是仓位管理 9
1.3.1 加仓与减仓 9
1.3.2 设置止盈位 13
实例分析 深康佳A（000016）回落止盈 14
1.3.3 设置止损位 16

第2章 操作短线看清分时图信息很关键

分时图是投资者实时掌握多空力量转化的关键，尤其对于短线投资者来说，分时图是帮助投资者做出准确买进卖出决定的关键所在。因此，投资者有必要仔细看清分时图中隐藏的各类信息。

2.1 看清大盘和个股分时图的信息 18
2.1.1 认识大盘分时图 18
2.1.2 认识个股分时图 20
2.1.3 判断当日大盘强弱 21

2.2 个股分时图的看盘要点 22
2.2.1 早盘的看盘关键 22
2.2.2 盘中的看盘技巧 26
2.2.3 尾盘中不可忽视的一些信息 27
实例分析 中国天楹（000035）尾盘急速拉升分析 28
实例分析 许继电气（000400）尾盘跳水分析 29

2.3 分时图寻找短线交易点位 31
2.3.1 回落不破均价线 31
实例分析 藏格控股（000408）股价回落不破均价线 31
2.3.2 股价线放量拉升 32
实例分析 丰原药业（000153）放量拉升 32

目 录

  2.3.3 台阶式拉升 33
    实例分析 潍柴动力（000338）台阶式拉升 33
  2.3.4 放量回调退出为宜 34
    实例分析 英特集团（000411）放量回调 34
  2.3.5 多次反弹受阻 35
    实例分析 南京公用（000421）多次反弹受阻 35

2.4 涨停板下的短线机会 36
  2.4.1 开盘即涨停 36
    实例分析 金陵矿业（000655）一字涨停 37
  2.4.2 跳空高开涨停 38
    实例分析 广弘控股（000529）跳空高开高走至涨停 39
  2.4.3 台阶式涨停 40
    实例分析 北清环能（000803）台阶式涨停 41

第 3 章 找到 K 线中潜藏着的短线交易信号

  K 线是记录每日或某一周期股市交易情况的重要工具，不同的 K 线形态显示出不同的意义。投资者可以从这些 K 线形态和变化之中找到重要的市场信息，帮助进行短线投资。

3.1 具有指示意义的单根 K 线 44
  3.1.1 底部长下影线 44
    实例分析 中信海直（000099）底部长下影线分析 44
  3.1.2 底部放量大阳线 45
    实例分析 申万宏源（000166）底部放量大阳线分析 45
  3.1.3 上涨途中长上影线 46
    实例分析 海德股份（000567）上涨途中长上影线分析 46
  3.1.4 高位十字线 47

实例分析 炼石航空（000697）高位十字线分析 47

3.1.5 高位放量大阴线 48
实例分析 苏宁易购（002024）高位放量大阴线分析 48

3.2 双日 K 线发出的买卖信号 49

3.2.1 乌云盖顶 49
实例分析 东江环保（002672）乌云盖顶分析 49

3.2.2 曙光初现 50
实例分析 焦作万方（000612）曙光初现分析 51

3.2.3 淡友反攻 51
实例分析 苏宁环球（000718）淡友反攻分析 52

3.2.4 好友反攻 53
实例分析 万邦德（002082）好友反攻分析 53

3.3 一些特殊的多日 K 线组合 54

3.3.1 早晨之星 54
实例分析 天融信（002212）早晨之星 55

3.3.2 黄昏之星 55
实例分析 圣农发展（002299）黄昏之星 56

3.3.3 三个白武士 57
实例分析 财信发展（000838）三个白武士 57

3.3.4 三只乌鸦 58
实例分析 报喜鸟（002154）三只乌鸦 58

3.4 K 线的一些技术形态 59

3.4.1 V 形底与倒 V 形顶 60
实例分析 穗恒运 A（000531）V 形底 61
实例分析 荣盛石化（002493）倒 V 形顶 62

3.4.2 W 形底与 M 形顶 63
实例分析 林海股份（600099）W 形底 65

|실例分析| 亚厦股份（002375）M 形顶 66
 3.4.3 头肩底与头肩顶 67
  |实例分析| 惠天热电（000692）头肩底 68
  |实例分析| 万年青（000789）头肩顶 70
 3.4.4 圆弧底与圆弧顶 71
  |实例分析| 酒鬼酒（000799）圆弧底 71
  |实例分析| 国光电器（002045）圆弧顶 73

第 4 章 依据成交量的变化情况操作短线

  成交量既是股价上涨的原动力，也是股价下跌的主要原因之一，没有成交量做支撑的上涨，往往为无效上涨，不会持续太久。而在下跌行情中，如果伴随着量能放大，说明空头动力强劲，市场看空。因此，投资者可以借助成交量的增减情况来判断股价的涨跌变化，进而找到合适的短线操作机会。

4.1 成交量形态释放出买卖信号 76
 4.1.1 认识成交量的基本形态 76
 4.1.2 低位连续地量 78
  |实例分析| 常山北明（000158）低位连续地量 79
 4.1.3 低位逐步放量 79
  |实例分析| 湖北宜化（000422）低位逐步放量 80
 4.1.4 低位出现天量 81
  |实例分析| 天音控股（000829）低位出现天量 81
 4.1.5 高位出现天量 82
  |实例分析| 潍柴重机（000880）高位出现天量 82

4.2 从量价关系变化寻找买卖点 83
 4.2.1 量增价涨 83
  |实例分析| 长源电力（000966）上涨初期量增价涨 84

| 4.2.2 | 量增价平 | 84 |

实例分析 天奇股份（002009）上涨初期量增价平...........85

| 4.2.3 | 量增价跌 | 86 |

实例分析 思源电气（002028）上涨初期量增价跌...........87

| 4.2.4 | 量平价涨 | 88 |

实例分析 七匹狼（002029）上涨初期量平价涨...........89

| 4.2.5 | 量平价平 | 90 |

实例分析 深粮控股（000019）下跌途中量平价平...........91

| 4.2.6 | 量平价跌 | 92 |

实例分析 方大集团（000055）下跌末期量平价跌...........93

| 4.2.7 | 量减价涨 | 94 |

实例分析 东方盛虹（000301）上涨途中量减价涨...........95

| 4.2.8 | 量减价平 | 96 |

实例分析 湖北宜化（000422）上涨途中量减价平...........97

| 4.2.9 | 量减价跌 | 99 |

实例分析 长虹华意（000404）上涨途中量减价跌...........99

第5章　借助技术指标寻找短线机会

技术指标是股票投资、技术分析过程中不可或缺的工具，泛指一切通过数学公式计算得出的股票价格的数据集合。技术指标可以帮助投资者看清变幻莫测的市场，提高投资准确性。市场中的技术指标有很多，本章将介绍一些重要指标的具体使用方法。

5.1　均线判断交易时机..........102

5.1.1　均线中的黄金交叉与死亡交叉..........102

实例分析 平潭发展（000592）均线金叉买进信号...........103

实例分析 万年青（000789）均线死叉卖出信号...........104

5.1.2 均线多头排列与空头排列...105
实例分析 承德露露（000848）均线多头排列追涨信号.....................105
实例分析 海印股份（000861）均线空头排列看空...........................107
5.1.3 均线银山谷、金山谷与死亡谷...109
实例分析 冠农股份（600251）银山谷和金山谷分析........................109
实例分析 恒力石化（600346）死亡谷分析...................................111

5.2 KDJ 发出的短线操作命令..112
5.2.1 KDJ 超卖与超买...113
实例分析 太龙药业（600222）KDJ 超卖分析................................114
实例分析 金杯汽车（600609）KDJ 超买分析................................115
5.2.2 KDJ 的金叉与死叉...116
实例分析 复星医药（600196）KDJ 金叉买入信号分析...................116
实例分析 金杯汽车（600609）KDJ 死叉卖出信号分析...................117
5.2.3 KDJ 底背离与顶背离...118
实例分析 快克股份（603203）KDJ 底背离...................................119
实例分析 华懋科技（603306）KDJ 顶背离...................................120

5.3 MACD 指标捕捉短线机会..121
5.3.1 通过 DIF 与 DEA 的值及线的位置判断市场行情强弱...............121
5.3.2 DIF 线与 DEA 线的交叉情况...124
实例分析 皇庭国际（000056）MACD 低位金叉.............................124
实例分析 紫光股份（000938）MACD 高位金叉.............................125
实例分析 中国重汽（000951）MACD 高位死叉.............................126
实例分析 东睦股份（600114）MACD 低位死叉.............................127
5.3.3 MACD 中柱线的变化信号...128
实例分析 科新发展（600234）MACD 红翻绿................................129
实例分析 中再资环（600217）MACD 绿翻红................................130
5.3.4 MACD 的底背离与顶背离...131
实例分析 飞亚达（000026）MACD 底背离...................................131
实例分析 恒力石化（600346）MACD 顶背离...............................133

第6章 利用趋势线短线操作实战判断

趋势线是股市实战分析中最常见、运用最多，也是最实用的一种预测手段和工具。短线投资者可以利用趋势线快速、准确地预测股价未来一段时间的变化趋势，从而找到合适的买入卖出点。

6.1 趋势线帮助判断行情趋势……………………………………………………135
6.1.1 趋势的运行方向………………………………………………………136
6.1.2 趋势的周期……………………………………………………………138
实例分析 国旅联合（600358）中期趋势分析……………………………140
6.1.3 趋势线的支撑作用与压制作用………………………………………141
实例分析 八一钢铁（600581）上升趋势线支撑作用分析………………142
实例分析 电子城（600658）下降趋势线的压制作用分析………………144

6.2 通过绘制趋势线找寻趋势……………………………………………………146
6.2.1 如何画趋势线…………………………………………………………146
实例分析 江苏索普（600746）绘制上升趋势线…………………………146
实例分析 鹏博士（600804）绘制下降趋势线……………………………148
6.2.2 趋势线的有效性验证…………………………………………………149
实例分析 北京城乡（600861）验证上升趋势线有效性…………………150
实例分析 淮北矿业（600985）验证下降趋势线有效性…………………151
6.2.3 趋势线的修正…………………………………………………………151
实例分析 宝丰能源（600989）趋势线向内修正…………………………152
实例分析 骆驼股份（601311）趋势线向外修正…………………………153

6.3 利用趋势线判断趋势拐点……………………………………………………154
6.3.1 上升趋势线发出的转势信号…………………………………………154
实例分析 宇通客车（600066）向下跌破上升趋势线转势………………155
6.3.2 下降趋势线发出的转势信号…………………………………………157
实例分析 中牧股份（600195）向上突破下降趋势线转势………………158

6.3.3 水平趋势的向上突破与向下跌破 159
　　实例分析 南山铝业（600219）向上突破上水平趋势线 161
　　实例分析 青松建化（600425）向下跌破下水平趋势线 163

第 7 章　短线操作中的超短线 T+0

　　短线投资通常是指一个月以内的股票投资。在短线操作中还有一种超短线的情况，即盘中 T+0，投资者在交易日当天完成买进、卖出操作，实现套利，完成对资金的充分利用。

7.1　超短线 T+0 的操作思路 166
　7.1.1　股市如何实现 T+0 166
　7.1.2　寻找适合 T+0 的个股和时机 167
　7.1.3　T+0 超短线操作必须遵循的原则 168

7.2　不同方向下的 T+0 交易 170
　7.2.1　先买后卖，顺向 T+0 170
　　实例分析 招商银行（600036）低开低走顺向 T+0 170
　　实例分析 歌华有线（600037）平开高走顺向 T+0 171
　　实例分析 人福医药（600079）股价走强顺向 T+0 172
　7.2.2　先卖后买，逆向 T+0 174
　　实例分析 郑州煤电（600121）高开低走逆向 T+0 175
　　实例分析 中国巨石（600176）平开低走逆向 T+0 177
　　实例分析 创兴资源（600193）股价冲高回调逆向 T+0 178

7.3　找到分时图中的 T+0 买卖点 180
　7.3.1　根据股价线与均价线来判断买点 180
　　实例分析 伊力特（600197）跌至均价线获得支撑买进 181
　　实例分析 江苏吴中（600200）股价上涨突破均价线买进 182
　　实例分析 鲁商发展（600223）股价线在均价线上方震荡买进 183

7.3.2　根据成交量的变化情况来判断买点 ... 183
　　实例分析 浙江广厦（600052）低位放量拉升买进 ... 184
　　实例分析 林海股份（600099）放量突破横盘 ... 185
　　实例分析 明星电力（600101）成交温和持续放量 ... 186
7.3.3　根据股价线形态来判断买点 ... 187
7.3.4　根据股价线与均价线来判断卖点 ... 190
　　实例分析 中铝国际（601068）上涨快速突破又回到均价线下方 ... 190
　　实例分析 中国化学（601117）股价跌破均价线转势信号卖出 ... 191
　　实例分析 国泰君安（601211）股价线在均价线下方震荡卖出 ... 192
7.3.5　根据成交量变化判断卖点 ... 193
　　实例分析 中国中铁（601390）股价无量上涨卖出 ... 193
　　实例分析 成都银行（601838）股价放量滞涨卖出 ... 194
7.3.6　根据股价线形态来判断卖点 ... 195

7.4　T+0 仓位管理的要点 ... 198

7.4.1　学会建立底仓的方法 ... 199
7.4.2　T+0 半仓低吸 ... 202
　　实例分析 今世缘（603369）T+0 半仓低吸 ... 202
7.4.3　T+0 半仓高抛 ... 203
　　实例分析 淳中科技（603516）T+0 半仓高抛 ... 204

第1章
正确理解"短线投资"再行动

短线投资,从表面上看比较简单,无非就是缩短投资期限而已,实际上这样片面的理解是不正确的。不同的投资期限需要不同的投资策略,也会带来不同的投资结果,投资者如果想要利用"短线"获利,首先有必要正确认识短线投资。

1.1　短线投资的基础认识

短线投资是相较于长线投资的一种说法，是从投资期限的角度进行的一种分类，即投资者在短期内买进再卖出股票，以赚取差价收益的投资行为。从概念上来看，短线投资比较简单，但其中却潜藏着许多不可不知的重要知识，掌握这些知识内容可以提高投资获胜的概率。

1.1.1　什么是短线投资

短线投资的关键在于"短"，即投资者一次买卖过程的时间比较短，但是，具体的投资时间有多短并没有一定的标准。一般来说，持仓时间小于一个月的交易行为都是短线交易，许多追求短时间差价收益的投资者还会以2～3天为股票短线操作的时间。

由此可见，短线投资最大的特点就是在短期内快速获利出局，以便寻找新的投资目标。需要注意的是，短线投资中的快速买进卖出并非运气使然，也非慌乱匆忙的操作，而是以丰富的投资经验为基础、科学合理的分析为辅助，做出的准确稳妥的投资操作。因此，短线投资要求投资者具备一定的投资经验和技术分析的方法。

另外，投资者还需要了解短线投资与长线投资除投资期限外的区别。长线投资属于价值投资，是一种以时间换空间的投资方式，而短线投资则不同，它是一种短期投资行为，一旦发现可能存在差价收益就会立即出击。所以对于短线投资者来说，公司业绩好坏、市盈率高低及行业发展前景等并不是特别重要，重要的是股价是否存在较大幅度的涨跌，可获利的空间大不大。

长线投资与短线投资两种投资策略可以说并不存在孰优孰劣，选择时首先考虑投资者的个人投资风格倾向，其次则是考虑资金状况。如果投资者拥有资金的时间比较短,且具备一定的风险承受能力,那么可以考虑短线投资;如果投资者拥有资金的时间比较长,且市场又处于不断上升的行情中,则可以考虑长线投资。

1.1.2 短线操作需具备的基本条件

短线投资操作看起来比较简单,但是真正想要在风起云涌的股市通过短线操作实现获利却并不容易,投资者除了要有充裕的资金外,还必须具备以下基本条件。

◆ 敏锐的市场洞察力

敏锐的市场洞察力是短线投资者不可或缺的一种能力。短线投资讲究快进快出,这就要求投资者能快速、准确地抓住市场中一闪即逝的投资机会,这自然离不开投资者的洞察力。

其次,A股市场每天热点不断更替,投资者如果能够从中正确选择热点题材,找到潜在黑马,自然能够实现获利。

◆ 充足的时间与精力

短线投资对投资者的个人时间和精力要求比较高。因为短线投资者想要准确抓住市场中快进快出的机会,必然要实时注意并掌握盘面变化。这就需要投资者投入大量的时间和精力来盯紧盘面,如果投资者不能空出大量的时间和精力,显然并不适合短线投资这种投资方式。

◆ 一定的投资经验

短线投资对投资者自身的专业素养具有一定的要求,如果投资者具备一定的投资实战操作经验和盘面分析技术,那么应对短线投资时必然能够更加得心应手。

◆ 个性上胆大、心细

短线要求"快进、快出",这就需要投资者具备耐心、冷静、干脆、果断、大胆及反应快等心理素质，否则面对转瞬即逝的机会犹犹豫豫，不仅不能够通过短线实现获利，还可能遭受重大的经济损失。

综上所述，投资者想要成为一名短线高手，需要自身做好充足的准备，这样才能降低风险。

1.1.3 短线投资优缺点分析

说起短线投资，很多人对它的印象就是快速获利。其实不然，短线投资虽然提高了资金的利用率，使投资者有了更多的投资机会，但是如果投资者不能正确、客观地认识短线投资，很可能陷入短线投资误区之中。短线投资优势明显，但也存在一些不可忽视的缺点，具体如下：

（1）短线投资的优势

短线投资最吸引人的就是它的优势，主要有以下3点。

①**短线操作能够提高资金利用率。**投资者根据盘面变化买进卖出，对持股进行切换，提高了资金利用率。而中长线投资将资金长时间放在单只股票上，很有可能因为错过一段时间的热点题材而错失一些不错的投资机会，甚至本身持有的股票还可能被套亏损。

②**短线操作有利于及时抓住上升趋势。**短线操作通常只需要对近期的行情做出研判和预测，然后及时地做出买进卖出操作，这比长线操作更容易抓住上升趋势。因为股票运行的时间越长，未知的可能性就越多，判断和操作上发生误差的概率也就越大。

③**短线操作方式更灵活。**短线操作主要是做波段投资，资金快进快出更灵活，而长线投资通常资金量更大，买进卖出需要花费的时间更长，所以相较而言，短线投资操作更灵活。

（2）短线投资的缺点

与优点相对应的是缺点，短线投资也存在一些不容忽视的缺点，具体包括以下 3 点。

①投资成本更高。 短线操作中投资者频繁进出，交易佣金也会同时增加，累计来看一年下来的佣金可能是资金量的几个点到十几个点，明显提高了投资成本。如果投资者短线获利的空间不大甚至抵扣这些佣金。

②短线投资无法操作较大的资金量。 如果投资者短线交易的资金量过大则难以实现快进快出，进而错失较好的买进卖出机会。

③短线投资难以把握趋势。 股市中的一些反弹趋势具有反弹较快、维持时间较短的特点，想要预测这种短期的反弹走势要比把握整个上涨或下跌行情要难许多。

综上所述，短线投资既有优势也有劣势，股市投资有风险，短线同样如此，投资者入市需谨慎。

1.2 短线必知的交易原则

俗话说"没有规矩，不成方圆"，放在短线操作中同样适用。短线操作并非单纯地追涨杀跌，需要遵循相关的短线交易原则，才不会犯常见的投资错误，提高获胜概率。

1.2.1 顺应行情趋势

短线操作应顺势而为，简单来说就是顺着当前股价运行的方向进行买卖操作。如果当前股价处于上升趋势就买入持股，如果当前股价止涨下跌便卖出手中持股，及时出局。

对于中长线投资者来说，投资策略以长期持有为主，所以只要股价整体运行趋势向上，则可以忽略短期内的股价波动。所以中长线投资者可能出现逆势而为的情况，例如在下跌末期买进，持有一段时间等待后市的大爆发。但是，短线操作则不同，短线要求快进快出，所以只有在明朗的行情趋势中操作，才能降低投资操作的风险。下面看一个具体的案例。

实例分析

珠海中富（000659）短线顺势策略

如图 1-1 所示为珠海中富 2018 年 12 月至 2021 年 9 月的 K 线走势。

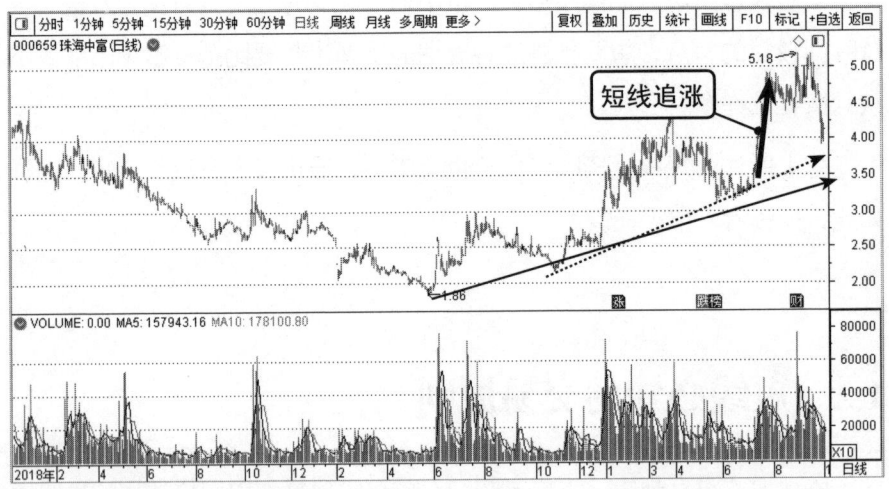

图 1-1　珠海中富 2018 年 12 月至 2021 年 9 月的 K 线走势

以图中所示的这段 K 线走势为例，对于长线投资者和短线投资者来说有不同的思考。

①长线投资者

长线投资者以长期持有为主，所以前期发现处于大幅下跌趋势中的个股时便会引起注意，如本例中的珠海中富，前期处于下跌趋势中，下跌空间较大。2020 年 5 月，股价运行至 2.00 元价位线附近时止跌，与此同时下方成交明显放量，说明场内有主力资金介入，后市可能迎来一波上涨，所以长线投资者极有可能在此位置抄底买进。

买进后，股价确实止跌回升，表现出震荡上涨的走势，重心不断上移，只要个股没有明确的转势信号，投资者都不会轻易抛售手中持股。

②短线投资者

对于短线投资者来说则不同，首先 2020 年 5 月，在 2.00 元位置，虽然股价出现了止跌迹象，但是并没有明显上涨迹象，趋势不明显，短线投资者不会轻易入场。

随后股价震荡向上，绘制趋势线发现该股明显处于上升趋势中，有短线操作条件。2021 年 7 月，股价回调至 3.25 元附近止跌，随后下方成交再次放量，K 线收出大阳线，股价再次向上拉升，此时为短线投资者买进机会。

投资者跟进后股价放量冲高，几个交易日后止涨横盘，此时为短线投资者的离场时机。

可以看到，短线与长线投资存在较大差异，短线投资顺应趋势追涨，机会把握得好的话风险更低，投资更稳健。

1.2.2 避免全仓交易

全仓交易是投资大忌，尤其是在短线投资中，全仓更容易使投资者遭受重大的经济损失。想要避免全仓交易出现经济损失，投资者首先要对"仓位"这一名词进行了解。

股票仓位是指投资者实有投资资金和实际投资资金的比例。全仓是指买卖股票不分批次，一次性建仓或一次性平仓、斩仓的投资方式。除了全仓外，还有轻仓、半仓及重仓的说法。例如，某投资者拥有 10.00 万元资金进行股票投资，现用 5.00 万元买进某只股票，则为半仓操作；如果花费 2.00 万元买进某只股票，则为轻仓操作；如果花费 8.00 万元买进某只股票，则为重仓操作；如果直接将 10.00 万元全部投资某只股票，则为全仓操作。

股市中的一些投资者，尤其是新手投资者，通常比较青睐于全仓买入和全仓卖出，这样的投资方式简单，也不会错过逢高加仓时的那一段利润空间。如果投资者能够预判出比较准确的低位底部，且还能研判出比较准确的顶部高位，那么这将是一次比较成功的投资，能够实现最大化的收益。

但是，在实际投资中，这显然是一种理想状态，投资者想要准确找到底部和顶部比较困难。这样全仓买进／卖出的行为显然增加了投资风险，一旦投资决策出现失误，将损失惨重，甚至连回本的余地都没有了。

其次，投资者全仓买进后，如果出现下跌，即便只是下跌一个点位就会带来重大的损失，这样的波动容易引起投资者的心态变化，甚至心态崩塌，这在投资实战中显然是不利的。

此外，从投资心理的角度来看，钟爱全仓交易的投资者具有一定的赌徒心理，认为投资不是跌就是涨，靠的是运气，只要能博对就能获胜。但其实不是，在投资中合理控制交易的资金比例，能够有效地降低市场风险，提高获胜概率。尤其是对短线投资者而言，这是非常重要的，避免全仓操作是短线交易者的一个基本原则。

1.2.3 反向加仓是大忌

反向加仓是指在股价下跌的过程中逐渐加仓，越跌越买，以便向下摊低持股成本，这是股市投资中比较常见的一种建仓手法。但是，这种方法却不适宜运用在短线交易中。

因为短线操作的时间较短，在股价还在下行的趋势中介入比较危险，即便确实想要买进，至少也应该等待下行趋势结束，出现明显的止跌信号时再买进，否则投资风险较大。

如果投资者判断失误，逆势建仓，将会遭受重大的经济损失，买得越多套得越多，股价跌得越深套得越狠，回本的概率也就越低。

反向加仓并非不可取，而是这种加仓方式对投资者本身有较高的能力要求。投资者不仅需要具备敏锐的市场洞察力、准确的研判能力，还需要具备足够的耐心，所以反向加仓这种操作显然并不适用于短线交易之中。

1.3 短线获胜秘诀是仓位管理

在前面的短线交易原则中我们提到过，短线忌讳全仓交易，投资者需要做好仓位管理，合理控制交易资金比例，才能做好风险与收益之间的平衡，这也是短线获利的关键所在。

1.3.1 加仓与减仓

仓位管理实际上是指投资者根据市场中的股价变化情况来调整控制自己的仓位。简单来说，如果投资者觉得后面的行情上涨概率较大，就逐渐加仓，增加持股比例；如果投资者觉得后面的行情下跌概率较大，就逐渐减仓，减少持股比例。

不同的市场行情中适用的加减仓方法不同，且不同投资风格的投资者选择的加减仓方法也不同，这里介绍几种比较常见的加减仓方法。

（1）加仓方法

股市常见的加仓方法有如下这些。

◆ 橄榄形加仓法

如果投资者看好某只股票的后市发展，可以先少量加仓试探，一旦出现盈利，并不立即平仓而是大量加仓跟进，如果价格继续上扬，则将余下剩余部分资金全部投入进去。这样的加仓方式使得资金两头轻、中间重，形状上类似于橄榄，所以称为橄榄形加仓法。如图1-2所示为橄榄形加仓法示意图。

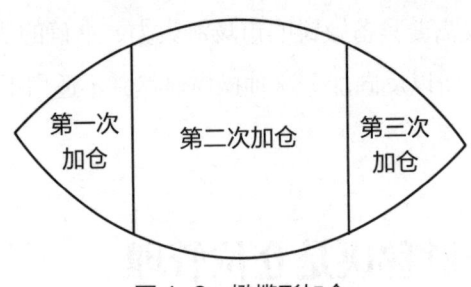

图 1-2　橄榄形加仓

橄榄形加仓法是一种比较稳健的加仓方式，前期是少量买入进行试探，确认行情，一旦行情发动立即大量跟进追涨，不放过行情，此时为获利的主要部位。之后趋势反转的概率增大，风险增加，加轻仓可以避免较大的损失。

◆ 金字塔加仓法

金字塔加仓法是指投资者看好某只股票后市的发展，在某价格位置大量买进；随后股价出现一定涨幅后再加仓，但加仓的仓位比第一次仓位更少；如果股价继续上扬，则再次加仓，加仓的仓位比上一次更少，以此类推。这种逐渐减少加仓的比例的加仓方式，外形上与金字塔相似，所以被称为金字塔加仓法。如图 1-3 所示为金字塔加仓法。

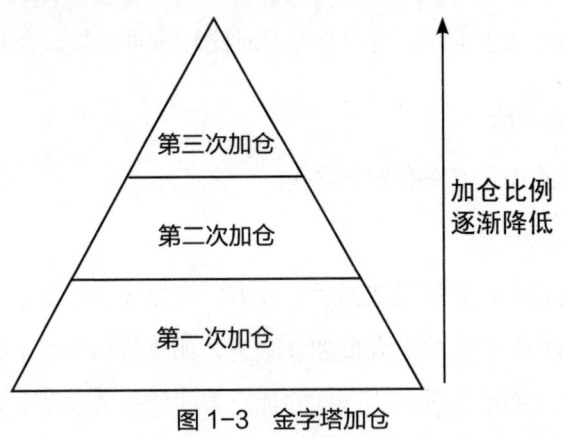

图 1-3　金字塔加仓

金字塔加仓法能够有效避免亏损。例如，如果在第一次加仓后发生行情逆转，可以在第一笔开仓价位和第一次加仓价位之间的中间价格位置以前全部清仓。

◆ 等比加仓法

等比加仓法比较容易理解，即在投资之前投资者将资金平均分成数等份，如果行情按照预期发展逐渐上行，则按等量资金逐次加仓即可。因为每次加仓的比例相同，形状上像矩形，所以也被称为矩形加仓法。如图1-4所示为等比加仓法示意图。

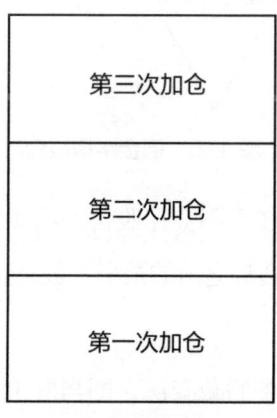

图1-4 等比加仓

（2）减仓方法

当行情出现见顶或发生转折时，投资者就要注意减仓。减仓不仅是帮助投资者获利了结，锁定收益，也能避免行情转变使投资者收益减少或遭受重大损失。常见的减仓方法有以下这些。

◆ 倒金字塔减仓法

倒金字塔减仓法指股价运行至高位出现见顶信号，为锁定前期收益，投资者第一次卖出大部分持股，使收益落袋为安；随后如果股价下跌，投资者再卖出部分持股，但卖出的比例比上一次低；如果股价继续下跌，投资者再卖出剩余全部持股，清仓离场。这样的逐渐减仓的方式，从形状上看像一座倒立的金字塔，所以也被称为倒金字塔减仓法，如图1-5所示为倒金字塔减仓法示意图。

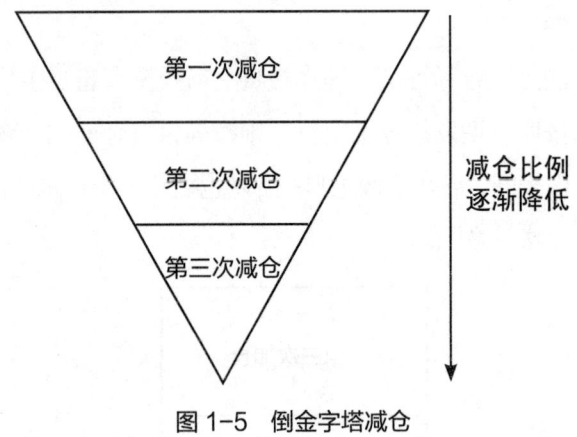

图1-5 倒金字塔减仓

倒金字塔减仓的优势在于不会在股价即将见顶时，满仓重仓增大投资的风险，同时也不会错过转势之前的最后一波行情。

◆ 一刀切减仓法

一刀切减仓法是最简单的减仓法，即当股价出现转势信号或者破位下跌时，就立即斩仓离场。这样的操作方法虽然简单，但是失误率也更高，一旦判断失误则可能损失大量的利润。

◆ 逐步减仓法

逐步减仓法指投资者在对股票后市发展不确定的情况下，先减少部分持仓，等行情清晰之后再做进一步减仓。这样的操作方法与倒金字塔有些类似，区别在于减仓的比例比较灵活，可以根据实际情况大部分或小部分减仓，而倒金字塔的减仓比例需要逐渐减小。

通过上述介绍可以看到，不管是加仓还是减仓，方法都比较多，在不同的情况下投资者需要灵活运用不同的加减仓方法做好仓位管理。同时，还要保持良好的心理状态，才能提高获胜概率。

1.3.2 设置止盈位

止盈就是指当股价上涨到某个价位或股价涨幅达到一定比例时,投资者就减仓的行为。投资者平仓时的价位称为止盈点。市场中很多投资者对"止盈"嗤之以鼻,认为止盈只会影响收益,减少获利空间。尽管投资者都希望能够买在最低位、卖在最高位,但现实是残酷的,即便是专业人士也难以精准抓住最低点和最高点。

如果投资者不设置止盈,在股价突然转势暴跌的情况下,投资者很可能被套牢,不仅不能获利,反而还会遭受重大的经济损失。止盈虽然可能不会赚取最大程度的收益,但是却能够确保每次的投资都是确定的盈余,从而降低投资风险。

因此,投资者不要奢望买在最低点,卖在最高点,尤其是短线投资者。这需要投资者提前设置一个适宜的止盈位,来抑制自己内心的贪婪,一旦到达止盈位就要坚决卖出,保证盈利和本金。

常见的止盈方法有以下两类。

(1)静态止盈

静态止盈是比较简单的一种止盈方式,即投资者不考虑市场的动态变化,在入场之初就已经明确了止盈位,所以确定的止盈位是静止不变的。静态止盈的方法主要有以下3种。

①比例止盈。即投资者入场之初就设定好盈利比例,一旦盈利达到预期的百分比回报时便立即止盈。例如,某投资者投入10 000.00元在10.00元位置买进某只个股做短线投资,目标为盈利达到5%时止盈离场,即股价上涨至10.50元时平仓。

②目标价位止盈。即投资者入场之初就明确目标价位,一旦股价上涨至目标价位时便立即止盈。例如,某投资者在10.00元位置买进个股,设定当个股股价上涨至11.00元时立即止盈离场。

③时间止盈。即投资者入场之初就明确此番投资的时间周期,一旦时间达到便立即离场。

(2)动态止盈

动态止盈是指当投资的股票已经出现盈利时,由于股价上升的行情还未发生改变,投资者认为个股还存在继续上涨的动力,因而继续持股,直到市场发出明确的转势信号时再止盈离场。与静态止盈不同,动态止盈是根据市场中股价的实时变化情况来进行的灵活性止盈。

动态止盈的方法有很多,例如K线止盈、趋势线止盈及回落止盈等,这里以回落止盈为例进行介绍。回落止盈是指投资者买进某只股票后,股价上涨,当股价上涨到某一价位时出现回落,如果回落达到某一程度,例如3%或5%时,便止盈。

实例分析

深康佳A(000016)回落止盈

如图1-6所示为深康佳A在2021年7月至8月的K线走势。

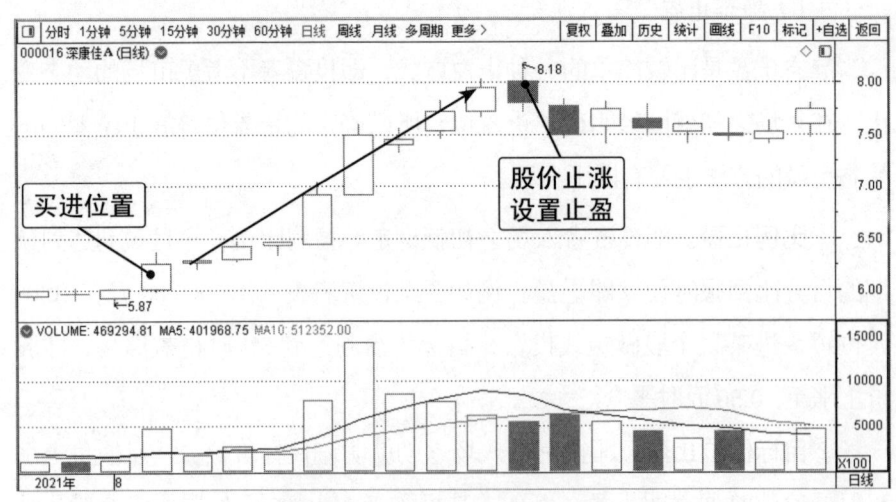

图1-6 深康佳A在2021年7月至8月的K线走势

2021年8月3日,经过一段低位横盘波动的深康佳A突然放量拉升,K线收出大阳线,行情转强,投资者在6.00元位置买进。买进后K线连续收出多根阳线,股价向上缓慢拉升。

8月16日,股价高开后急转直下跌幅超过3%,随后止跌回升,最终以1.89%的跌幅收盘,K线收出一根带长上影线的阴线,说明上方压力较大,行情可能发生转变。如图1-7所示为深康佳A在2021年8月16日的分时走势。

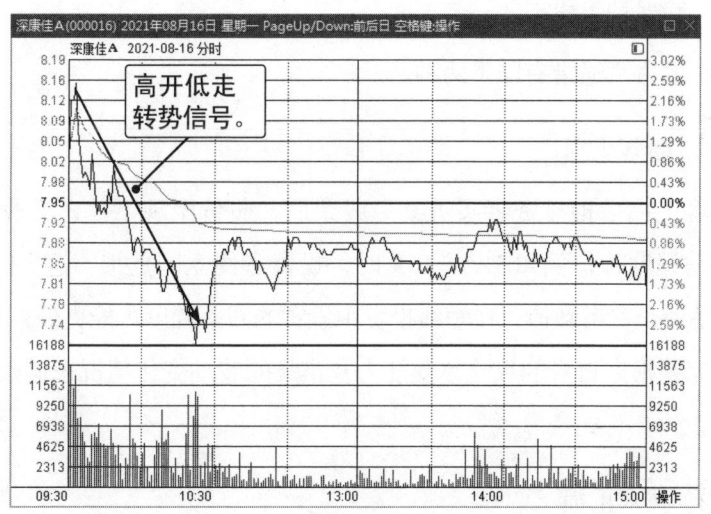

图1-7 深康佳A在2021年8月16日的分时走势

此时,投资者根据股价的近期最高价8.00元来设置止盈位,一旦股价跌幅达到3%时,即7.76元则立即止盈离场。8月17日,股价以7.78元的价格低开,随后股价快速达到止盈位,投资者立即离场。

动态止盈实际上也是技术止盈,它需要投资者对市场有一个比较准确、清晰的判断,才能及时出逃,否则很容易受困被套。

静态止盈和动态止盈两种止盈方式没有好坏之分,它们适合不同投资风格的投资者。对于擅长技术分析、倾向于看盘盯盘的投资者来说,动态止盈可能更适合。

1.3.3 设置止损位

止损是指投资者设定好能够承受的最大仓位损失,一旦仓位损失达到最大上限,就必须平仓或减仓离场,避免亏损继续扩大到难以挽回的局面。

股票投资除了需要设置止盈位外,提前设置止损位也非常重要。止损的目的在于保存实力,提高资金的利用率,避免因为小失误而造成不可挽回的重大损失,甚至是全军覆没。可以说,设置止损位是股票投资中一个重要的自我保护手段。

止损的方法通常有以下两种。

(1)回落止损

回落止损是指投资者买进某只股票后,股价出现下跌,当股价下跌达到某一程度时,例如5%或10%时,投资者便立即止损。这里的5%或10%只是一个参考数值,在短线投资中设置的回落幅度可能更低,如3%。投资者需要根据自身的风险承受能力及市场的波动变化情况来调整实际止损位置。

(2)技术止损

技术止损与止盈中的动态止盈一样,都是投资者通过对盘面进行技术分析,然后将止损位置与技术分析相结合,在关键位置设定止损位,避免亏损进一步扩大。

止损其实并不难,但是很多人却难以做到,这是因为大部分的投资者在操作过程中不能坚持预设的止损位。所以投资者想要真正实现止损,首先需要具备止损意识,其次还要坚持止损位。

第2章
操作炒短线看清分时图信息很关键

　　分时图是投资者实时掌握多空力量转化的关键,尤其对于短线投资者来说,分时图是帮助投资者做出准确买进卖出决定的关键所在。因此,投资者有必要仔细看清分时图中隐藏的各类信息。

2.1 看清大盘和个股分时图的信息

分时图包括大盘分时图和个股分时图两类，反映大盘和个股的实时走势。它们在实战研判中都占据重要位置，投资者需要了解和掌握。

2.1.1 认识大盘分时图

大盘分时图也被称为大盘指数分时图，主要反映的是大盘股的即时走势。当然其中也隐含着中小盘股的即时走势信息，通过大盘分时图可以掌握当日大盘的运行情况。如图 2-1 所示为 2021 年 10 月 8 日的上证指数大盘分时图。

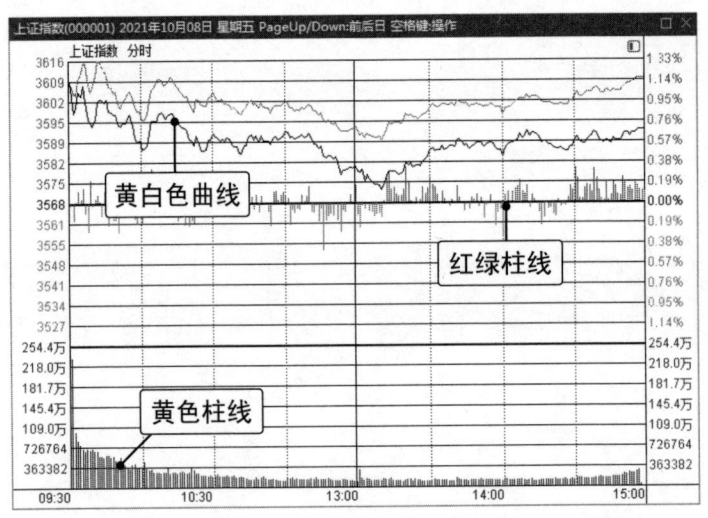

图 2-1　2021 年 10 月 8 日的上证指数大盘分时图

从上图可以看到，大盘分时图中有许多不同颜色的线条，它们各自代表的含义如下。需要注意股票软件中设置的配色方案不同，其线条色彩也会有差别。

（1）黄白色曲线

白色曲线表示的是大盘加权指数，即交易所每日公布的大盘真正的指数点位。

黄色曲线表示的是大盘不含加权的指标，因为它不考虑个股的权重，而是将所有股票对分时指数的影响看作是一致的，所以它在某种程度上反映的是相较于大盘而言的中小盘股的即时走势。

因此，投资者可以借助黄白线的位置来对中小盘个股的强弱进行分析。具体如下：

①当大盘指数上涨时，黄线在白线之上，表示中小盘股的涨幅大于大盘股，指数总体上涨时显示的正是这种情况；反之，黄线在白线之下，说明中小盘股的涨幅要小于大盘股。

②当大盘指数下跌时，黄线在白线之上，表示中小盘股的跌幅小于大盘股，指数局部下跌时显示的正是这种情况；反之，黄线在白线之下，说明中小盘股的跌幅要大于大盘股。

无论大盘指数是涨还是跌，黄白曲线哪条位于上方就说明其代表的股盘占据优势，如果表现上涨就涨得多，如果是下跌就跌得少。这也为投资者短线选股提供了方向。

（2）红绿柱线

图中的红绿色柱线反映的是大盘所有股票即时的买盘量和卖盘量。红绿色主线中间有一条明显的粗横线，它是上一个交易日指数的收盘位置，粗横线上方是红色柱线，下方是绿色柱线。

红绿柱线和白黄两条曲线都位于盘面的上半部分，白黄曲线的起落趋势和红绿柱线的起落趋势基本上保持一致。所以红柱线增长或减短表示上涨买盘力度的强或弱；绿柱线增长或缩短表示下跌卖盘力度的强或弱。

（3）黄色柱线

黄色柱线位于分时图下方，它是成交量柱线，表示的是每分钟的成交量，单位为手。

认识大盘分时走势图，了解其中各条曲线的指代，是投资者投资分析的基础，投资者应有意识地对其进行掌握。

2.1.2　认识个股分时图

个股分时图指个股分时走势图，表面上看，个股分时图与大盘分时图类似，但它们之间却存在较大差异。下面就来认识一下个股的分时走势图。如图2-2所示为华联控股在2021年8月25日的个股分时图。

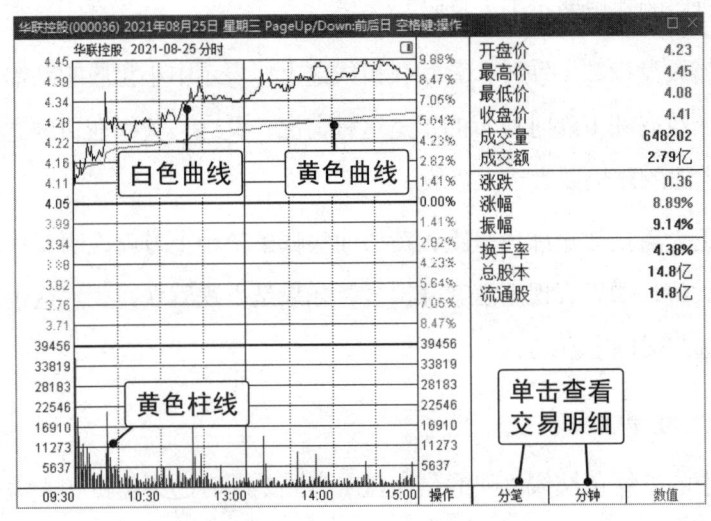

图2-2　华联控股在2021年8月25日的个股分时图

图中同样有多根不同颜色的曲线，其指代如下所示。

①白色曲线表示该股的实时成交价格。

②黄色曲线表示该股即时成交的平均价格，计算方式为当时成交总金额除以成交总股数。

③黄色柱线表示该股每分钟的成交量。

在分时图的右侧为价格显示栏，包括最低价、最高价、开盘价、成交量及涨幅等信息。除了价格显示栏之外，还可以单击下方的"分笔"或"分钟"查看交易明细。

个股分时图在投资实战中具有重要作用，尤其是在确定短线交易买卖点时，它能够帮助投资者把握多空变化，找到转势节点。

2.1.3 判断当日大盘强弱

市场整体走势的强弱影响着整体投资环境，如果当日大盘走强，市场交投活跃，那么短线机会较多，但如果当日大盘走弱，市场冷清，则不适宜短线入场。可以说，大盘是股市的晴雨表，投资者要想做好短线首先需要判断大盘的强弱，脱离了大盘判断而展开的短线，大部分都以失败告终。

判断当日大盘强弱的方法有很多，这里介绍几个比较常见的判断方法。

◆ 分时走势

查看大盘分时走势图，如果分时图中的曲线表现上涨，且上涨的斜率越来越大，与此同时，下方的成交量配合放大，说明大盘处于强势之中，为短线交易提供了有利条件。

◆ 走势形态

大盘的分时走势形态在一定程度上也能够反映出大盘的强弱程度。如果走势一浪比一浪高，低点逐渐升高，则说明大盘强势；但如果走势一浪比一浪低，高点逐渐降低，反弹力度较弱，则说明大盘弱势。

◆ 成交量

成交量是市场供需情况的反应，如果伴随着指数上升的同时，成交量也相应放大，说明场内有新资金加入，这是市场强势的特点。

◆ 涨停板股票数量

涨停板指股市交易当天股价的最高涨幅限度，这是个股强势上涨的特征。如果涨停板中的个股数量连续增加，说明大盘正处于强势之中。

实际投资中，还有很多对大盘强弱判断的分析方法，投资者需要在投资实战中多做总结，综合分析，才能找到准确、适合的判断方式。

2.2 个股分时图的看盘要点

大盘分时走势可以帮助投资者分析当前的短线环境，判断是否适合做短线，但是真正的短线操作还需要投资者对个股的分时走势做进一步分析，这就需要投资者认真查看分析个股分时图。

个股分时图中包含的内容有很多，我们可以从时间的角度对分时图进行划分，将其分为早盘、盘中和尾盘，再查看各自的看盘信息。

2.2.1 早盘的看盘关键

早盘指的是股市交易日中上午的交易时间段，具体来说是指9:15—11:30这一段时间。其中9:15—9:25这段为集合竞价阶段，在这段时间里投资者可以委托买入、卖出，交易中心则会按照"价格优先、时间优先"的原则进行撮合，根据一系列数据进行计算成交，从而确定当日开盘价。而在9:30—11:30这段时间中，投资者除了可以委托买入、卖出外，还可以直接以买一或卖一价进行交易。

早盘中最为重要的就是开盘价，不同的开盘情况具有不同的实战意义，具体如下：

（1）跳空高开

跳空高开是指当日的开盘价格超过上一个交易日最高价的情况，跳空高开缺口指开盘价格超过昨日最高价格的空间价差。说明在集合竞价期间，多头实力远大于空头实力。跳空高开如图2-3所示。

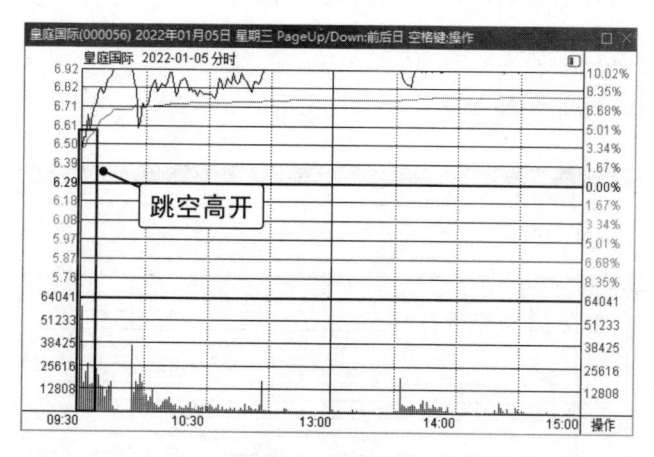

图2-3 跳空高开

跳空高开主要有以下4种情况。

①延续前一个交易日的走势。

②当日开始之前该股出现了利好消息。

③投资者普遍看好该股后市发展。

④对前几日下跌走势的修正。

出现跳空高开这种走势投资者也不能盲目介入，应该进一步结合K线走势进行分析，谨防主力高位出货的诱多行为，从而出现高开低走。

（2）跳空低开

跳空低开指开盘价格低于昨日最低价的现象。跳空低开说明在集合竞价期间，空头实力远大于多头实力，场内恐慌性抛售力量较大。跳空低开反映了当前市场低迷，投资者信心受挫，不适宜介入。

跳空低开主要有以下4种情况。

①延续前一个交易日的走势。

②当日开始之前该股出现了利空消息。

③投资者普遍看跌该股后市发展。

④对前几日上涨走势的修正。

如图2-4所示为跳空低开。

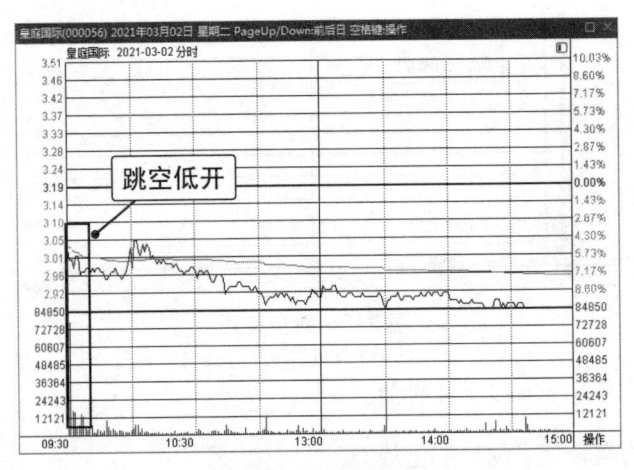

图2-4 跳空低开

投资者要谨防主力为了洗盘，清理浮筹而刻意制造跳空低开的恐慌气氛，一旦洗盘结束后股价便会再次向上拉升。

（3）早盘涨停

早盘涨停是指股价开盘后不久，成交放量，带动股价上涨，并冲击涨停板，最终封住涨停板。

早盘涨停说明投资者普遍看好该股，后市上涨空间较大。一旦投资者发现这样的个股分时走势，只要此时股价不是在大幅上涨后的高位区域运行，即可积极介入。

如图2-5所示为早盘涨停。

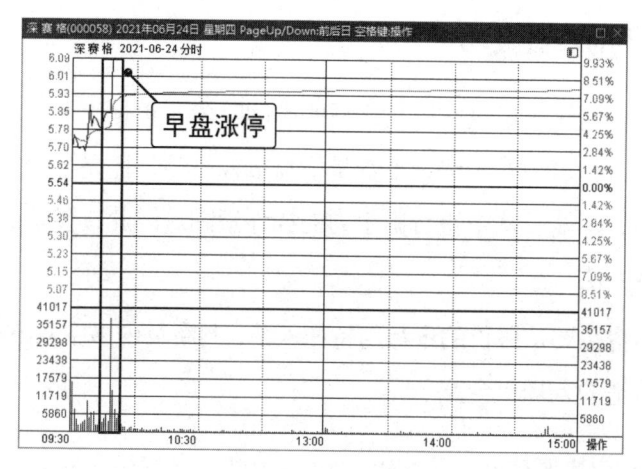

图 2-5 早盘涨停

（4）回踩均价线不破

早盘回踩均线不破是指早盘中股价屡次回踩均价线不破，且股价线低点不断上移，均价线不断向上倾斜，此时为短线操作机会。当股价回踩均价线时可适量进仓。如图 2-6 所示为回踩均价线不破。

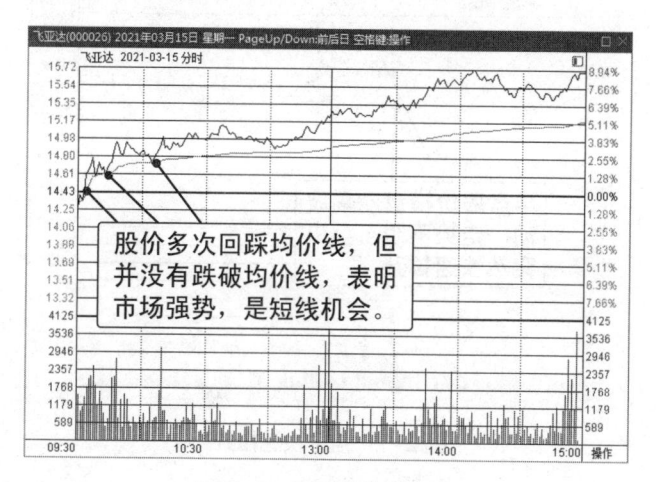

图 2-6 回踩均价线不破

可以看到，早盘是当天交易日中非常重要的一个阶段，看清楚这一阶段中的分时走势可以帮助投资者找到较好的短线机会，提高获胜概率。

2.2.2 盘中的看盘技巧

盘中指的是除去早盘和尾盘之后的中间阶段，也是当天多空博弈的主要阶段。股价在盘中的走势，不管是横盘窄幅震荡，还是探底拉升，又或者冲高回落，都能够从中查看出主力的操作意图。因此，投资者需要掌握盘中的看盘方法。

盘中看盘需要从股价的走势与特征入手，判断场内多空双方博弈情况，以便找到合适的入场机会。

（1）盘中快速拉升

盘中快速拉升指股价在早盘阶段表现横盘或下跌，但到了盘中时突然向上快速拉升，说明多头实力强劲，暂时占据优势。如果这样的走势能够维持到收盘，说明多头占主导地位，但如果收盘价低于最高价，说明空头占据优势。如图 2-7 所示为盘中快速拉升。

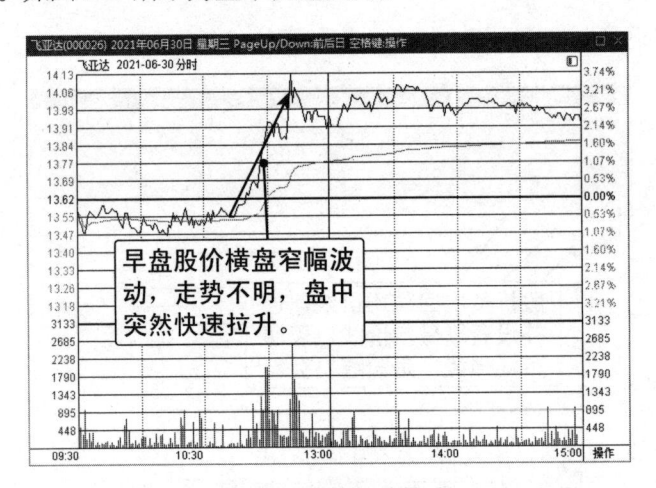

图 2-7　盘中快速拉升

面对这样的走势，需要查看下方的成交量，如果股价向上快速拉升，下方成交量明显持续放大，说明多头意愿强烈，可以跟进。但是，如果下方没有成交量做支撑，投资者就需要警惕，以观望为主。

（2）盘中快速下滑

盘中快速下滑是比较常见的一种下跌走势，也是一种常见的主力洗盘和出货的做盘手法。前期股价线表现横盘波动走势不明，盘中突然股价向下跌落，高点和低点不断下移，整个趋势不断向下。如图2-8所示为盘中快速下滑。

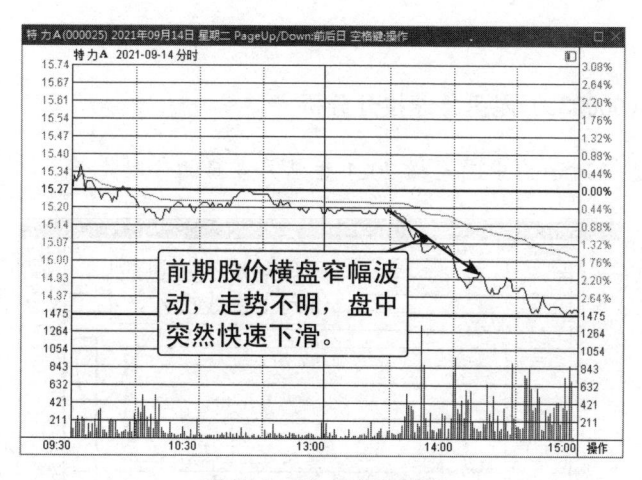

图2-8 盘中快速下滑

面对这样的分时走势，需要查看下方的成交量变化，如果成交呈逐波放大的趋势，说明越往后抛盘就越大，场外投资者不要再抱有幻想。

2.2.3 尾盘中不可忽视的一些信息

尾盘指的是交易日当天结束前的半个小时，它的重要性在于不仅会决定当天收盘价，还在一定程度上影响第二天的开盘价，起到一种承前启后的特殊作用。所以投资者需要仔细查看尾盘时的分时走势变化，找到其中潜藏着的股市交易信息。尾盘比较特殊的走势主要有以下几种情况。

（1）尾盘拉升

尾盘拉升是指股票在即将收盘的半个小时内出现大单拉升，使得股价突然上涨。尾盘出现急速拉升，且下方量能放大，从表面来看说明多头开始发力，后市看涨。但是还要借助前面的走势来进行仔细分析，如果股价处于相对低位处，股价还没有出现较大幅度的上涨，此时出现尾盘拉升，那么就有过夜价值；如果股价处于相对高位处，股价已经连续多日上涨，那么此时的拉升就存在诱多的嫌疑，投资者不可盲目入市。

实例分析

中国天楹（000035）尾盘急速拉升分析

如图2-9所示为中国天楹2021年2月4日的分时走势。

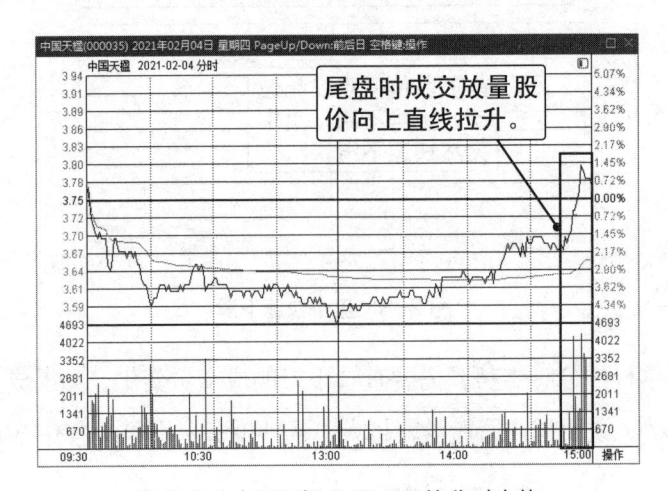

图2-9 中国天楹2月4日的分时走势

从上图可以看到，中国天楹当日平开后股价震荡下行，跌至3.56元后止跌小幅回升。当股价运行至3.67元价位线附近后止涨并在该价位线上横盘波动，14:50左右离交易结束还剩10分钟时，下方成交突然出现巨量，推动股价向上直线拉升，一举将股价拉升至开盘价附近，K线收出一根十字星线。

尾盘时股价放量拉升，似乎是有主力资金入场拉升股价，事实是不是这样呢？接下来查看中国天楹2020年9月到2021年2月的日K线图，如图2-10所示。

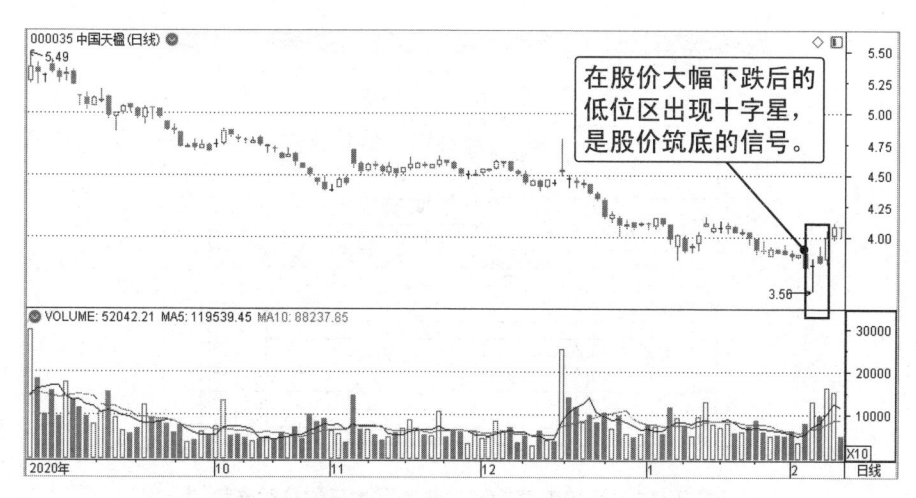

图 2-10　中国天楹 2020 年 9 月至 2021 年 2 月的 K 线走势

从上图可以看到，尾盘拉升的这根十字星线出现在股价经过一轮大幅下跌行情后的相对低位处，说明场内确实有主力资金入场，看好后市，空头实力衰竭，后市看涨，此时为投资者跟进的大好机会。

（2）尾盘跳水

尾盘跳水指的是股价临近收盘的时候快速下跌的情况。尾盘跳水也同尾盘拉升一样，不能单纯以是否下跌来进行判断，我们需要查看股票所处的位置来分析主力真正的意图。

如果在股价大幅下跌后的低位底部出现尾盘跳水，则极有可能是主力在打压股价，目的是想要吸收更多的廉价筹码；如果在股价上涨初期出现尾盘跳水，则极有可能是主力洗盘的手法，目的在于清除场内意志不坚定的浮筹；如果在股价大幅上涨后的高位区出现尾盘跳水，则可能是主力的抛货行为。

实例分析

许继电气（000400）尾盘跳水分析

如图 2-11 所示为许继电气 2021 年 7 月 1 日的分时走势。

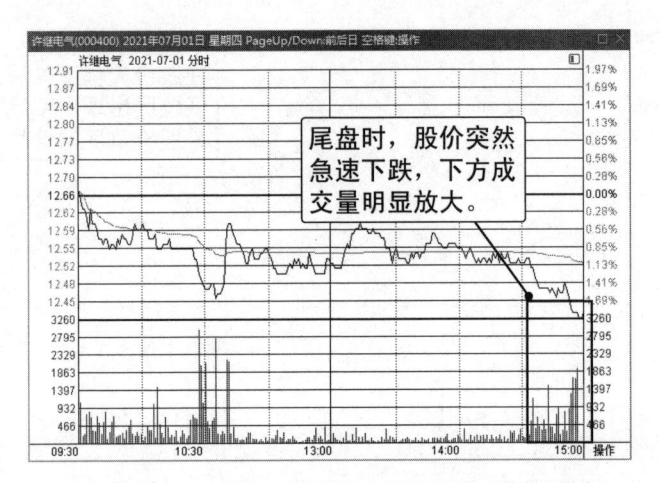

图 2-11　许继电气 2021 年 7 月 1 日的分时走势

从上图可以看到，7 月 1 日开盘后股价向下缓缓跌落，但跌落幅度不深，全天在均价线附近上下波动，即便在 10:30 左右跌破均价线也很快回到均价线上。但是当运行至尾盘时，股价突然向下滑落，远离均价线，下方成交明显放量，说明场内大量资金出逃，这是不是说明市场行情较弱呢？

我们查看该股 2021 年 3 月至 8 月的 K 线走势，如图 2-12 所示。

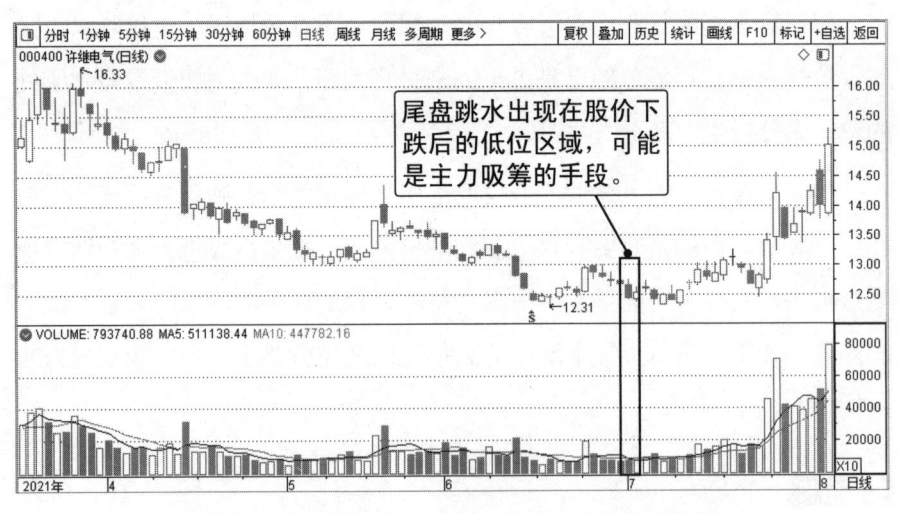

图 2-12　许继电气 2021 年 3 月至 8 月的 K 线走势

从上图可以看到，尾盘跳水分时走势出现在股价大幅下跌后的低位横盘区域，说明此时的尾盘下跌极有可能是主力低位吸筹的手段，一旦主力筹集筹码完毕，该股便会迎来一波拉升，所以投资者可以在此位置跟进。

2.3　分时图寻找短线交易点位

除了从早盘、盘中及尾盘的角度分析分时图盘面外，投资者还可以对分时图中股价走势形态进行分析，找到合适的短线交易操作点。

2.3.1　回落不破均价线

回落不破均价线是指在当日的分时走势中，股价线在上涨过程中多次回调，但跌至均价线附近时便受到支撑止跌回升，使得股价表现震荡上扬，这是多头实力强劲，市场承接力强的表现。

> **实例分析**
> **藏格控股（000408）股价回落不破均价线**

如图 2-13 所示为藏格控股 2021 年 6 月 23 日的分时走势。

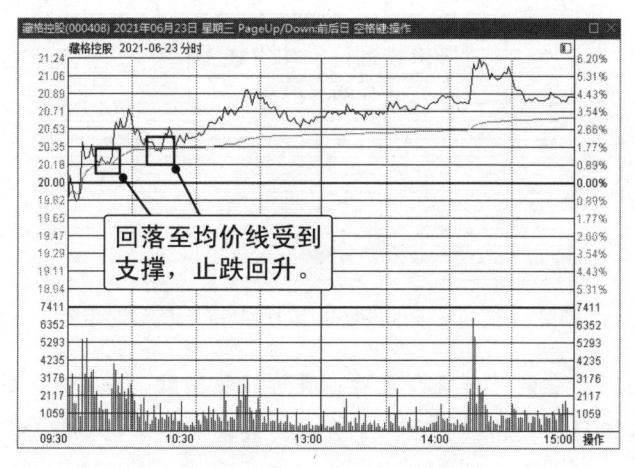

图 2-13　藏格控股 2021 年 6 月 23 日的分时走势

从上图可以看到，当日开盘后不久便小幅滑落，随后止跌回升，转入上升趋势中。在上涨过程中，股价多次止涨下跌，但跌至均价线附近后受到支撑止跌回升，继续之前的上涨，逐渐拉开与均价线之间的距离。说明场内多头实力强劲，后市股价强势上涨的可能性较大，短线投资者可以积极跟进追涨。

2.3.2 股价线放量拉升

股价线放量拉升指股价以震荡的方式向上稳定攀升，下方成交表现为放量，呈现出量增价涨的关系。这样的走势说明大部分的投资者看好该股的后市发展，买盘不断入场，该股即将迎来一波强势上涨，是短线买进信号。

实例分析

丰原药业（000153）放量拉升

如图2-14所示为丰原药业2021年9月17日的分时走势。

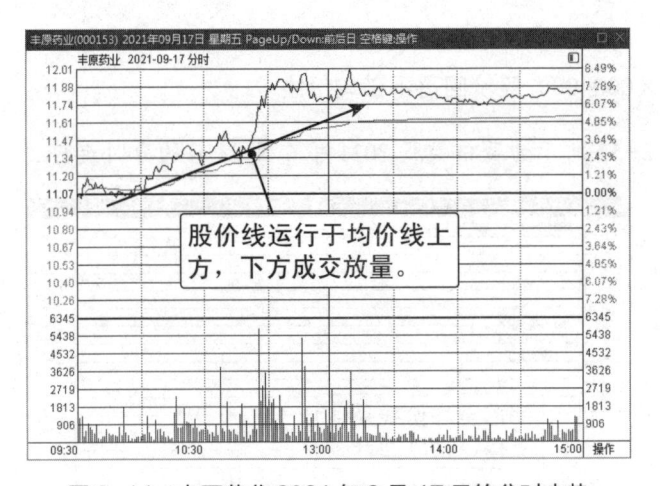

图2-14　丰原药业2021年9月17日的分时走势

从上图可以看到，当日开盘后，股价短暂横盘一段后转入上升趋势之中，股价线运行于均价线上方，下方成交表现放量。仔细观察可以发现，在上涨过程中，每次股价涨势渐缓，成交便会再次放量拉升股价向上，说明有主力资金入场拉升股价，后市看涨。投资者可以在每次出现"量坑"，形成量补给时快速入场。

2.3.3 台阶式拉升

台阶式拉升是一种比较稳健的拉升方式，指股价先上拉，然后横盘休息一段，随后再拉升，如此反复，形成台阶走势。股价在到达高位前出现一段或两段的横盘整理，让市场在不断抬高的整理平台上进行充分换手，目的是洗出获利盘，引出套牢盘。从另一方面来看也可以起到垫高市场平均持股成本的作用，为即将的拉升做好充分准备。

实例分析

潍柴动力（000338）台阶式拉升

如图2-15所示为潍柴动力2021年7月20日的分时走势。

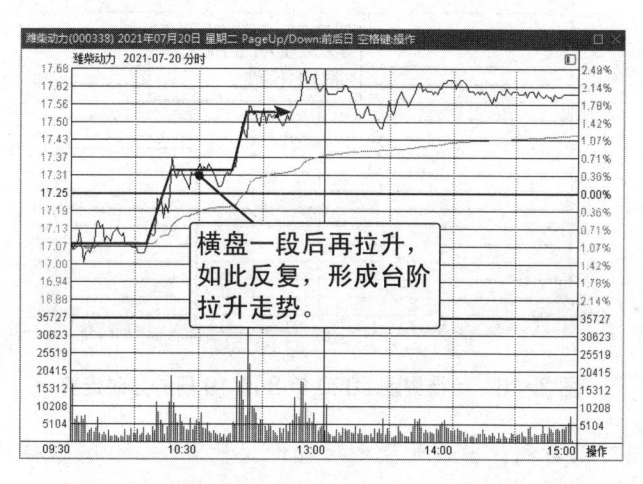

图2-15 潍柴动力2021年7月20日的分时走势

从上图可以看到，当日开盘后股价在17.07元价位线上横盘波动一段后开始向上拉升。当股价上涨至17.31元附近后再次止涨，并在该价位线上下波动横行，随后股价再次拉升至 17.50 元止涨横行。这样多次的横行拉升形成了比较典型的台阶式拉升走势，说明多头占据优势，是短线买进信号。

2.3.4 放量回调退出为宜

放量回调是指股价在上涨之后产生回落，因为场内的卖盘增加，抛压增强，成交量放大，所以存在主力出货的嫌疑。面对这样的分时走势，持股投资者应该退出，锁定前期收益为好。

实例分析
英特集团（000411）放量回调

如图 2-16 所示为英特集团 2020 年 8 月 19 日的分时走势。

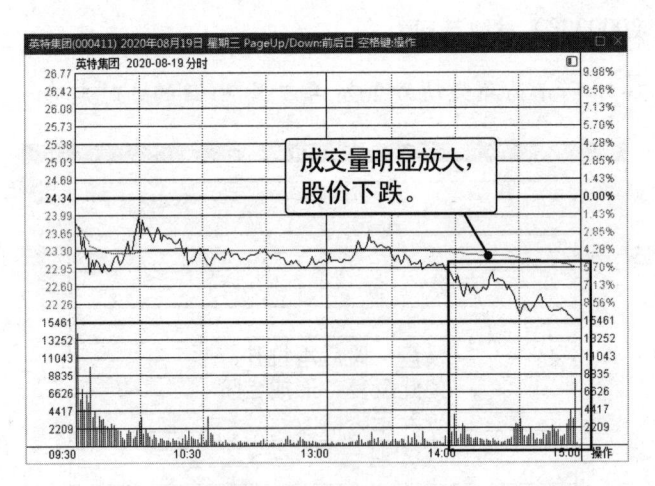

图 2-16 英特集团 2020 年 8 月 19 日的分时走势

从上图可以看到，当日开盘之后股价放量下跌，但并未持续较长时间便止跌横盘运行，股价在均价线附近上下波动，成交表现缩量。午盘结束后，股价线跌破均价线向下运行，与此同时，下方成交明显放量，所以场内的主力资金可能离场。

为进一步验证主力意图,我们查看英特集团该阶段的日K线走势,如图 2-17 所示。

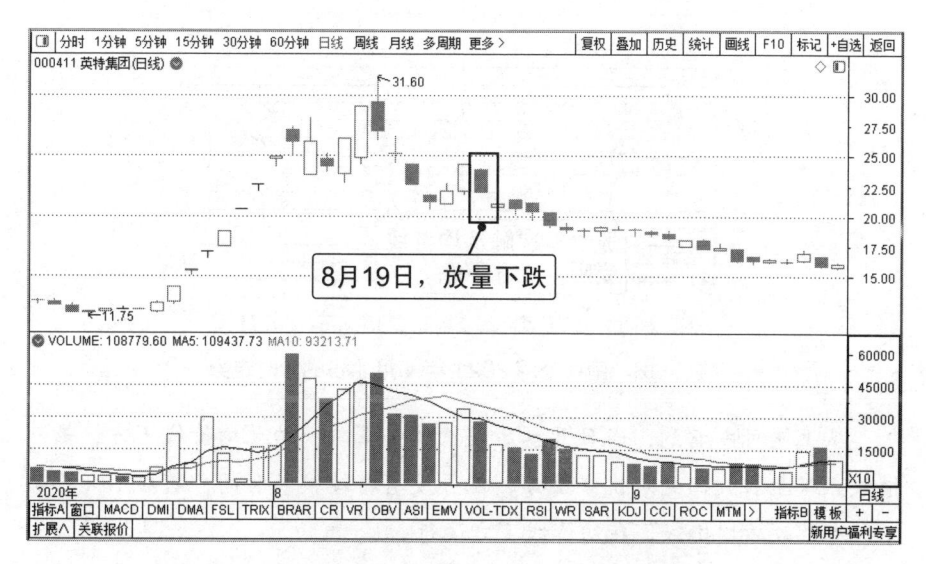

图 2-17 英特集团 2020 年 7 月至 9 月的 K 线走势

从上图可以看到,放量下跌分时走势出现在股价连续涨停拉升之后的高位调整区域,主力出货意图明显。此时,持股的投资者不要再对后市抱有幻想,应及时离场、锁定前期收益为佳。

2.3.5 多次反弹受阻

多次反弹受阻指股价线运行在均价线下方作缩量盘整,一旦放量上涨就会遭受下杀而转入下跌。多次反弹受阻通常出现在股价经过一段上涨之后的高位区域,说明股价上涨乏力,多头实力衰竭,市场转入空头行情,后市看跌,股价每次反弹触及均价线都是卖点。

实例分析

南京公用(000421)多次反弹受阻

如图 2-18 所示为南京公用 2021 年 4 月 1 日的分时走势。

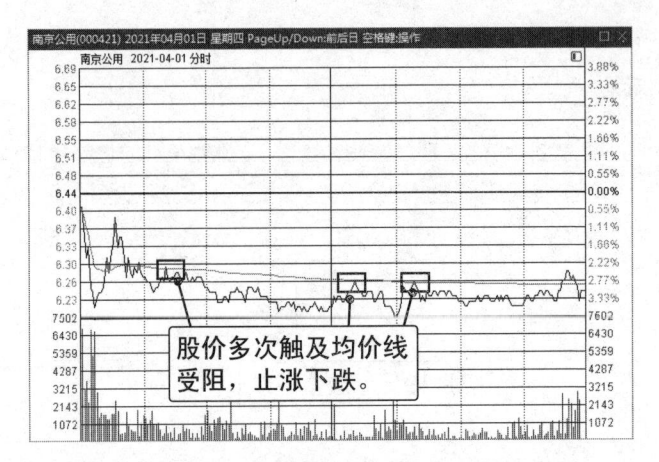

图 2-18　南京公用 2021 年 4 月 1 日的分时走势

从上图可以看到，当日开盘后股价放量下跌，跌至均价线下方，虽然很快止跌上拉，回到均价线上方，但并没有持续较长时间，随后不久再次下跌有效跌破均价线，在均价线下方运行。

虽然之后股价多次反弹上冲，但每次上涨至均价线附近时便受到压制而拐头向下。说明场内多空实力转换，空头占据优势，后市看跌，场内持股投资者应在股价反弹触及均价线时卖出为宜。

2.4　涨停板下的短线机会

涨跌停是分时走势中比较特殊的一种走势，即股价的涨跌幅度为上一个交易收盘价的 10%，它是一种市场乐观或悲观的极端情绪反应。对于短线投资者来说，涨停板中存在较多的短线机会，投资者可以从涨停板积极介入。

2.4.1　开盘即涨停

开盘即涨停指开盘就封住了涨停板，全天的开盘价、最高价、最低价及收盘价都是一个价位的情况。开盘即涨停的分时走势比较简单，是一条平行直线，所以常常也被称为一字涨停。

开盘涨停在主力拉升的过程中比较常出现，因为一字涨停出现的重要原因就是主力高度控盘后拉升的结果。但是，这样的拉升方式，一般投资者基本没有机会进行操作，如果投资者想要抓住这一段涨势就需要在一字涨停开板后追涨买进。

尽管一字涨停开板之后会出现买入机会，但是这个机会比较难以把握，一旦操作失误就可能被套高位，但是如果一旦追涨成功，则将迎来几个涨停板的利润空间。

实例分析

金陵矿业（000655）一字涨停

如图2-19所示为金陵矿业2021年5月7日的分时走势。

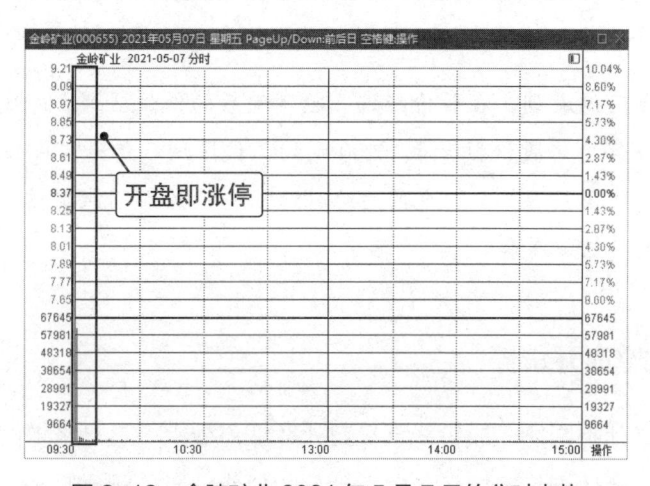

图2-19 金陵矿业2021年5月7日的分时走势

从上图可以看到，当日开盘后立即出现一个大单将股价上拉至涨停，随后股价全天被封在涨停板，K线中收出一根一字涨停线，说明市场非常强势。

由于股价全天被封所以投资者没有买进机会，只有持续关注等到涨停板打开之后再找机会看看能否介入。查看金陵矿业2020年12月至2021年5月的K线走势，如图2-20所示。

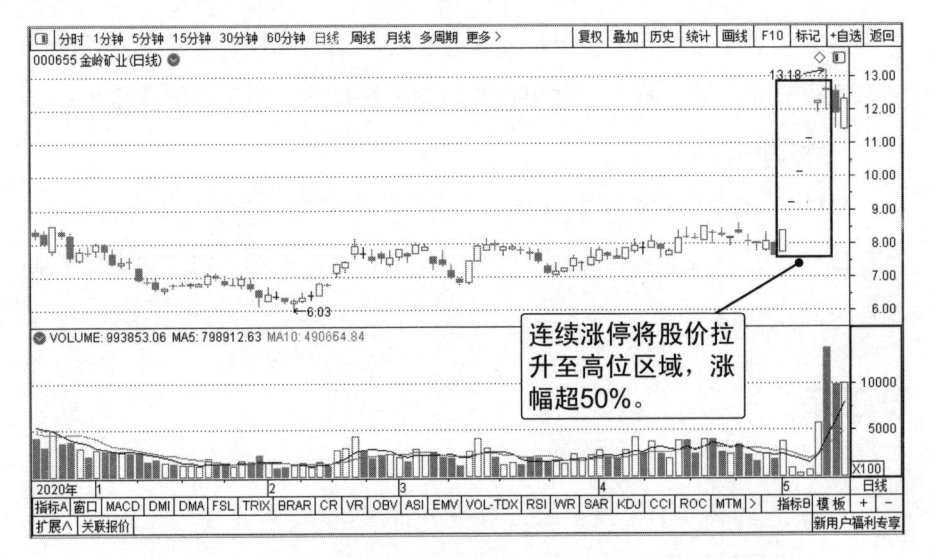

图2-20　金陵矿业2020年12月至2021年5月的K线走势

从上图可以看到，在股价经过一轮下跌后的低位区域，K线连续收出多根一字涨停，将股价拉升至12.00元的高位区域。但是，即便此时一字涨停结束，出现买入机会，也因为此时涨幅超50%而不能贸然入场，否则投资者极有可能被深套。

2.4.2　跳空高开涨停

跳空高开不回调，股价线直接封死在涨停板上，这种涨停的分时走势比较简单，大体上呈现出一条向上延伸的斜线。股价跳空高开是市场强势的一种表现，如果投资者能够准确把握住当天的行情，即可获得不菲的短线利润。

想要抓住跳空高开高走至涨停的机会，投资者就要对跳空高开进行准确把握，即跳空缺口要有意义，是否突破前期高位或盘整平台，其次还要观察下方是否有成交量做支撑，如果成交放量拉升突破前期高点则行情比较可靠。

实例分析

广弘控股（000529）跳空高开高走至涨停

如图 2-21 所示为广弘控股 2021 年 5 月至 10 月的 K 线走势。

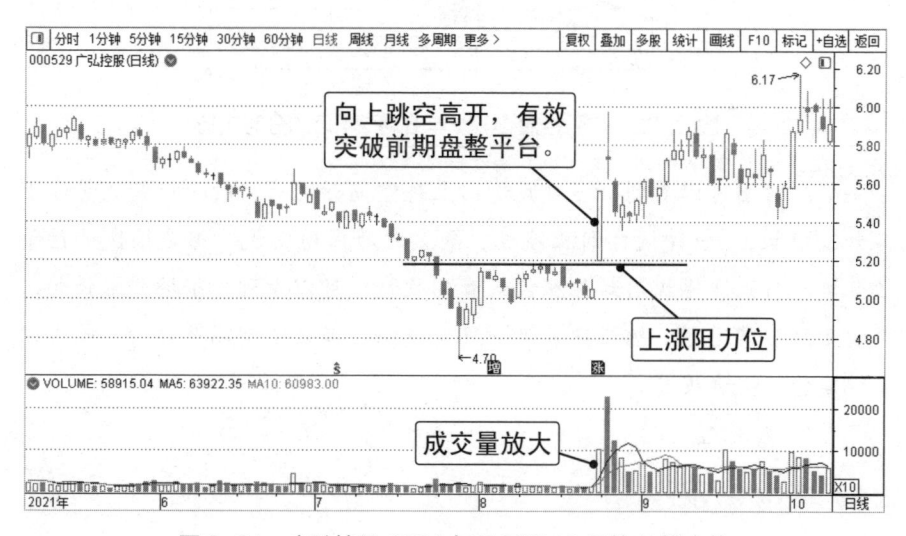

图 2-21 广弘控股 2021 年 5 月至 10 月的 K 线走势

从上图可以看到，广弘控股在大幅下跌后在 7 月 28 日收出带长下影线的阴线，创出 4.70 元的最低价，之后股价企稳回升。

但是短短 3 个交易日的阳线拉升后股价在 5.20 元的价位线受阻回落，短暂回落后股价再次连续 4 个交易日阳线报收拉升股价上涨，但是当股价再次上涨到 5.20 元时受阻，说明 5.20 元价位线是一个明显的阻力位，股价在 5.00 元至 5.20 元的价格区间窄幅盘整。

2021 年 8 月 24 日，股价向上跳空高开，突破前期盘整平台的阻力位，将股价拉升至 5.50 元上方，下方成交量出现明显的天量，说明市场表现强势，该股即将迎来一波上涨。此时投资者可以积极买入。

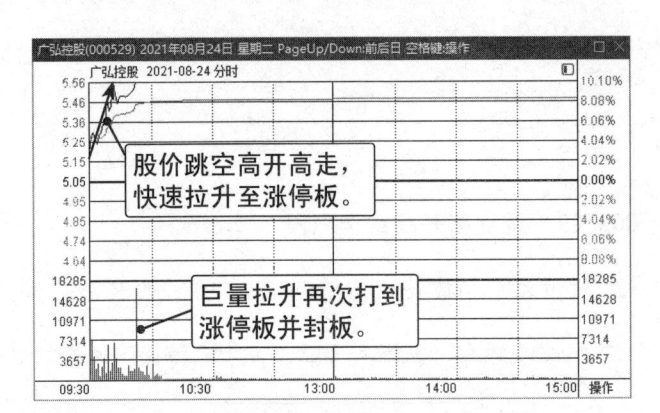

如图 2-22 所示为广弘控股 2021 年 8 月 24 日的分时走势。

图 2-22 广弘控股 2021 年 8 月 24 日的分时走势

从分时图可以看到，当日股价向上跳空高开之后，股价持续放量向上飙升，短短 11 分钟被打到涨停板。虽然之后出现回调，但是很快被巨量拉升再次打到涨停板后封住涨停板直到收盘。可以看到，市场非常强势，股价上涨非常迅猛。短线投资者一旦发现向上有效跳空高开之后，就可以分批建仓，快速买进。

2.4.3 台阶式涨停

台阶式涨停指的是股价拉升一段之后，在一个狭窄的水平价格区间内整理，让散户投资者进行场内外的充分换手，以抬高散户投资者的持仓成本，并洗出一些意志不坚定的浮筹，以便减轻再次拉升的抛压。然后再次拉升整理，如此反复，直至最终拉升至涨停板。

短线操作台阶式涨停板时要注意以下几点。

①股价在横盘台阶整理的过程中最好不破平均线。

②在整理过程中，当成交突然放量突破盘整形态压力位时，投资者要立即跟进。

③在分时走势中，股价线回调至均价线附近受到支撑时可以适量跟进。

实例分析

北清环能（000803）台阶式涨停

如图 2-23 所示为北清环能 2020 年 9 月至 2021 年 6 月的 K 线走势。

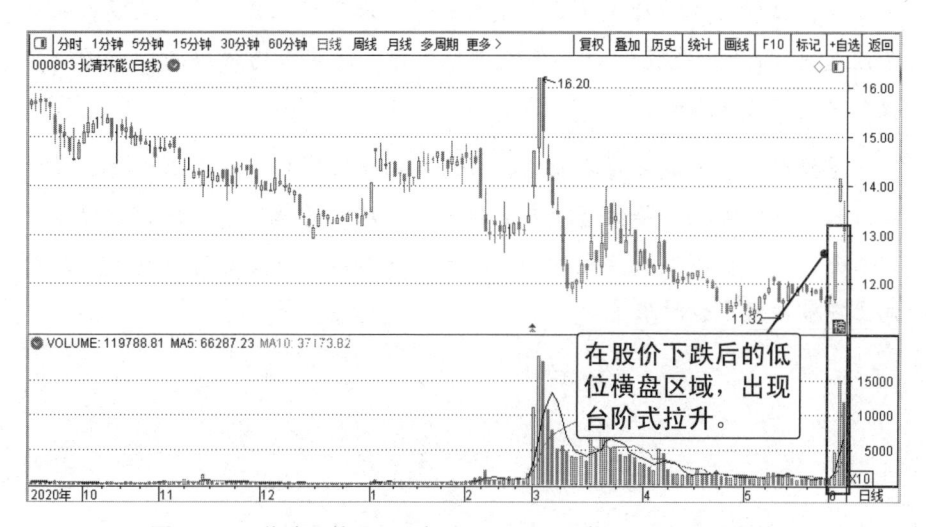

图 2-23　北清环能 2020 年 9 月至 2021 年 6 月的 K 线走势

从上图可以看到，北清环能处于下跌趋势之中，股价从 16.00 元附近开始震荡下行，股价跌至 11.50 元附近后跌势减缓，表现为横盘窄幅波动。2021 年 6 月 2 日，股价走出台阶式走势，如图 2-24 所示。

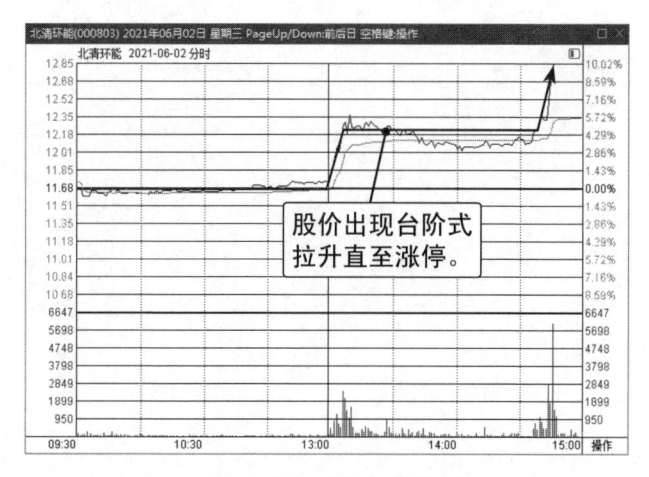

图 2-24　台阶式涨停

从上图可以看到，当日股价平开之后在开盘价上下横盘窄幅运行，进入午盘后，下方成交量放大推动股价向上快速拉升。但股价向上运行至12.18元附近后止涨，并在该价位线上下做窄幅横盘波动。此时，我们可以发现，股价形成横盘—拉升—横盘典型的台阶式拉升走势，且股价涨幅已经超过4%。如果股价向上突破横盘平台，说明市场强势，后市看涨，投资者可以短线跟进。

尾盘时，下方成交再次放量，股价线由下上穿均价线向上运行，直至涨停板，说明多头占据优势。在股价长期下跌后的低位横盘区域出现台阶式拉升，说明该股空头势能衰竭，转入多头势能，投资者可以在股价放量向上突破横盘平台时跟进。

第3章
找到K线中潜藏着的短线交易信号

K线是记录每日或某一周期股市交易情况的重要工具，不同的K线形态显示出不同的意义。投资者可以从这些K线形态和变化之中找到重要的市场信息，帮助进行短线投资。

3.1 具有指示意义的单根K线

K线走势图是由一根根单独的K线组合而成的,且每根K线都有它的市场动态。在实际投资过程中,投资者可以根据单根K线的实体长短、阴阳及上下影线来对行情进行研判,尤其是一些特殊位置下的单根K线更具有重要的指示意义。

3.1.1 底部长下影线

底部长下影线是指实体很短带有长下影线的K线,下影线的长度通常大于实体长度,可以是阳线,也可以是阴线。底部长下影线也被称为金针探底,是一种常见的底部特征,说明股价运行至相对低点位置,空头实力衰竭,多头开始反击,后市看涨。

实例分析

中信海直(000099)底部长下影线分析

如图3-1所示为中信海直2020年11月至2021年4月的K线走势。

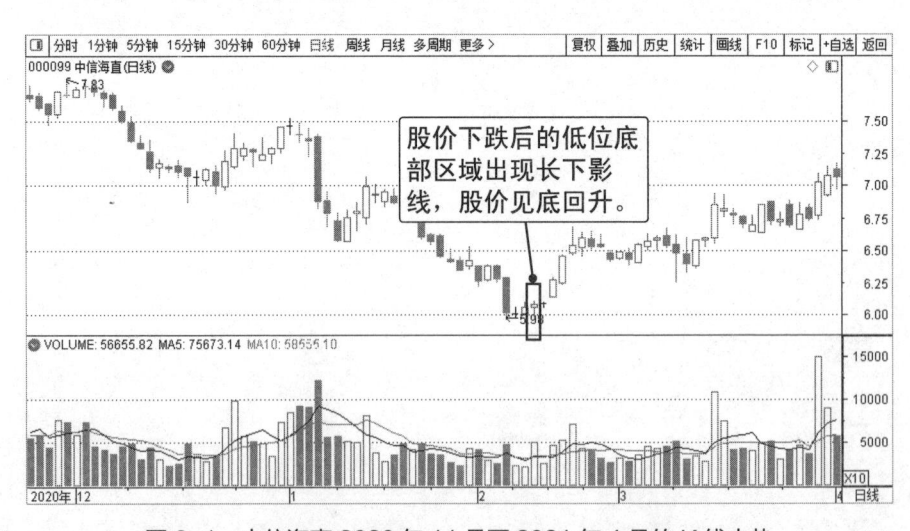

图3-1 中信海直2020年11月至2021年4月的K线走势

从上图可以看到，前期中信海直表现出下跌行情，股价一路下行。2021年2月上旬，股价跌至6.00元价位线附近止跌横盘。2021年2月9日，股价在横盘过程中收出一根带长下影线的阳线，说明空头杀跌动能不足，多头开始反击，此时为投资者短线买进的好机会。

3.1.2 底部放量大阳线

底部放量大阳线是指在股价下跌后的低位底部区域出现的带量大阳线，注意这里的大阳线是指当天涨幅在5%以上的阳线。底部放量大阳线出现，说明多方力量爆发，股价出现见底回升的迹象，投资者可以适当跟进。此外，大阳线的实体越长，信号强度也就越高。

实例分析

申万宏源（000166）底部放量大阳线分析

如图3-2所示为申万宏源2021年7月至9月的K线走势。

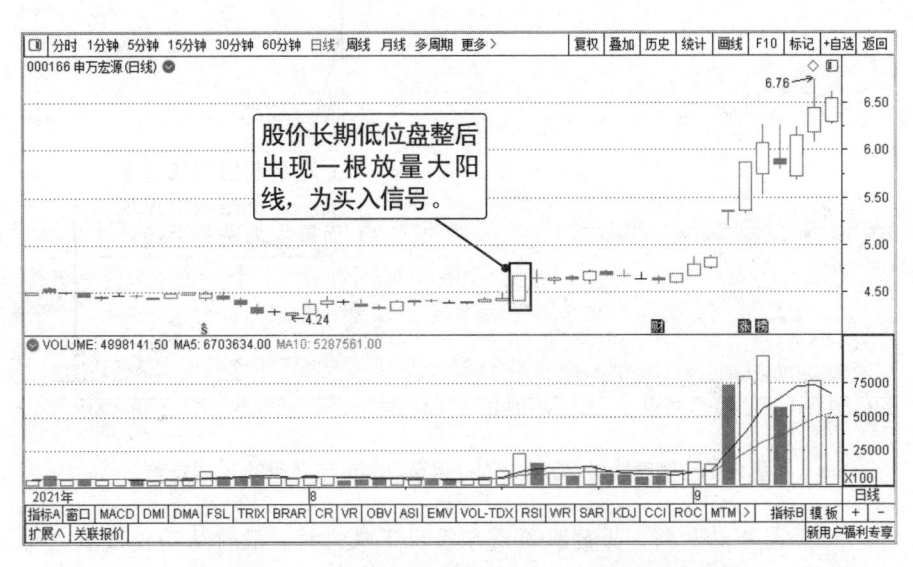

图3-2　申万宏源2021年7月至9月的K线走势

从上图可以看到，申万宏源前期一直在4.50元价位线上横盘窄幅运动，

8月18日，K线突然收出一根涨幅超5%的带量大阳线，并且该根大阳线一举突破了前期4.50元的阻力位，说明股价经过长时间的底部盘整，多头储备了实力，拉升在即，此时为投资者跟进的大好机会。

3.1.3 上涨途中长上影线

通常情况下，长上影线代表了上涨乏力，多头动力不足，是市场转弱的信号。但是如果在股价上涨的初期出现长上影线，则一般是主力的洗盘手段，意图清理浮筹，洗盘结束股价将继续上涨。

实例分析

海德股份（000567）上涨途中长上影线分析

如图3-3所示为海德股份2020年10月至2021年7月的K线走势。

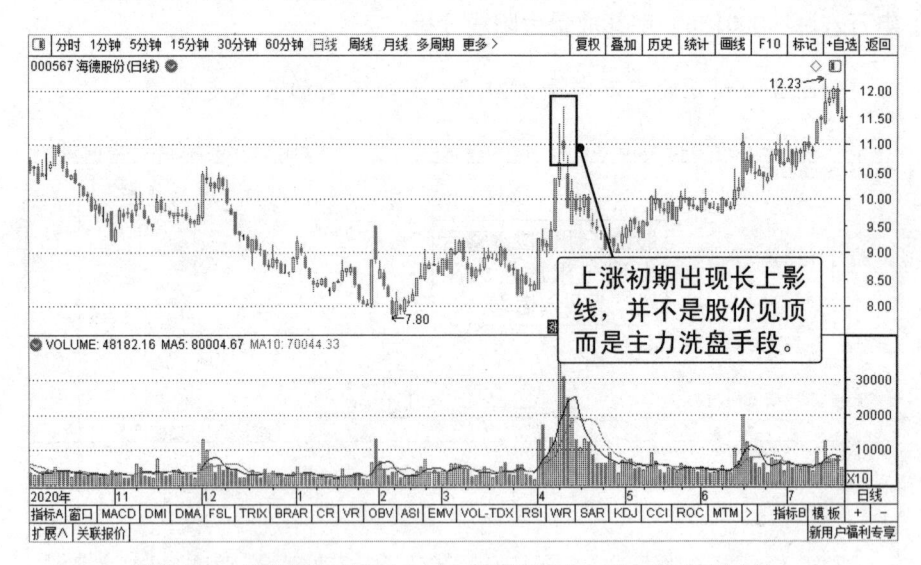

图3-3 海德股份2020年10月至2021年7月的K线走势

从上图可以看到，海德股份前期表现下跌行情，股价从高位区域一路下滑，跌至8.00元价位线后止跌，并在8.00元至9.00元区间波动运行，形成双重底形态后转入上涨行情中。

但此番上涨维持的时间并不长，股价上冲到 11.00 元价位线上方后 K 线收出带长上影线的阴线止涨下跌。因为此番上涨的时间并不长，涨幅也不大，所以转势的概率较小，极有可能是主力洗盘的手段。投资者可以持币观望，一旦回调结束，涨势继续，可立即跟进。

3.1.4 高位十字线

十字线通常表示多空力量平衡，但是高位十字线，尤其是上影线比下影线更长的十字线，说明股价上涨乏力，上方压力较大，空头占据优势，即将转入下跌趋势中，是强烈的卖出信号。

实例分析

炼石航空（000697）高位十字线分析

如图 3-4 所示为炼石航空 2020 年 7 月至 11 月的 K 线走势。

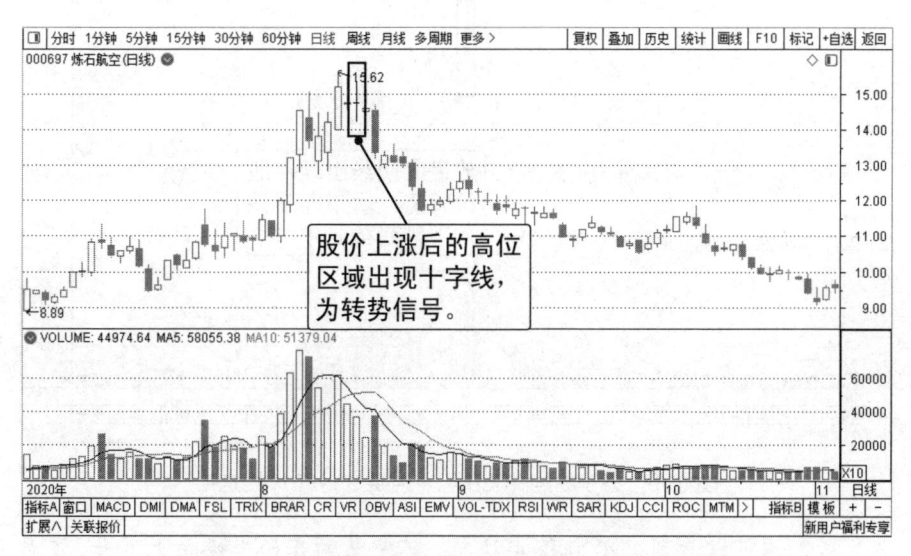

图 3-4 炼石航空 2020 年 7 月至 11 月的 K 线走势

从上图可以看到，炼石航空前期处于上升趋势中，股价震荡上行。8 月上旬，股价运行至 14.00 元附近止涨并在 14.00 元至 15.00 元区间横盘波动。

横盘过程中，8月17日，K线收出一根十字线，说明上方压力较重，股价上涨乏力，后市极有可能转势下跌，此时为投资者的出逃机会。

3.1.5 高位放量大阴线

股价经过一波上涨后运行至高位区域，此时K线收出一根放量大阴线，投资者应立即出逃。高位大阴线的出现预示着股价后期即将展开下跌的走势，是一个可靠的短线卖出信号。

实例分析

苏宁易购（002024）高位放量大阴线分析

如图3-5所示为苏宁易购2020年4月至9月的K线走势。

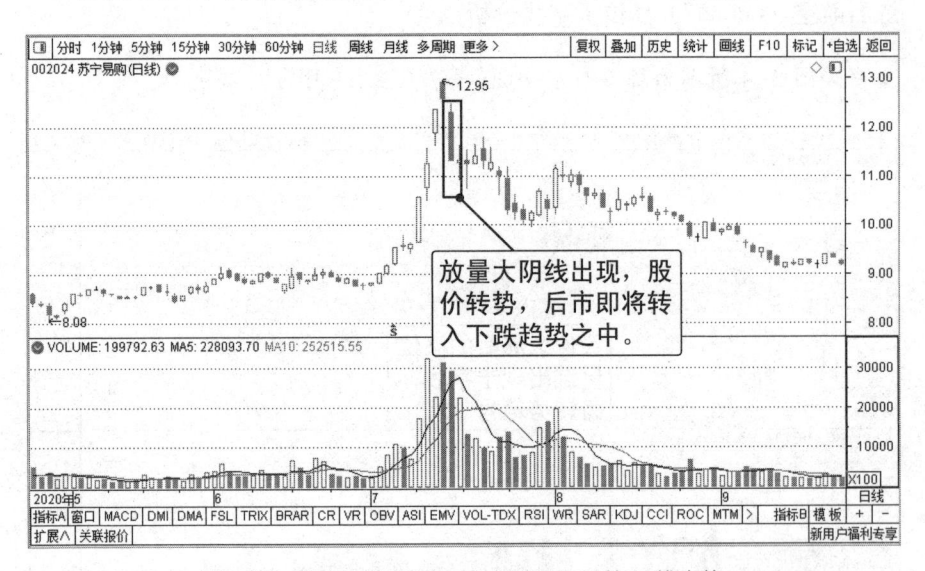

图3-5 苏宁易购2020年4月至9月的K线走势

从上图可以看到，2020年4月末，苏宁易购开始小幅向上攀升，7月上旬成交明显放量，K线收出多根高开高走的大阳线，将股价拉升至12.00元上方。随后股价高开低走，K线收出一根带长下影线的阴线，紧接着第二天K线收出一根放量跌停大阴线，此时投资者就不要再心存幻想了，放量跌停大阴线的出现预示着股价即将转入下跌趋势之中，此时为投资者离场的机会。

3.2 双日K线发出的买卖信号

除了单根K线之外，两根日K线也可以组成一些具有指示意义的K线组合，通过这些组合形态可以帮助投资者更准确地找到短线操作机会。

3.2.1 乌云盖顶

乌云盖顶是常见的一种顶部反转信号，它一般出现在上升后期，由一阳一阴两根K线组合而成。第一天K线收出一根坚挺的阳线，延续之前的上涨趋势，但是第二天却收出一根长阴线，且第二天的开盘价远超过前一天的最高价，收盘价接近于当日的最低价水平，且收盘价明显深入前一根阳线的实体内部，超过阳线实体的1/2，但并没有将阳线实体全部吞并。

乌云盖顶形态出现时如同乌云密布，将上涨趋势覆灭。形态出现后股价开始下滑，趋势出现反转，投资者应在发现乌云盖顶形态之时立即离场。

实例分析

东江环保（002672）乌云盖顶分析

如图3-6所示为东江环保2020年7月至11月的K线走势。

从下图可以看到，东江环保前期处于上升趋势中，股价震荡向上。2020年8月中旬，股价运行至11.50元价位线附近后止涨并在该价位线上横盘波动。此时的横盘有可能是股价见顶，也有可能是上涨途中的回调，所以还不能直接判断。

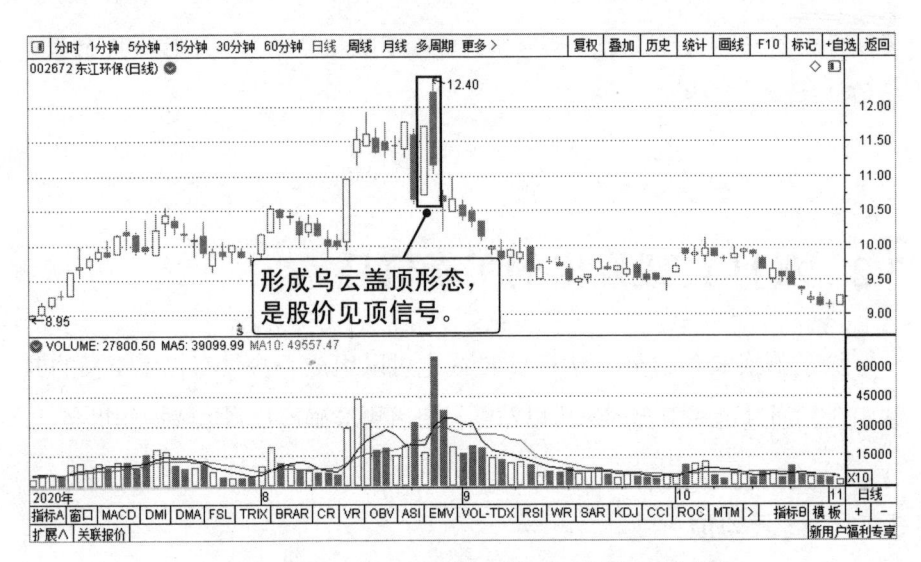

图 3-6　东江环保 2020 年 7 月至 11 月的 K 线走势

2020 年 8 月 26 日，K 线收出一根高开高走的涨停大阳线，拉回前一日的下跌空间，似乎在说明该股依然强劲，但是第二天股价高开低走，收出一根大阴线，且大阴线的实体部分深入阳线实体的 1/2。两日的 K 线形成了乌云盖顶形态，这是常见的股价见顶转势信号，一旦发现该形态投资者就要及时离场，不要对后市继续抱有幻想。

3.2.2　曙光初现

曙光初现，从名字上可以看出，它指的是破晓的阳光，说明前景一片光明，预示着市场由弱转强，是一个典型的底部反转形态。曙光初现通常出现在股价大幅下跌后的末期，由两根 K 线组合而成，第一根 K 线为继续下跌的中阴线或大阴线，第二根 K 线为低开的中阳线或大阳线，阳线虽然低开，但是最终收盘价深入阴线实体的 1/2 以上。

曙光初现形态的出现表示股价在此位置获得支撑，后市即将迎来一波上涨，是一个较好的短线买进位置。

实例分析

焦作万方（000612）曙光初现分析

如图3-7所示为焦作万方2020年8月至12月的K线走势。

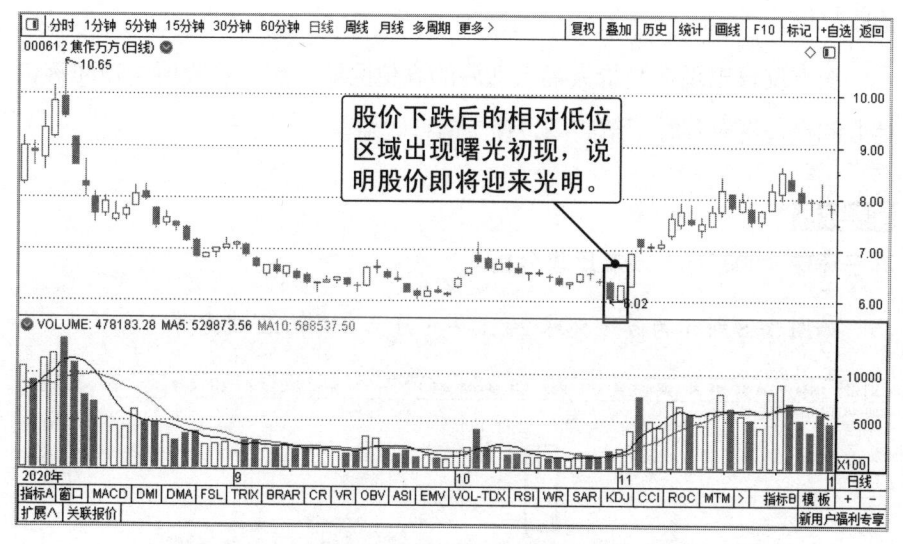

图中标注：股价下跌后的相对低位区域出现曙光初现，说明股价即将迎来光明。

图3-7 焦作万方2020年8月至12月的K线走势

从上图可以看到，焦作万方前期表现为下跌，股价从10.00元的高位上方向下滑落，股价跌至6.00元价位线后止跌，随后在6.00元至7.00元区间波动运行。

10月30日，股价在前一日收盘价相同价位开盘，随后一路低走收出一根跌幅超5%的大阴线，但股价并未跌破6.00元价位线，第二天股价低开高走收出一根涨幅超4%的中阳线，且阳线实体深入阴线实体的1/2以上。两根K线形成了典型的曙光初现形态，说明这一波的下跌已经结束，股价即将迎来一波上涨，此时为投资者短线买进的大好机会。

3.2.3 淡友反攻

淡友反攻是由一阳一阴两根K线组合而成，在上升行情中，股价先收出一根惯性上攻的大阳线或者中阳线。隔日股价延续昨日多方强势上攻的态势跳空高开，随后股价盘中震荡走低，收出一根高开低走的大阴线或者中阴线，且阴线的收盘价与第一根阳线的收盘价齐平或略高于第一根阳线的收盘价。

淡友反攻出现在股价大幅上涨后的高位区域，预示着股价见顶回落，持股的投资者应及时了结离场，锁定前期收益。

实例分析

苏宁环球（000718）淡友反攻分析

如图 3-8 所示为苏宁环球 2021 年 4 月至 8 月的 K 线走势。

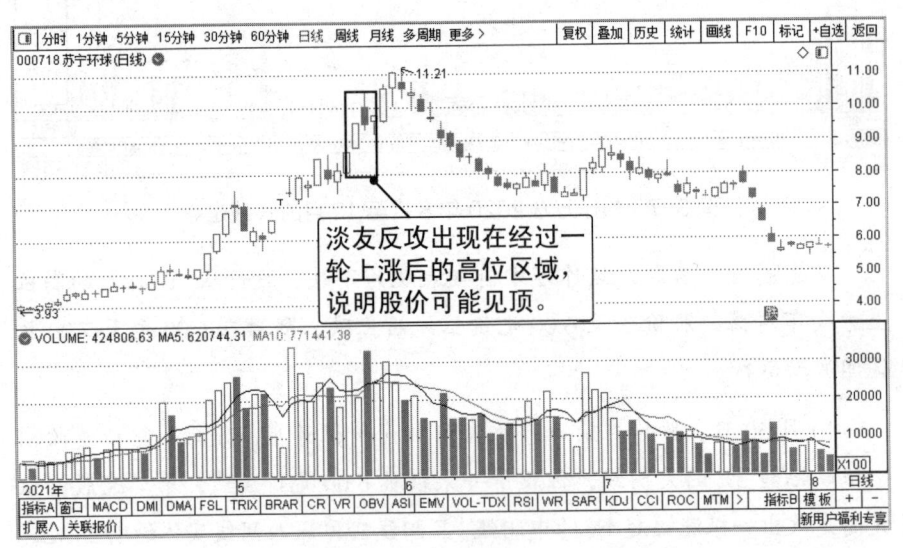

图 3-8 苏宁环球 2021 年 4 月至 8 月的 K 线走势

从上图可以看到，前期苏宁环球表现为上涨走势，股价稳定向上攀升。当股价上涨至 8.00 元价位线附近后涨势减缓，并在该价位线上横盘运行。5 月 24 日，股价向上攀升，K 线收出一根中阳线结束横盘，似乎涨势并没有受到任何影响。

5 月 25 日，股价高开高走收出一根大阳线，紧接着第二天股价却高开低走收出一根中阴线，且阴线的收盘价与前一日阳线的收盘价大致处于同一水平，形成了典型的淡友反攻 K 线组合。

淡友反攻出现在股价经过一轮上涨后的高位区域，说明多方力量已经衰竭，后市极有可能转势下跌，持股投资者应及时出局观望。

3.2.4 好友反攻

好友反攻通常出现在下跌趋势中，它由一阴一阳的两根 K 线组合而成。K 线先收出一根大阴线或中阴线，紧接着跳空低开，收出一根大阳线或中阳线，且阳线的收盘价与前一根阴线的收盘价相同或接近。

好友反攻是常见的股价见底信号，说明市场转势在即，是一个较好的短线买进机会。

> **实例分析**
>
> **万邦德（002082）好友反攻分析**

如图 3-9 所示为万邦德 2020 年 11 月至 2021 年 3 月的 K 线走势。

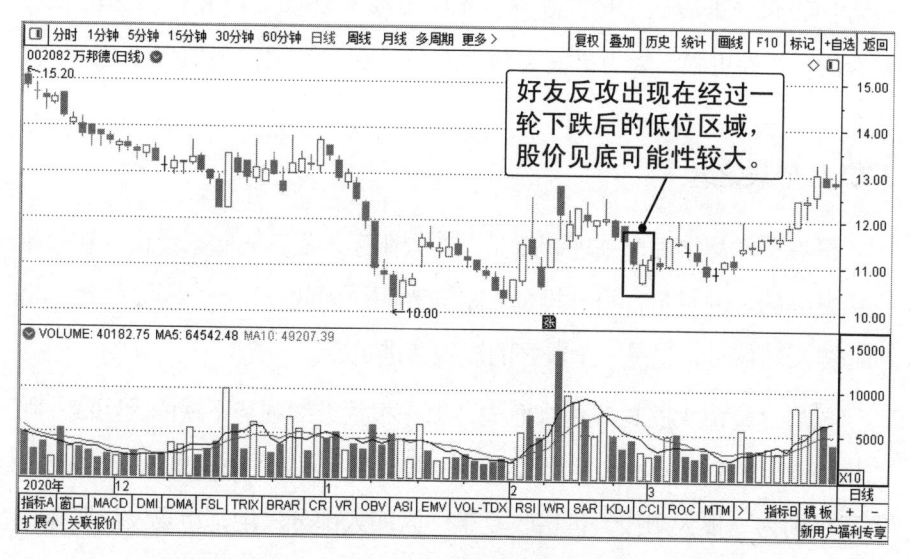

图 3-9　万邦德 2020 年 11 月至 2021 年 3 月的 K 线走势

从上图可以看到，前期万邦德处于下跌趋势之中，股价从 15.00 元的高位开始下跌，跌至 11.00 元价位线后跌势渐缓，随后在 11.00 元价位线附近上下波动。

2 月 25 日，股价下行，K 线收出一根中阴线，紧跟着第二天股价低开高走收出一根中阳线，且阳线的收盘价与阴线的收盘价几乎齐平，两日 K 线形成了典型的好友反攻组合。

好友反攻出现在股价经历过一波下跌后的低位横盘区域，见底意味较浓，说明该股即将迎来一波上涨，此时为短线投资者买进的机会。

3.3　一些特殊的多日 K 线组合

从前面的内容可以知道，单根 K 线和双根 K 线组合都可能对股价走势起到研判作用，那么 3 根 K 线、4 根 K 线甚至是多根 K 线呢？答案显然是肯定的。多根 K 线也可能组成一些具有启示意义的 K 线组合形态，帮助投资者们研判分析股票市场。此外，相比单根 K 线或双根 K 线，多根 K 线组合的可靠性更强，因为单根 K 线和双根 K 线较容易出现偶然性。

3.3.1　早晨之星

早晨之星从字面上来理解就是，在太阳还未真正升起来之前，在黑暗之中发亮的一颗星星，引导投资者走向光明。因此，早晨之星是比较典型的趋势反转信号，也是一个较好的短线买进机会。

早晨之星由 3 根 K 线组合而成，第一根为继续强势下跌的大阴线；第二根为向下跳空低开的十字星线或小 K 线，既可以是阴线，也可以是阳线；第三根则为一根大阳线，价格收复第一天的大部分失地，市场发出明确的看涨信号。

实例分析

天融信（002212）早晨之星

如图3-10所示为天融信2020年3月至5月的K线走势。

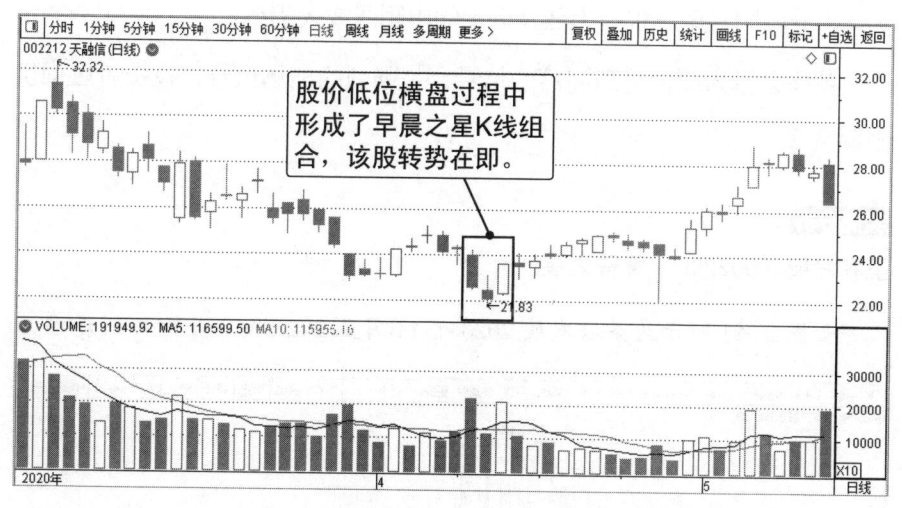

图3-10　天融信2020年3月至5月的K线走势

从上图可以看到，天融信前期表现为下跌，股价从30.00元上方开始下跌，跌至24.00元价位线附近后止跌，并在该价位线上下波动横行。

4月10日，股价低开低走收出一根大阴线，紧接着第二天股价向下跳空低开收出一根小阴线，但是到了第三天股价却高开高走收出一根大阳线，且阳线深入第一根阴线实体内部，收复大部分价格失地。这3根K线形成了典型的早晨之星组合。

在股价下跌后的低位横盘区域出现早晨之星组合，说明空头实力衰竭，市场转入多头市场，该股即将迎来一波上涨行情，此时为短线投资者的跟进机会。

3.3.2　黄昏之星

黄昏之星则与早晨之星相反，如果说早晨之星代表希望，那么黄昏之星就代表了黑暗，它是黑暗来临之前的最后一颗星。黄昏之星是典型的转势信号，通常出现在股价上涨后的高位区域，由3根K线组合而成，第一根为继续上扬的阳线；第二根为向上跳空高开的十字星线或小K线，K线实体不分阴阳；第三根则为低开低走的中阴线或大阴线。

黄昏之星为股价见顶回落的信号，是强烈的离场信号，投资者应伺机抛货离场。

实例分析
圣农发展（002299）黄昏之星

如图3-11所示为圣农发展2020年11月至2021年7月的K线走势。

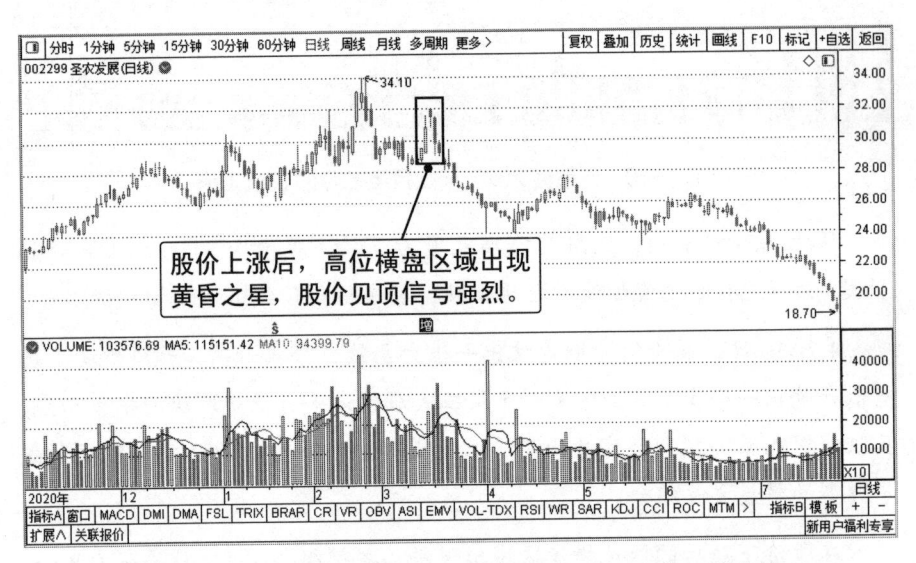

图3-11　圣农发展2020年11月至2021年7月的K线走势

从上图可以看到，圣农发展经过一段时间的上涨行情后，股价运行至32.00元上方，随后止涨小幅下跌至30.00元价位线附近上下波动横行。3月15日，股价低开高走收出一根大阳线，紧接着第二天股价向上跳空高开收出一根小阴线，到了第三天股价低开低走，K线收出一根大阴线，且阴线实体深入阳线实体一半以上。3根K线形成了一个典型的黄昏之星组合。

黄昏之星出现在股价上涨后的高位横盘区域，股价见顶信号强烈，后市极有可能迎来一波下跌，投资者见此信号应尽快卖出持股离场，早做准备。

3.3.3 三个白武士

三个白武士是由 3 根收盘价接近或等于最高价的连续阳线组合而成，它是市场强势的标志，一般出现在盘整行情或者是上涨初期。K 线连续拉出 3 根阳线，其中第二根和第三根阳线的收盘价明显高出前一天阳线的收盘价。

三个白武士出现在不同的位置具有不同的市场意义。

①如果三个白武士出现在下跌行情的末端，为见底信号，说明股价即将触底回升。

②如果三个白武士出现在上涨途中的盘整期，则表示多方已经重新聚集力量，是看涨信号，投资者可追涨买入。

此外，如果 3 根阳线的实体依次变大，成交也逐渐放量，说明多方实力逐渐增强，后市股价加速上涨的可能性较大。

实例分析

财信发展（000838）三个白武士

如图 3-12 所示为财信发展 2020 年 12 月至 2021 年 5 月的 K 线走势。

从下图可以看到，财信发展前期处于下跌趋势之中，股价向下跌落。2021 年 2 月初，财信发展创下 2.30 元的新低后止跌横盘，随后 K 线连续收出 3 根阳线，阳线实体逐渐增大，且第二根阳线和第三根阳线的收盘价均高于前一天的收盘价，形成了典型的三个白武士 K 线组合，与此同时下方的成交也逐渐放量。

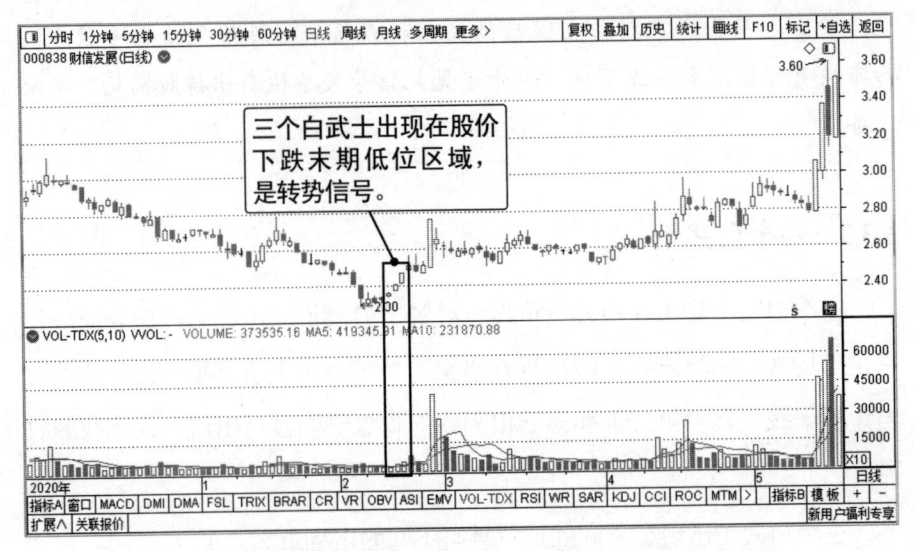

图 3-12　财信发展 2020 年 12 月至 2021 年 5 月的 K 线走势

三个白武士 K 线组合出现在股价经过一轮下跌后的低位区域，说明该股的空头实力衰竭，而多头实力逐渐聚集，股价转势在即，此时为短线投资者的买进机会。

3.3.4　三只乌鸦

三只乌鸦是市场暴跌的信号，指股价大涨之后连续出现 3 根向下的阴线，且每根阴线的收盘价都向下跌，每天的开盘价在前一天的实体之内，每天的收盘价等于或接近当天的最低价。

三只乌鸦通常出现在下跌趋势启动之初，空头开始发力之时，投资者一旦发现该形态成立，应该立即出逃，以免错过离场机会。

实例分析

报喜鸟（002154）三只乌鸦

如图 3-13 所示为报喜鸟 2021 年 4 月至 8 月的 K 线走势。

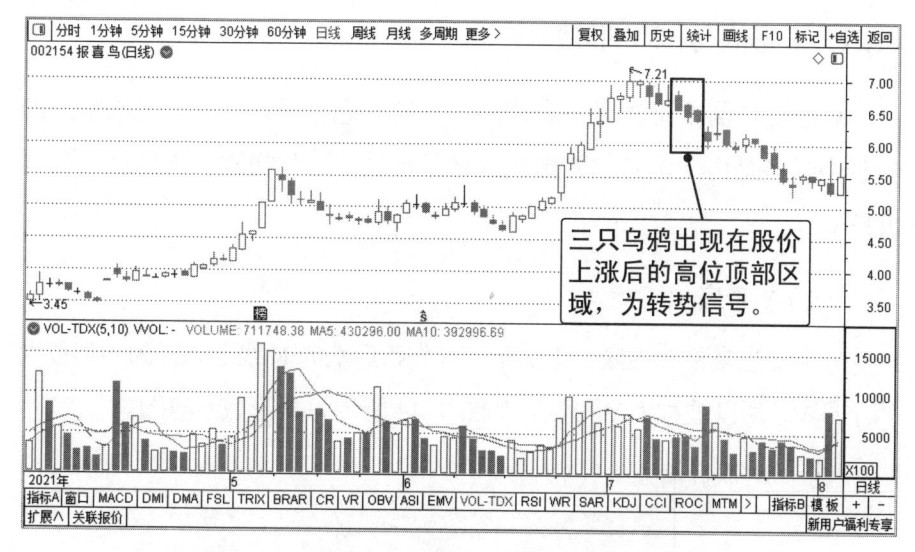

图 3-13 报喜鸟 2021 年 4 月至 8 月的 K 线走势

从上图可以看到,报喜鸟前期处于上升趋势之中,股价震荡向上,当股价创下 7.21 元的新高后止涨,并在 6.50 元价位线上方横盘运行。2021 年 7 月 12 日、13 日和 14 日 K 线收出 3 根连续下跌的阴线,股价向下,且每根阴线的收盘价都向下跌,每天的开盘价在前一天的实体之内,每天的收盘价等于或接近当天的最低价,形成了三只乌鸦 K 线形态。

在股价上涨后的高位顶部区域出现三只乌鸦 K 线形态,说明该股的多头实力衰竭,上涨乏力,而空头实力较强,后市即将迎来一波强势下跌,场内持股投资者应在此位置及时离场。

3.4 K 线的一些技术形态

K 线除了能够组成一些特殊的,具有指示意义的 K 线组合形态外,长期 K 线还能形成一些技术形态,这些技术形态能够帮助投资者判断当前的市场行情,找到准确的买进卖出点。

3.4.1 V形底与倒V形顶

V形底与倒V形顶是一种剧烈的反转形态,通常出现在暴涨暴跌的行情中,多是由于消息面的影响或者是市场情绪化操作。下面就来分别介绍。

（1）V形底

V形底也常称为尖底,指的是一种先跌后涨的K线形态,因为形似大写字母V,所以被称为V形底。如图3-14所示为V形底示意图。

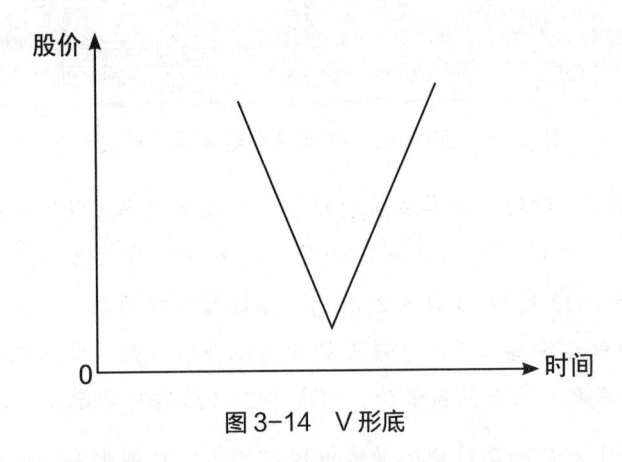

图3-14 V形底

V形底一般出现在下跌行情的末期,股价急速下跌,达到一定的幅度后又立即掉头向上,整个下跌和上涨过程比较快速,没有整理过渡的时间,常常在几个交易日内形成,且在转势点通常都伴随着较大的成交量。V形底具有以下几个特征。

① V形底由3个部分组成,一是下跌,V形底的左侧下跌走势十分陡峭,而且往往会持续一段时间;二是转势点,V形底的底部十分尖锐,所以转势点可能仅两三个交易日即可完成,与此同时下方成交也会明显放量;三是回升阶段,股价转入上升趋势,成交也随之放量。

② V形底在转势点必须要有放大的成交量配合,否则形态不成立。

③V形底技术形态形成之后，上升阶段可能会出现变异，价格有一部分出现横向发展的成交区域，其后打破这个徘徊区，继续上升趋势。

实例分析

穗恒运A（000531）V形底

如图3-15穗恒运A在2018年5月至2019年1月的K线走势。

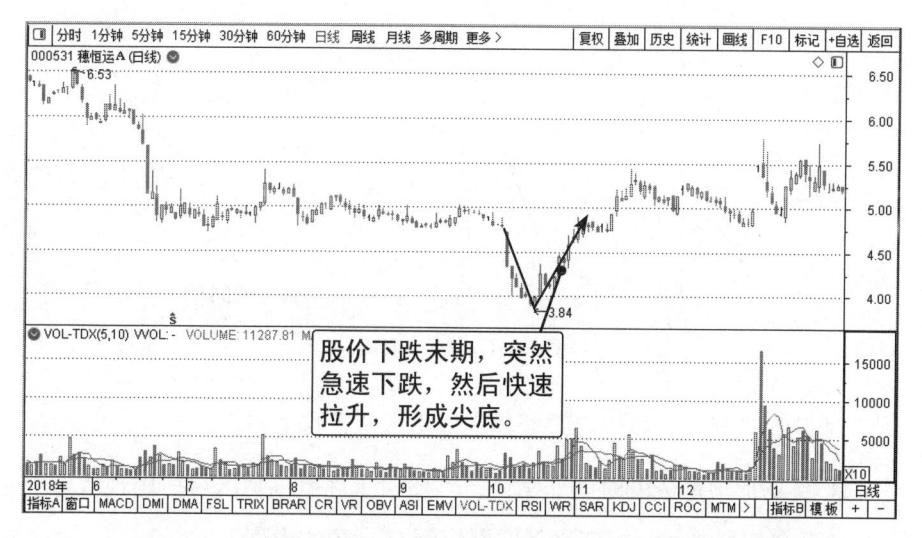

图3-15 穗恒运A在2018年5月至2019年1月的K线走势

从上图可以看到，穗恒运A前期表现出下跌行情，股价向下运行。当股价下跌至5.00元附近时止跌，并在该价位线附近上下横盘波动。

2018年10月中旬，K线突然收出多根连续下跌的阴线，打破横盘平衡，创出3.84元的新低后止跌回升，股价快速向上拉升，下方成交量放大。

股价的急速下跌和立即回升形成了V形底形态，说明该股转势成功，后市即将迎来一波上涨行情，投资者可以在回调结束后买进。

（2）倒V形顶

倒V形顶也称倒V形反转形态或尖顶形态，其也是一个比较常见的反转形态，它在顶部出现的频率较高，而且一般出现在市场剧烈的波动之中。其关键性的转向过程也仅几个交易日就完成，有时甚至更短，通常情况下会有一根较长的上影线触顶，随后股价开始大幅下跌。

如图 3-16 所示为倒 V 形顶的一般形态。

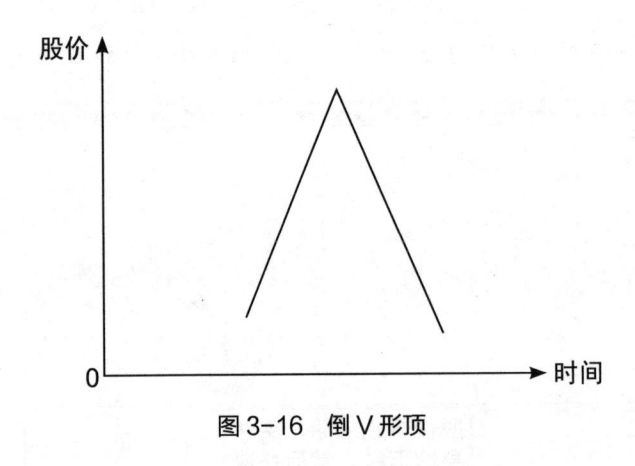

图 3-16　倒 V 形顶

对于倒 V 形顶，投资者需要注意以下几个操作要点。

①倒 V 形顶形成的时间非常快，当股价上涨到高位区域后出现放量上涨，不断创出新高时，投资者就要警惕倒 V 形顶的出现。

②倒 V 形顶没有明显的卖点，一旦在股价直线上涨后出现，放量滞涨甚至回落时，投资者就应果断离场，或者轻仓观望。

③当股价上涨到倒 V 形顶开始快速下跌时，可能会获得一定的支撑，从而形成一个横盘整理平台，股价一旦跌破该平台就会立即转入下跌通道，所以该平台是持仓投资者的离场机会。

实例分析

荣盛石化（002493）倒 V 形顶

如图 3-17 所示为荣盛石化 2020 年 10 月至 2021 年 3 月的 K 线走势。

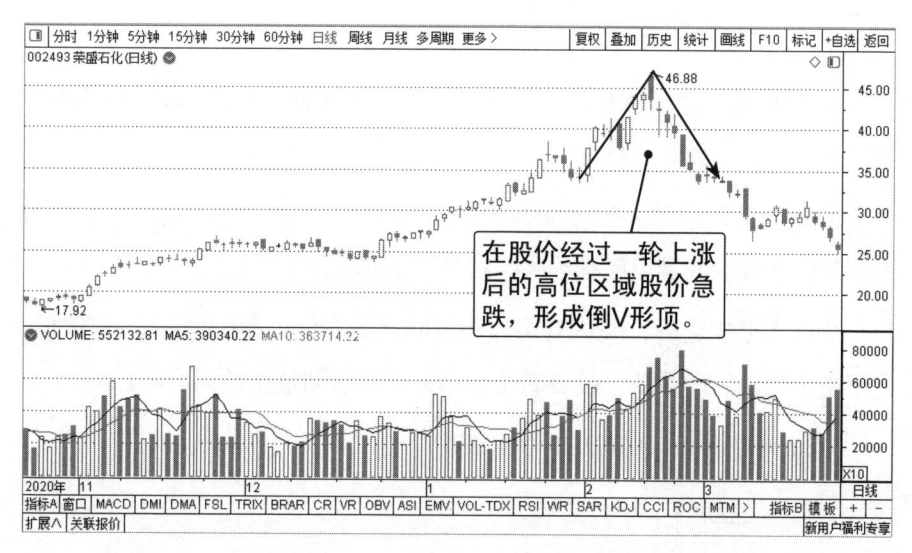

图 3-17　荣盛石化 2020 年 10 月至 2021 年 3 月的 K 线走势

从上图可以看到，荣盛石化前期处于上升通道中，股价稳定地向上移动，K 线多以小阳线为主。当股价上涨至 35.00 元价位线附近后，出现小幅回调。

回调结束后，在 2021 年 2 月初，K 线收出涨停大阳线后继续收出两根阳线，股价被快速拉升至 45.00 元附近。就在市场以为股价将再次开始向上进一步拉升时，2 月 18 日股价高开低走，创下 46.88 元新高的同时，收出一根大阴线，下方成交放量，随后接连几天 K 线连续收阴，形成尖尖的倒 V 形顶形态。

倒 V 形顶的出现，说明该股的势能已经发生了改变，由原来的多头市场转为空头市场，后市看空，投资者应该尽快离场。

3.4.2　W 形底与 M 形顶

W 形底和 M 形顶是比较常见的一种反转形态，也是非常重要的股价走势形态。因为其外形与英文字母 W 和 M 相似，所以被称为 W 形底和 M 形顶，也可以称为双重底和双重顶。

(1) W形底

W形底又称为双重底,该形态一般在下跌行情的末期出现。双重底反转形态一般具有如下的特征。

①形态的低点通常在同一水平位置,股价第一次冲高回落后的顶点称为颈部,当股价放量突破颈线时,行情可能见底回升。

②形态形成之后,股价有可能出现回落的行情,股价最终会在颈部附近止跌企稳,后市看涨,投资者可在第二次突破回落止跌后介入。

如图3-18所示为W底的示意图。

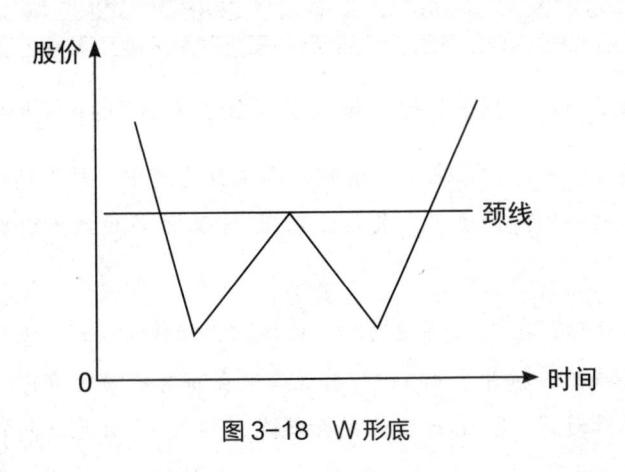

图3-18 W形底

理财贴士 *W形底形态的进一步认识*

在实际操作中,也会出现双重底的两个底点不在同一水平位置的情况。通常,第二个底点都较第一个底点稍高,是因为部分先知先觉的投资者在第二次股价回落时已开始买入,令股价没法再次跌回上次的低点。而且形态底部两个低点之间会出现距离不对称的情况,通常,左底成交量大于右底,突破颈线若伴随放量,则上涨信号比较明确。此外,双重底形态在底部构筑的时间越长,其产生的回升效果就越长。完整形态的W形底构筑时间至少需要一个月左右,过短的时间间隔有可能是主力设置的技术陷阱。

实例分析

林海股份（600099）W 形底

如图 3-19 所示为林海股份 2020 年 12 月至 2021 年 8 月的 K 线走势。

> 在股价经过一轮下跌后的低位区域，K 线形成 W 形底形态，市场即将反转。

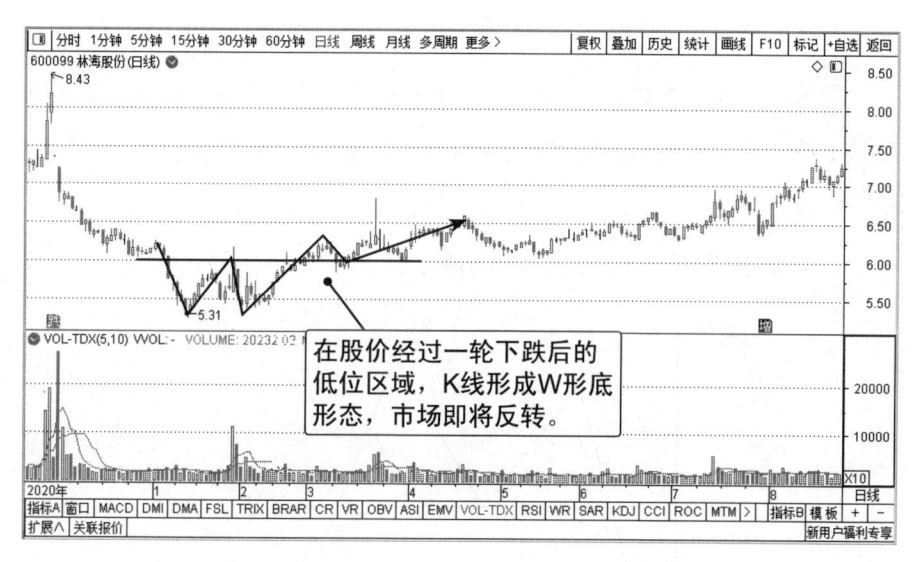

图 3-19　林海股份 2020 年 12 月至 2021 年 8 月的 K 线走势

从上图可以看到，林海股份前期处于下跌趋势之中，该股重心不断下移。2021 年 1 月 31 日在创出 5.31 元的新低之后止跌回升，但这一波上涨并未长时间持续，股价上涨至 6.00 元附近便止涨再次下跌，当股价跌至 5.50 元价位线附近时，股价再次止跌，短暂横盘后回升。这两次下跌回升形成的低点大致在同一水平位置，形成了典型的 W 形底形态。

在股价经历过一轮下跌行情后的低位区域出现了 W 形底形态，说明股价在此位置筑底，后市即将迎来一轮上涨行情，投资者可以在股价回落调整时候积极跟进。

（2）M 形顶

M 形顶又称双重顶，该形态一般是在上升行情的末期出现，它与双重底形态的作用刚好相反，它是一个后市看跌的见顶反转形态。双重顶反转形态一般具有如下特征。

①形态的高点并不一定在同一水平位置，通常第二个顶点比第一个顶点稍高，是高位追涨筹码介入拉高的结果，由于主力借机出货，因此股价上涨力度不大。

②形态的两个顶点就是这轮上升行情的最高点，当股价有效跌破形态颈线（第一次下跌的低点为颈部）时行情发生逆转，短线投资者应果断卖出股票。

如图3-20所示为M形顶的示意图。

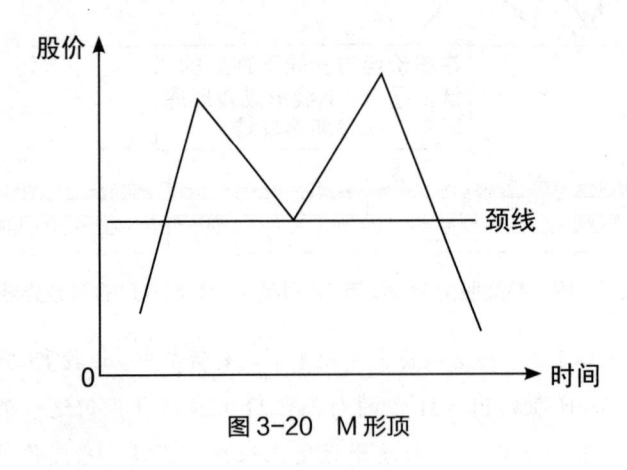

图3-20 M形顶

实例分析

亚厦股份（002375）M形顶

如图3-21所示为亚厦股份2020年4月至12月的K线走势。

从下图可以看到，亚厦股份前期表现上涨行情，股价震荡向上。8月上旬，股价上涨至16.00元附近后止涨，小幅下跌至14.00元价位线后止跌回升。股价再次被拉升至16.00元价位线附近后止涨下跌。两次上涨回落形成的两个高点基本在同一水平位置，由此形成了M形顶形态。

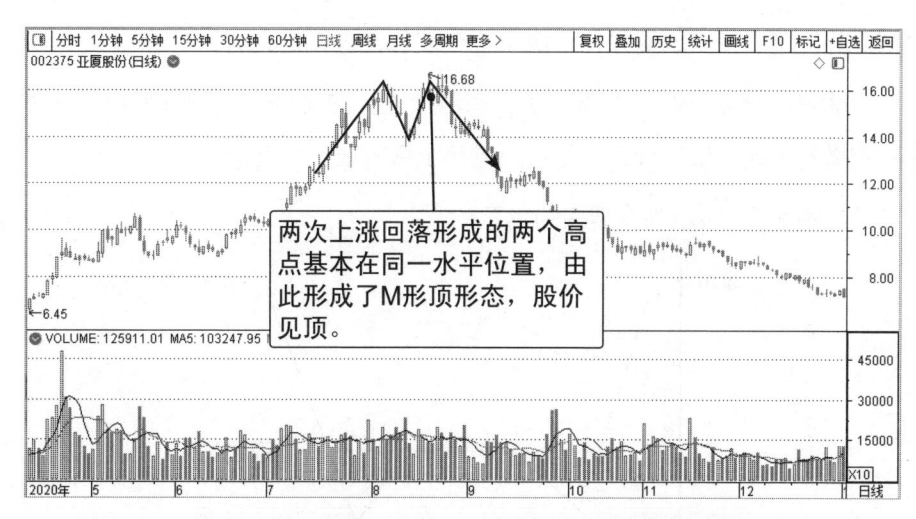

图 3-21 亚厦股份 2020 年 4 月至 12 月的 K 线走势

在股价经过一轮大幅上涨后的高位区域，亚厦股份的 K 线形成了典型的 M 形顶形态，说明该股的这一轮上涨基本结束，转势在即，后市即将转入下跌行情中。场内的短线投资者在发现 M 形顶形态时应尽快离场，避免被套。

3.4.3 头肩底与头肩顶

头肩底与头肩顶是一组典型的趋势反转形态，股市中的短线投资者常常借助头肩底与头肩顶形态来判断市场买卖点，因此，短线投资者需要重点把握这一组经典形态。

（1）头肩底

头肩底形态是在实战中出现较多的一种形态，它是一个长期趋势的反转形态，通常出现在下跌行情的末期。这一形态具有以下特征。

①股价急速下跌，然后止跌反弹，形成第一个波谷，也就是左肩；紧接着，股价再次下跌，并跌破前一低点，然后股价再次止跌反弹，形成了第二个波谷，也就是头部；接着股价第三次下跌，但股价跌至第一个波谷

相近的位置后便止跌反弹，形成第三个波谷，也就是右肩。

②在成交量方面，左肩最少，头部次之，右肩最多。股价突破颈线不一定需要大成交量配合，但是日后继续上涨时成交量会放大。

如图3-22所示为头肩底的示意图。

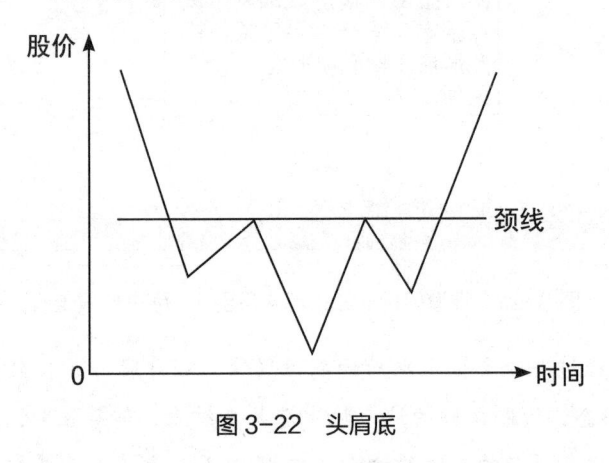

图3-22　头肩底

实例分析

惠天热电（000692）头肩底

如图3-23所示为惠天热电2020年9月至2021年5月的K线走势。

头肩底形态的出现说明该股的空头势能已消耗殆尽，即将转入上升趋势之中。

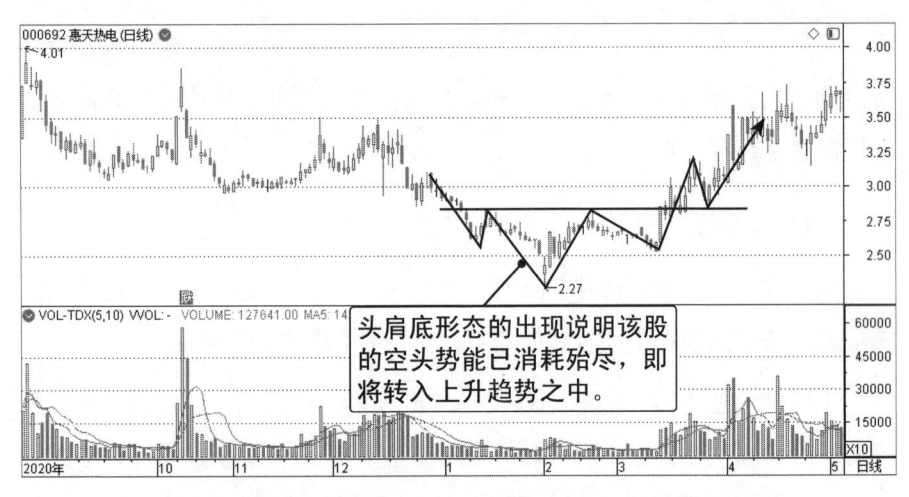

图3-23　惠天热电2020年9月至2021年5月的K线走势

从上图可以看到，惠天热电前期处于下跌趋势之中，股价震荡向下运行。2021年1月上旬，股价下跌至2.55元附近后止跌反弹，形成第一个波谷，当股价回升至2.80元附近时止涨下跌。

股价下跌创出2.27元的新低后止跌反弹，形成第二个波谷。当股价再次反弹至2.80元附近时止涨下跌，股价跌至第一个波谷2.55元附近时，再次止跌反弹，形成第三个波谷。从图中可以看到，第一个波谷和第三个波谷大致处于同一水平位置，第二个波谷位置最低，由此形成了标准的头肩底形态。

头肩底形态的出现，说明该股的空头势能已消耗殆尽，即将转入上升趋势之中，投资者可以在头肩底形成，股价回踩颈线时买进。

（2）头肩顶

头肩顶形态是较为可靠的卖出信号，由3次涨跌构成，如图3-24所示为头肩顶的示意图。

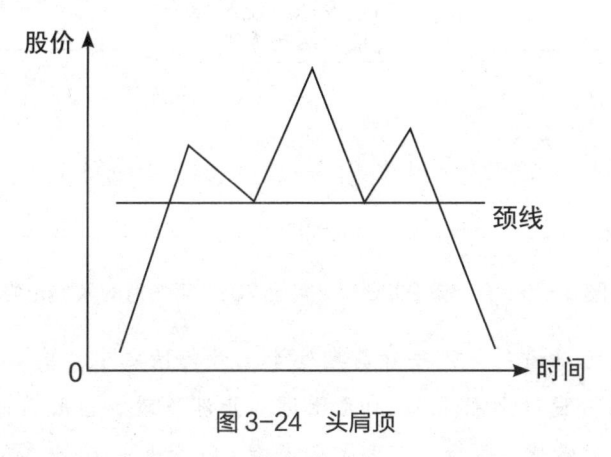

图3-24 头肩顶

头肩顶的形成过程大致如下。

①股价长期上升后，成交量大增，获利回调压力增加，使得股价出现回落，成交量较大幅度下降，左肩形成。

②股价回升，向上突破左肩，成交量因为充分换手而创纪录，但价位

过高使多头产生恐慌心理，竞相抛售，股价回跌到前一低点附近，形成头部。

③股价第三次上升，但前段的巨额成交量将不再重现，涨势不再凶猛，价位到达头部顶点之前即告回落，形成右肩。

实例分析

万年青（000789）头肩顶

如图3-25所示万年青2020年2月至2021年1月的K线走势。

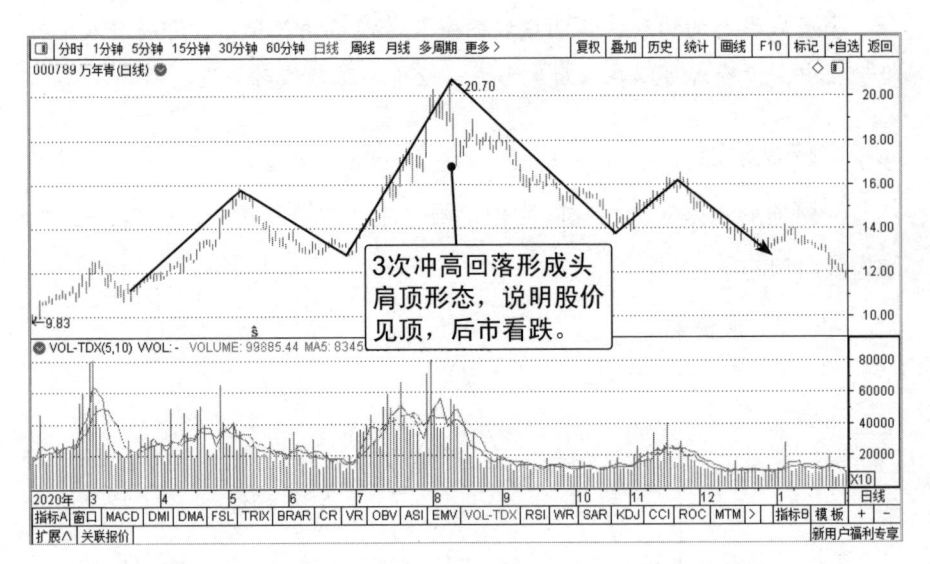

图3-25　万年青2020年2月至2021年1月的K线走势

从上图可以看到，万年青前期处于上升行情之中，重心不断上移。2020年5月，股价上涨至16.00元附近后止涨下跌。当股价回调至13.00元附近后止跌横盘一段后，下方成交放量，股价再次上冲，将股价拉升至20.00元价位线上方，创下20.70元的新高后止涨下跌。

2020年11月，股价跌至14.00价位线后止跌反弹，当股价上涨至16.00元附近时再次受阻下跌。3次冲高回落形成了3个明显的高点，且第一个高点与第三个高点大致处于同一水平位置，由此形成了头肩顶形态。

头肩顶形态的出现说明该股的趋势将由上升转为下跌，是可靠的卖出信号，短期投资者一旦发现该形态就应立即离场。

3.4.4 圆弧底与圆弧顶

圆弧底与圆弧顶是两种常见的反转形态，它们与 V 形底（顶）、W 形底（顶）及头肩底（顶）存在很大的不同，因为它们的形成是一个渐进的过程，多空双方势均力敌，不断交替，所以出现一段较长时间的盘整走势。下面来具体看看。

（1）圆弧底

圆弧底是一种极具上涨能力的底部形态，其形成过程是股价缓慢下滑，在跌势趋缓并止跌之后，多空达到平衡，在底部横盘少许时日后，股价又缓慢回升。每次回落点都略高于前一次形成的低点，整个形态就像一个圆弧，所以被称为圆弧底或圆底，如图 3-26 所示为圆弧底示意图。

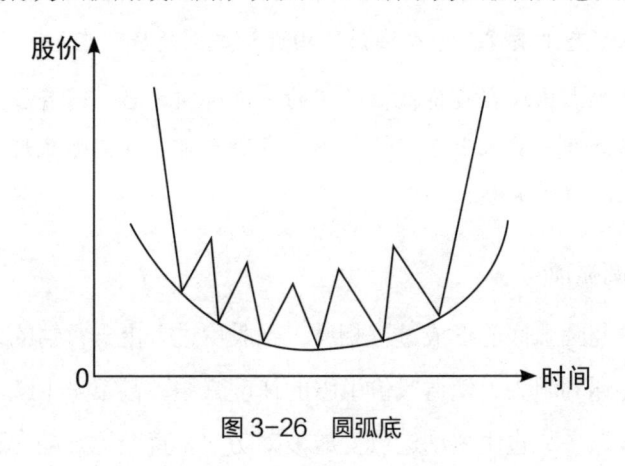

图 3-26 圆弧底

实例分析

酒鬼酒（000799）圆弧底

如图 3-27 所示为酒鬼酒 2020 年 2 月至 2021 年 1 月的 K 线走势。

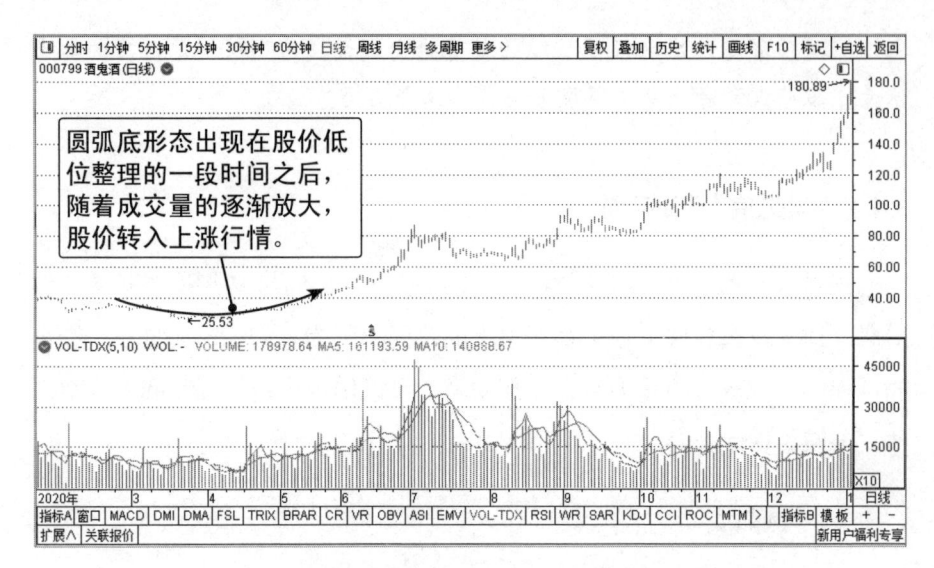

图 3-27　酒鬼酒 2020 年 2 月至 2021 年 1 月的 K 线走势

从上图可以看到，酒鬼酒前期股价走势沉闷，涨跌幅度较小，近乎横盘波动。但是，仔细观察，还是可以发现 K 线走势存在异常，股价先是缓慢下跌，当股价下跌至 26.00 元附近，创出 25.53 的新低后，股价又开始缓慢回升，从形态上看像是一个圆弧，由此形成圆弧底形态。

圆弧底形态出现在股价低位整理的一段时间之后，随着成交量的逐渐放大，酒鬼酒即将转入上涨行情之中，投资者可以在圆弧底形态成立，股价放量上涨时积极跟进。

（2）圆弧顶

圆弧顶与圆弧底的形成过程相反，当股价进入上升行情的末期后，多头上涨开始遇到阻力，使得股价上涨的速度减缓，甚至是下跌。多空双方形成拉锯战，多头也由主动进攻变成被动防守，直至上升动力衰竭，股价破位下跌。

从走势上看，股价先是上升到高位后，开始缓慢上升，到达顶部后，股价又缓慢下跌，每次回落的高点都略低于前一次形成的高点，整个形态像一个圆弧。但在圆弧顶发展的末期,成交量会放大,股价会逐渐加速下跌。

如图 3-28 所示为圆弧顶的示意图。

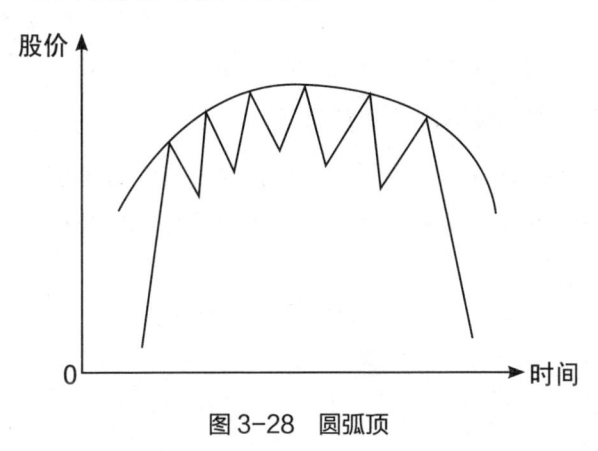

图 3-28　圆弧顶

实例分析

国光电器（002045）圆弧顶

如图 3-29 所示为国光电器 2019 年 8 月至 2020 年 4 月的 K 线走势。

圆弧顶形态出现在股价经历过一轮上涨行情后的高位区域,是股价见顶下跌的信号,后市即将转入空头市场。

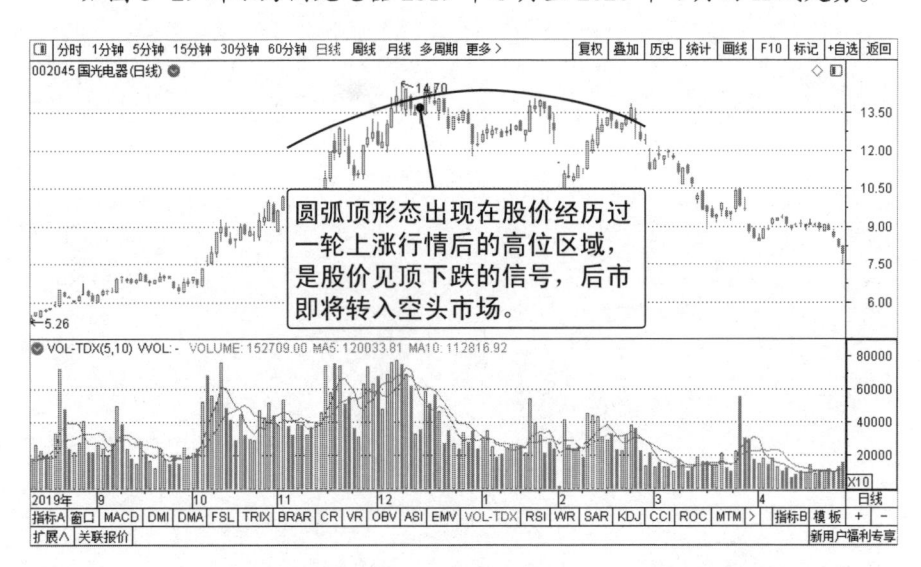

图 3-29　国光电器 2019 年 8 月至 2020 年 4 月的 K 线走势

从上图可以看到，国光电器前期处于上升行情之中，股价震荡向上运行。当股价上涨至12.00元价位线附近后，涨势减缓，股价开始小幅缓慢向上攀升。当股价上涨13.50元价位线后，股价滞涨，短暂横盘一段后又开始缓慢下跌，且每次回落的高点都略低于前一次形成的高点，整个形态形似一个圆弧，由此形成圆弧顶形态。

圆弧顶形态出现在股价经历过一轮上涨行情后的高位区域，是股价见顶下跌的信号，说明多头动能衰竭，后市即将转入空头市场，投资者应立即离场。

第4章
依据成交量的变化情况操作短线

成交量既是股价上涨的原动力,也是股价下跌的主要原因之一,没有成交量做支撑的上涨,往往为无效上涨,不会持续太久。而在下跌行情中,如果伴随着量能放大,说明空头动力强劲,市场看空。因此,投资者可以借助成交量的增减情况来判断股价的涨跌变化,进而找到合适的短线操作机会。

4.1 成交量形态释放出买卖信号

成交量是最客观、最直接的行情判断要素之一，且成交量在不同的股市行情中，会形成不同的形态。这些形态是我们分析当前行情，研判股价走势的关键，只有了解这些形态及其含义，才能找到释放出的买卖信号。

4.1.1 认识成交量的基本形态

利用成交量形态做市场分析之前，投资者必须要对成交量的一些基本形态有一定的了解。成交量按形态可以划分为5种类型，分别是逐渐放量、逐渐缩量、快速放大量、快速出小量和量平，具体如表4-1所示。

表4-1 成交量形态

类型	描述	形态示意图	市场意义
逐渐放量	是指随着时间的推移，成交量总体趋势为逐步增大		在上涨初期出现逐渐放量，表示后市看好，投资者可在低位建仓；在上涨后期出现逐渐放量，行情可能出现转势，投资者需要认真分析，谨慎入市
逐渐缩量	是指随着时间的推移，成交量总体趋势为逐步减小		在上涨初期出现逐渐缩量，是主力清理浮筹的手段，后市还有一段上升行情；在上涨后期出现逐渐缩量，有可能是主力将股价拉升到高位后欲全部出货，这是行情逆转的信号
快速放大量	指在持续较小成交量后，突然出现很大的成交量		在上涨初期、中期或下降行情末期出现快速放大量，都表示后市看涨，投资者可逢低吸纳，积极做多；在上涨末期或下跌行情初期、中期出现快速放大量，这种情况下后市不被看好，投资者可以选择空仓观望

续表

类型	描述	形态示意图	市场意义
快速出小量	指在连续出现很多大的成交量后，突然出现较小成交量		在下降行情初期和中期出现快速出小量，后市将继续下跌，投资者此时不适宜入市，应采取空仓观望的操作策略；在下降末期出现快速出小量，预示做空局势已经基本稳定，投资者应保持观望，在行情止跌企稳，转空头为多头时介入
量平	是指在一段时间内，成交量的总体趋势区域持平的状态，根据一段时间内成交量量平的大小，可分为量大平、量中平和量小平		量大平：在上涨行情初期，量大平主要是由于多方主力采取稳扎稳打的策略，步步为营推高股价，后市看涨，投资者可积极做多；在上涨行情末期出现量大平，是主力出货的表现，投资者可退出观望
			量中平：在上涨行情中期出现量中平，投资者要谨慎做多；在下降行情中出现量中平是由于下跌趋势已经比较明显，持股者已在陆续出货造成的，后市继续看跌
			量小平：在上涨行情中期出现量小平，说明主力很强，投资者可以继续持股做多；在上涨行情末期出现量小平，投资者还可以持股一段时间，因为主力不可能在瞬间完成出货；在下降行情初期或中期出现量小平，后市将继续下跌，投资者应全线做空；在下降行情末期出现量小平，是行情见底的表现，投资者可逢低吸纳，分批建仓

除了上面介绍的几种形态之外，成交量还有两种比较特殊的形态，即天量和地量，如图 4-1 所示。天量是指在一定时间周期内成交量达到一个非常大的数据，具体是近期成交量的两倍以上；地量指的是在一定时间周期内成交量是一个非常小的数值，在行情清淡的时候地量出现得最多。

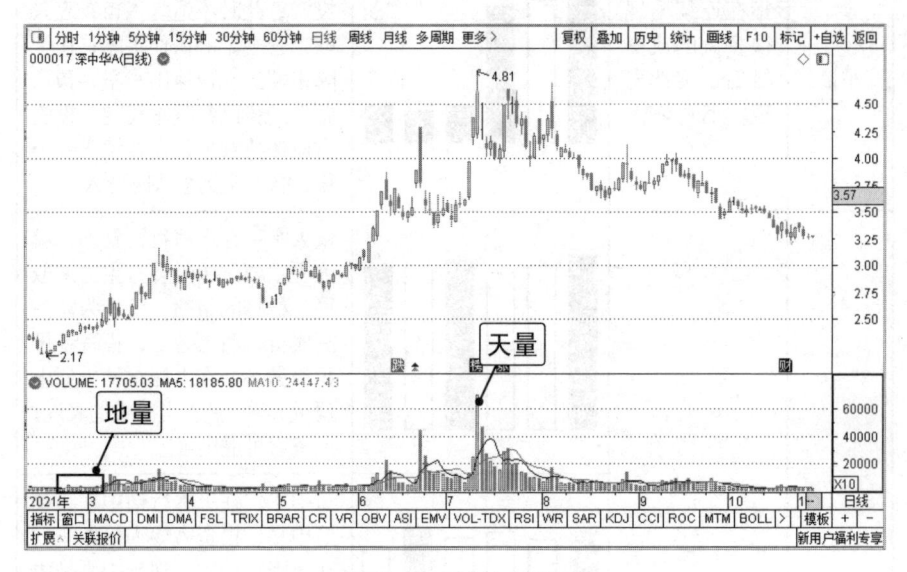

图 4-1　天量与地量

认识了成交量的基本形态之后，就要学会在短线投资实战中将其合理地运用，帮助我们判断买卖点。

4.1.2　低位连续地量

在股价下跌行情中，随着股价的不断下跌，市场中的抛压逐渐减小，使得成交不断缩量，当成交缩量达到一个极限时就会形成地量。如果在股价大幅下跌后的低位区域出现连续地量，则说明场内已经没有直接做空的筹码了，也就是地量见底。一般连续地量出现后，股价会迎来一波反弹或是反转的走势，但是短线投资者在发现低位连续地量后不宜心急马上追涨，应该持币等待，直到成交出现明显放量、股价止跌回升时再积极跟进。

实例分析

常山北明（000158）低位连续地量

如图 4-2 所示为常山北明 2020 年 9 月至 2021 年 6 月的分时走势。

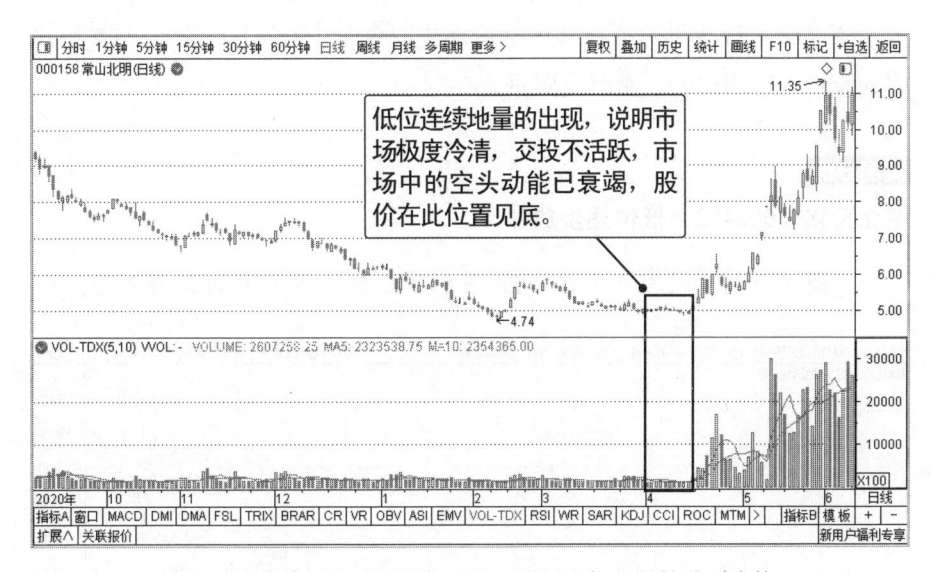

图 4-2　常山北明 2020 年 9 月至 2021 年 6 月的分时走势

从上图可以看到，常山北明前期处于下跌趋势之中，股价向下运行。在股价下跌的过程中成交量温和缩减，当跌至 5.00 元价位线附近时跌势减缓，在该价位线附近波动运行，且波动幅度越来越小。与此同时，查看下方的成交量可以发现，在股价横盘运行的过程中，成交量表现为连续地量。

低位连续地量的出现，说明市场极度冷清，交投不活跃，市场中的空头动能已衰竭，股价在此位置见底，一旦后市股价放量上涨，该股立即转入上升行情之中。投资者可以在低位连续地量时关注该股，一旦成交放量、股价上涨，立即追涨买进。

4.1.3　低位逐步放量

逐步放量指随着时间的推移，成交量总体呈逐渐放大趋势。当成交量逐步放大出现在股价下跌后的低位区域时，说明股价经过长时间的下跌，空头能量已经得到了充分释放，股价开始止跌企稳，多空暂时形成平衡，而成交量逐步放大，场内多头实力聚集增强，最终占据优势，市场即将迎来一波上涨。短线投资者在发现低位逐步放量时不应立即入场，而是应该等到股价出现明显的上涨时再跟进。

实例分析

湖北宜化（000422）低位逐步放量

如图 4-3 所示为湖北宜化 2020 年 8 月至 2021 年 6 月的 K 线走势。

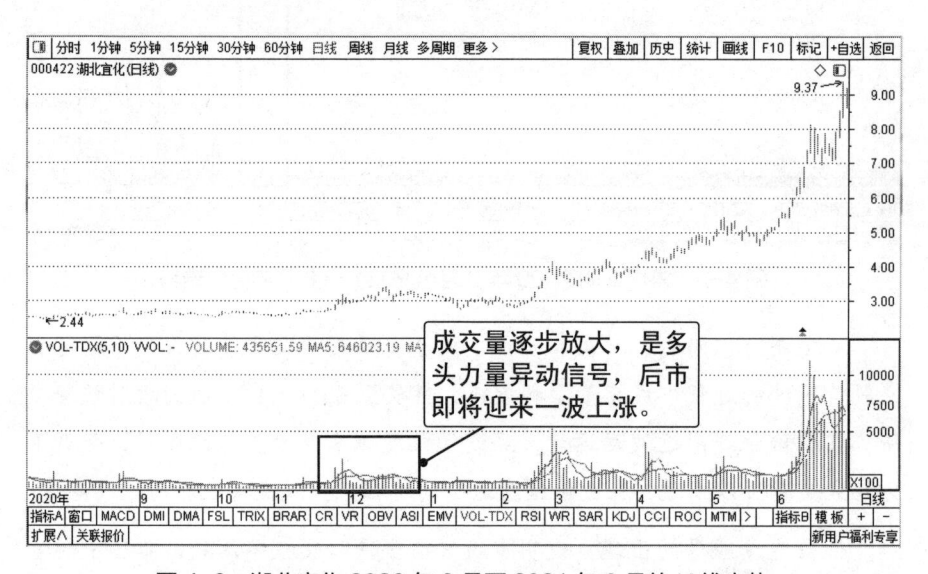

图 4-3　湖北宜化 2020 年 8 月至 2021 年 6 月的 K 线走势

从上图可以看到，前期股价经历过一轮下跌行情之后，运行至 3.00 元下方的低位区域，并长期横盘运行于 3.00 元价位线下方。2020 年 12 月，下方成交量出现明显的低位逐步放量，这是多头力量异动的信号，说明场内多空平衡的状态被打破，多头占据优势，后市可能迎来一波上涨。

2021 年 2 月下旬，成交量明显放大，带动股价向上快速拉升，并突破 3.00 元阻力位，此时短线投资者可积极买进，持股待涨。

4.1.4 低位出现天量

在股价经过一轮下跌后的低位底部区域成交量出现天量，这通常是主力的建仓动作，是一个明显的看涨信号。投资者在发现这一天量信号后要果断跟进，大胆持股待涨。

实例分析

天音控股（000829）低位出现天量

如图 4-4 所示为天音控股 2020 年 12 月至 2021 年 8 月的 K 线走势。

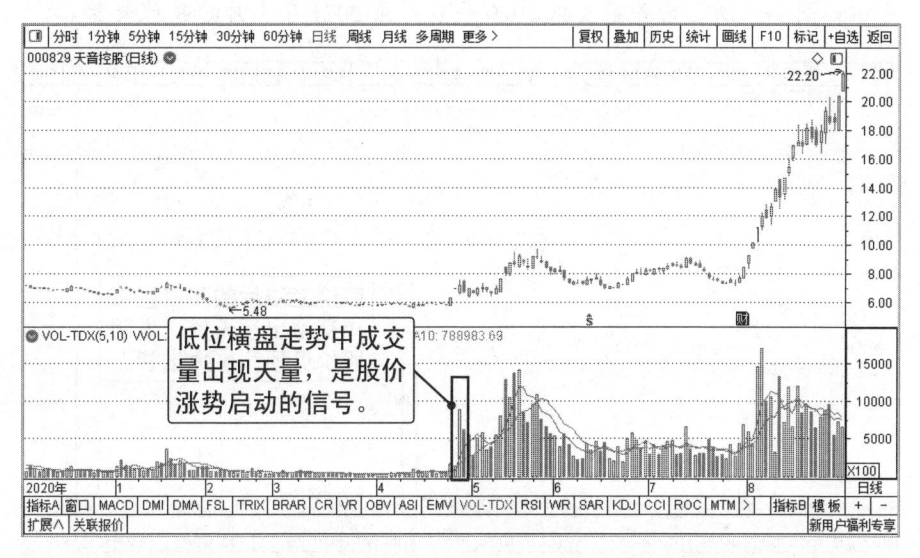

图 4-4　天音控股 2020 年 12 月至 2021 年 8 月的 K 线走势

从上图可以看到，天音控股经过一轮下跌行情后，股价运行至 6.00 元价位线附近，并在该价位线上横盘运行。2021 年 4 月下旬，成交量突然放出一根天量，是近期成交量的两倍以上。

股价下跌后的低位横盘走势中成交量出现天量，说明有主力资金入场在此位置建仓，该股即将迎来一波上涨行情，短线投资者可以在天量出现后积极跟进，持股待涨。

4.1.5 高位出现天量

在股价大幅上涨后的高位区域,下方的成交量突然放出天量,而随着天量的出现,股价也运行至最高价。尤其是当日 K 线呈现出冲高回落的走势,就更加明确地反映了股价已经见顶,此时投资者应尽快清仓出局,锁定当前利润。

实例分析

潍柴重机(000880)高位出现天量

如图 4-5 所示为潍柴重机 2020 年 6 月至 2021 年 1 月的 K 线走势。

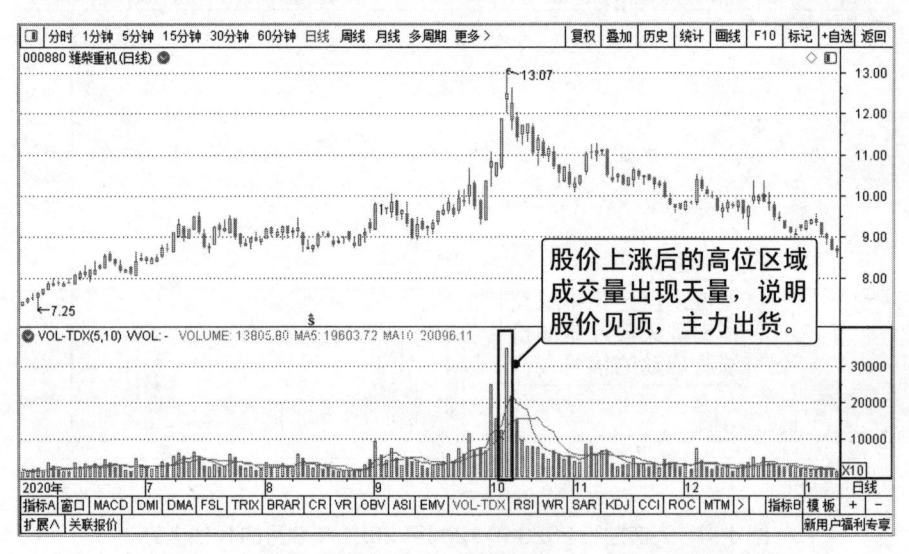

图 4-5 潍柴重机 2020 年 6 月至 2021 年 1 月的 K 线走势

从上图可以看到,潍柴重机前期表现出上涨行情,股价震荡向上。在股价上涨的过程中,成交量没有出现明显的放量表现。10 月初,当股价上涨至 10.00 元附近时,下方的成交量突然放量,推动股价进一步上涨至 12.00 元附近。

10 月 14 日,成交量更是收出一根天量,当日股价跳空高开,快速冲高至涨停后,便立即回落,最终 K 线收出一根带长上下影线的小阳线。高位天量的出现，说明股价见顶，主力出货，后市即将转入下跌趋势之中，投资者要立即离场，落袋为安。

4.2 从量价关系变化寻找买卖点

量价关系指的是成交量与股价之间的关系，在不同的市场行情中它们的关系不同，短线投资者要明确不同的量价关系代表的市场意义，进而帮助自己做出正确的投资决策。

4.2.1 量增价涨

量增价涨指个股股价表现上涨时，下方的成交量也同步上涨的一种量价配合现象。如图 4-6 所示为量增价涨示意图。

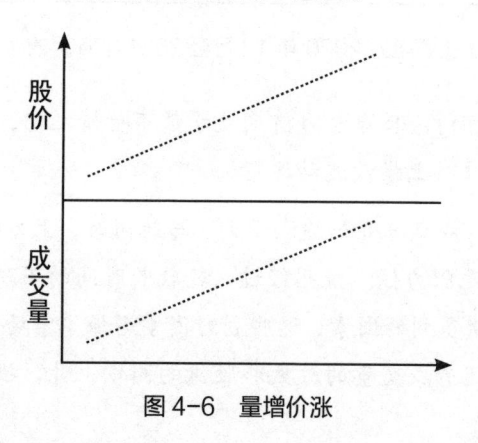

图 4-6 量增价涨

量增价涨通常出现在上升行情中，尤其是上升行情的初期。在上涨初期出现量增价涨，是主力进场的表现，投资者可分批逐步建仓；在上涨途中出现量增价涨，说明市场积极做多，形成主升浪行情，投资者要果断抓住这种行情；在上涨行情末期出现量增价涨，是主力资金积极出逃的表现，后市看跌。

实例分析

长源电力（000966）上涨初期量增价涨

如图 4-7 所示为长源电力 2020 年 12 月至 2021 年 6 月的 K 线走势。

图中标注：经过一轮较长时间的下跌和底部盘整后，量价同步上涨，市场走强。

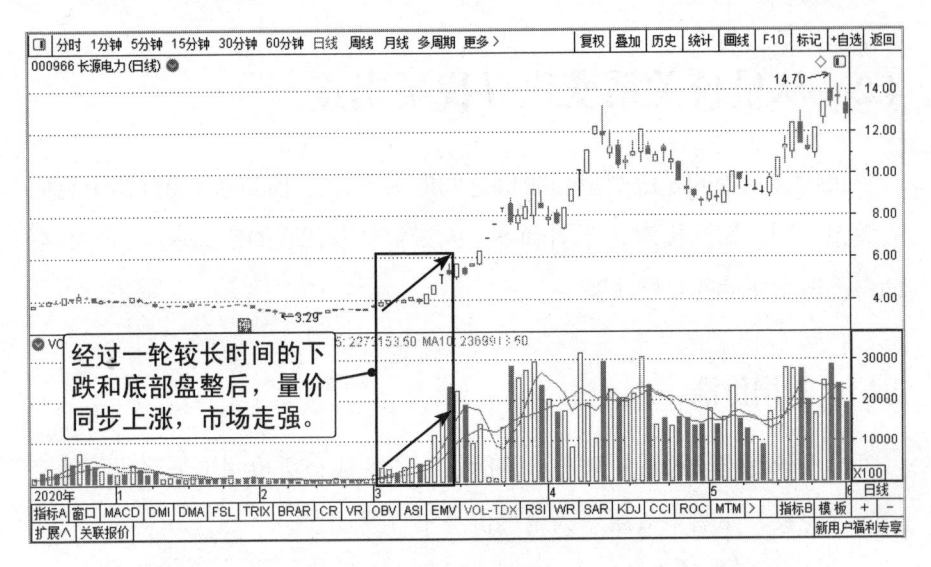

图 4-7　长源电力 2020 年 12 月至 2021 年 6 月的 K 线走势

从上图可以看到，长源电力前期处于熊市行情之中，股价走势沉闷，长期在 4.00 元价位线上横盘波动运行。

2021 年 3 月，成交量开始逐渐放大，与此同时，上方的股价向上拉升，并有效突破 4.00 元阻力位。说明经过一轮较长时间的下跌和底部盘整后，市场中逐渐出现诸多利好因素，这些利好因素增强了市场预期向好的心理，换手逐渐活跃。随着成交量的放大和股价的同步上升，投资者短期持股就可获得一定收益。

4.2.2　量增价平

量增价平指成交量不断放大，但股价却在始终维持在一个范围内横盘波动，如图 4-8 所示为量增价平示意图。

图 4-8 量增价平

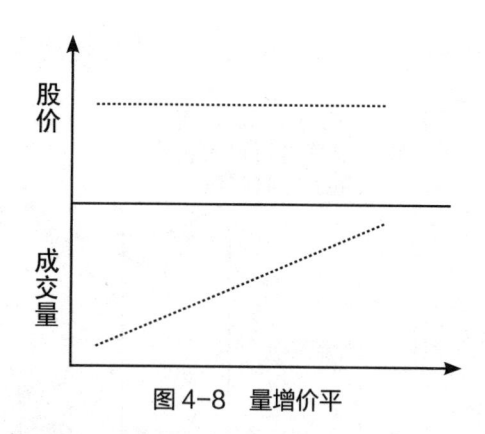

量增价平出现的原因是市场中的分歧较大，部分投资者仍然看好后市发展，但是另一部分投资者却认为股价已经运行至顶部位置了。所以，看多的投资者大量买进，看空的投资者大量卖出，使得成交量增加，但实际上股价却难以上涨。

量增价平通常持续的时间不会太长，而且往往是行情即将转折的信号，后市很快会做出选择，所以短线投资者可以根据量增价平来做买卖判断。

①当股价上涨途中或上涨初期出现量增价平时，说明盘中的获利盘回吐较多，对场内持股投资者的信心产生了动摇。但是并不意味着股价一定会出现下跌，只要股价未跌破 60 日均线，后市就可能继续上涨。

②当股价上涨的高位区域出现量增价平时，则主力极有可能正在出货，成交量放大是主力出货导致的，后市看跌，面对这样的走势短线投资者要谨慎对待，不要轻易追高。

③股价在经过一轮下跌后的低位区域出现量增价平时，极有可能是主力在故意打压股价，后市看涨，一旦出现量价配合齐涨时，短线投资者就要立即跟进。

实例分析

天奇股份（002009）上涨初期量增价平

如图 4-9 所示为天奇股份 2020 年 12 月至 2021 年 8 月的 K 线走势。

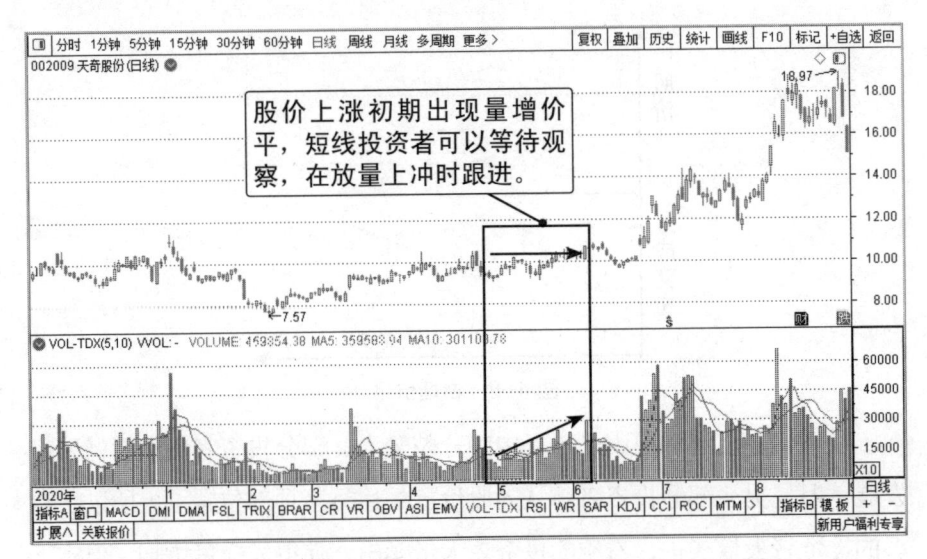

图4-9 天奇股份2020年12月至2021年8月的K线走势

从上图可以看到，天奇股份经过一轮下跌行情之后跌势渐缓，长期在10.00元价位线上波动横行。2021年1月底，K线连续收阴，股价进一步下跌，跌至8.00元价位线上止跌企稳。

随后股价开始小幅上涨，当股价上涨至10.00元价位线附近时受阻，并在该价位线上窄幅横盘波动运行，此时观察下方的成交量，发现成交量表现为放量，形成量增价平。

此时，股价上涨幅度不大，还处于上涨的初期阶段，出现量增价平，说明前期场内的部分持股投资者认为10.00元价位线阻力较大，不看好该股的后市发展，造成抛压较重。但是，这种情况并不意味着股价一定会下跌，短线投资者可以等待股价放量上涨，有效突破10.00元阻力位时积极跟进，持股待涨。

4.2.3 量增价跌

量增价跌指随着成交量的放大，股价却呈现出下降走势，它是一种典型的量价背离现象，如图4-10所示为量增价跌示意图。

图 4-10 量增价跌

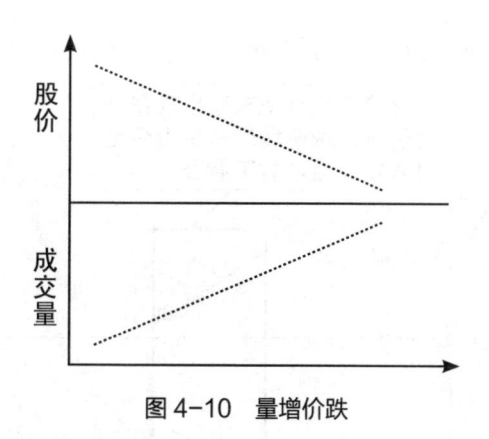

量增价跌现象大部分出现在下跌行情的初期，也有小部分出现在上升行情的初期和末期，具体情况如下所示。

①当量增价跌出现在上涨初期时，往往是主力借此震仓洗盘，只要股价在均线位置获得支撑，就会继续上涨。

②当量增价跌出现在上涨末期时，说明股价上涨受到压制，难以继续维持上涨趋势，行情即将反转。

③当量增价跌出现在下跌初期或途中时，表明主力已经借股价高位完成出货，后市看空。

④当量增价跌出现在下跌末期时，说明有资金介入接盘，后市股价有望形成底部或产生反弹。

实例分析

思源电气（002028）上涨初期量增价跌

如图 4-11 所示为思源电气 2020 年 8 月至 2021 年 4 月的 K 线走势。

从下图可以看到，思源电气前期表现下跌走势，股价震荡向下。2020年 12 月，股价继续下行，在 2021 年 1 月 11 日创出 18.79 元的新低，但与此同时下方的成交量却呈现放量，出现量增价跌的背离现象。

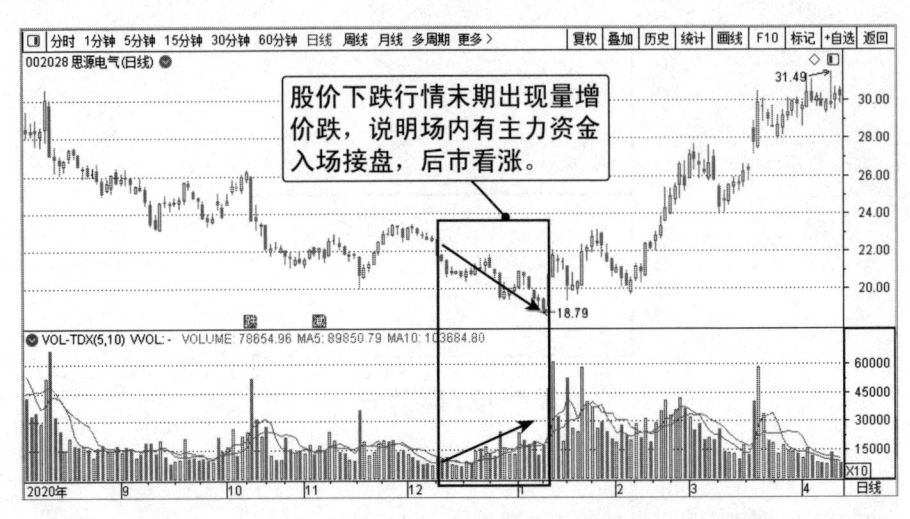

图 4-11　思源电气 2020 年 8 月至 2021 年 4 月的 K 线走势

在股价经过一轮下跌行情后的低位区域，出现量增价跌的背离情况，说明场内有主力资金入场接盘。股价极有可能在此位置筑底企稳，转入上升趋势之中，短线投资者可以在此位置观望，一旦量价出现同步放大的情况时积极买进。

4.2.4　量平价涨

量平价涨指成交量几乎保持在一个固定的幅度水平波动，与此同时股价却逐步上升，如图 4-12 所示为量平价涨示意图。

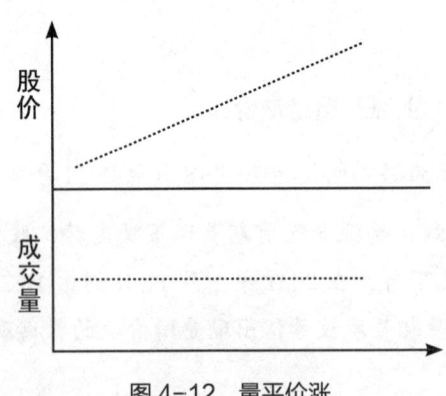

图 4-12　量平价涨

量平价涨可能出现在不同的市场阶段中，具有不同的市场意义，具体如下：

①量平价涨出现在上涨初期，说明股价触底反弹，涨势基本形成，如果量能没有有效放大，但股价能够维持继续上涨，说明有一定的人气做支撑，可以继续做多。

②量平价涨出现在上涨的途中，说明趋势仍然维持，可继续看涨。

③量平价涨出现在上涨的末期，说明没有更多的看多者加入，股价继续上涨比较困难，应谨慎持股。

④量平价涨出现在下跌初期，此时股价见顶，跌势初成，量平价涨只是暂时的反弹，不足以扭转趋势。

⑤量平价涨出现在下跌的途中，表明多头反击的力度并不强大，做多意愿不强，因此投资者应该继续观望，不宜买入。

⑥量平价涨出现在下跌的末期，说明场内做空动能衰竭，股价出现止跌的迹象，一旦后市出现反转信号，投资者可积极介入。

实例分析

七匹狼（002029）上涨初期量平价涨

如图4-13所示为七匹狼2020年10月至2021年6月的K线走势。

从下图可以看到，七匹狼前期表现下跌走势，重心不断下移。2021年1月上旬，在创出4.83元的新低后止跌企稳，随后开始小幅向上攀升。与此同时，观察下方的成交量可以发现，成交量变化不大，几乎保持在同一水平上，形成量平价涨的关系。

在股价经历一轮下跌行情后的低位区域出现量平价涨，说明场内的多空势能发生了转变，空头动力衰竭，即将转入多头市场，后市即将迎来一波上涨行情。但短线投资者此时不应贸然追涨买进，而应持币观望，等候股价走出明显的上涨走势，量价配合良好时再跟进。

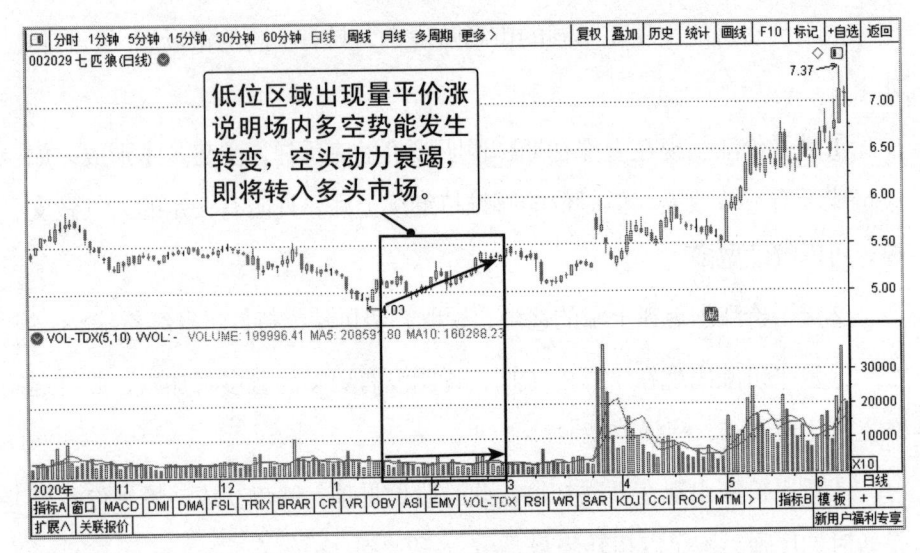

图4-13 七匹狼2020年10月至2021年6月的K线走势

4.2.5 量平价平

量平价平指在一段时间内，股票的收盘价基本相同，而成交量也大致维持在同一水平的一种量价关系。如图4-14所示为量平价平示意图。

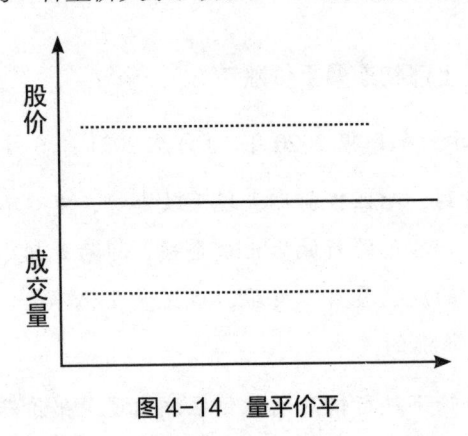

图4-14 量平价平

量平价平这种量价关系出现的频率比较低，它表示当前的行情不明，多空双方暂时维持某种平衡，正在等待一个明确的转势信号。但是，这种量价关系出现在股价的不同阶段中，也具有不同的市场含义，具体内容如下所示。

① 当量平价平出现在股价上涨的初期时，说明多空双方暂时达到一种平衡状态，后市发展不明朗，此时投资者不宜贸然入场。

② 当量平价平出现在股价上涨的途中时，说明市场观望气氛较重，投资者应谨慎看多，须警惕股价回调。

③ 当量平价平出现在上涨的末期时，说明股价滞涨，随时可能出现反转下跌，此时投资者应及时了结离场比较稳妥。

④ 当量平价平出现在下跌的途中时，此时如果均线仍处于占优的情况下，表明股价并未止跌，后市仍有下跌空间。

⑤ 当量平价平出现在下跌末期时，说明此时做空量能得到充分释放，如果此时的量能已经极度萎缩，说明底部不远，投资者可逐步建仓。

实例分析

深粮控股（000019）下跌途中量平价平

如图 4-15 所示为深粮控股 2020 年 8 月至 2021 年 2 月的 K 线走势。

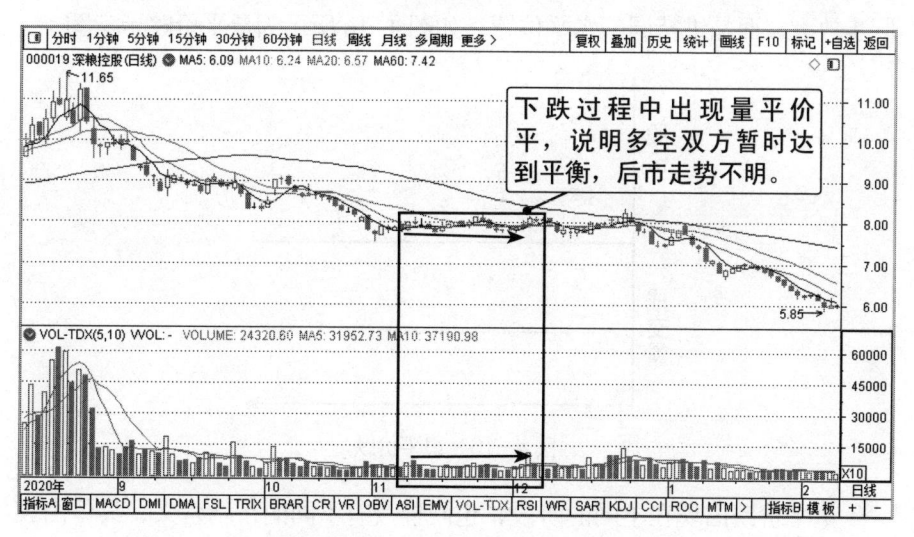

图 4-15　深粮控股 2020 年 8 月至 2021 年 2 月的 K 线走势

从上图可以看到，深粮控股处于下跌趋势之中，股价从 11.00 元上方开始向下滑落。11 月，股价下跌至 8.00 元价位线上时止跌，并在该价位线上横盘波动运行，与此同时，观察下方的成交量发现，成交量也大致维持在同一水平位置，形成量平价平的量价关系。

在下跌的过程中出现量平价平，说明多空双方暂时达到平衡，想要判断该股股价是否触底，短线投资者能否在此位置抄底，可以进一步查看均线系统。如果均线继续拐头向下，则说明这一轮下跌还未结束，但如果均线拐头向上，说明股价可能触底，即将迎来一波反弹。所以短线投资者在发现量平价平量价关系时不应立即入场，而应等到信号明确，走势明朗时再决定。

从图中可以看到，量平价平结束后，均线由之前的黏合缠绕状态分散开来，短期均线、中期均线和长期均线都纷纷向下运行，形成空头排列，因此，后市继续看跌。

4.2.6 量平价跌

量平价跌指某一个时间段内股票的价格持续性下跌，但成交量却没有同步放大，而是维持同一水平位置，如图 4-16 所示为量平价跌示意图。

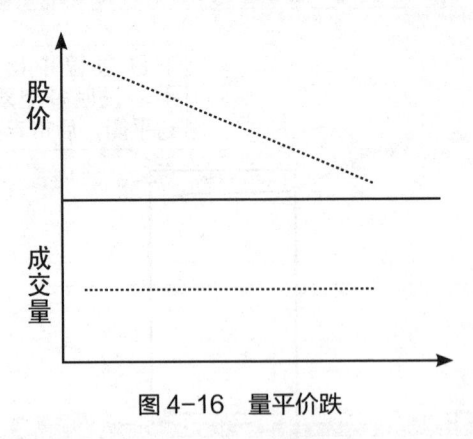

图 4-16 量平价跌

量平价跌出现在不同的阶段，也同样具有不同的市场含义，具体内容如下所示。

① 上涨初期或途中的量平价跌，是主力在盘整洗筹，后市继续看多。

② 上涨末期的量平价跌，说明主力在开始逐渐出货，后市看跌。

③ 下跌初期或途中出现量平价跌，股价将继续下跌，后市看空。

④ 下跌末期出现量平价跌，若成交量为量小平，后市将可能出现见底回升的行情。

实例分析

方大集团（000055）下跌末期量平价跌

如图 4-17 所示为方大集团 2020 年 9 月至 2021 年 3 月的 K 线走势。

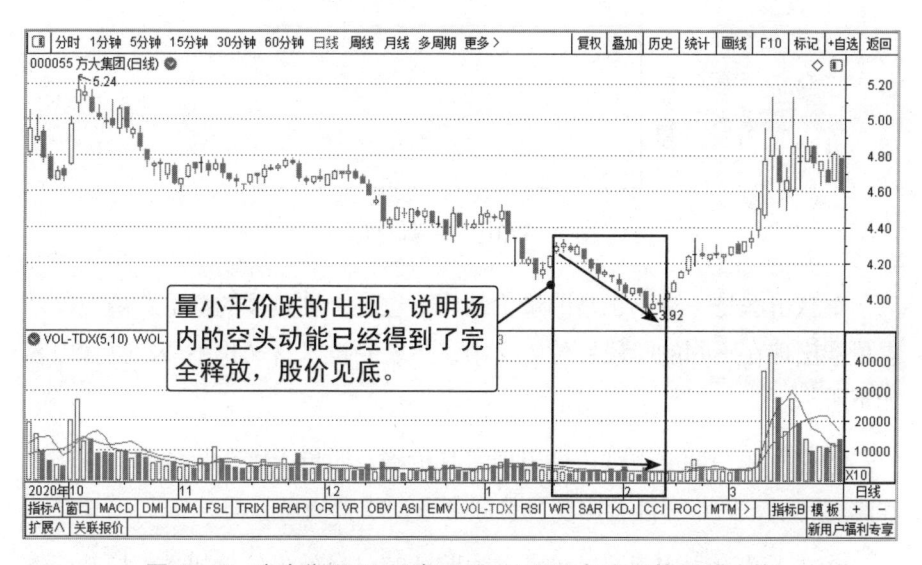

图 4-17 方大集团 2020 年 9 月至 2021 年 3 月的 K 线走势

从上图可以看到，方大集团前期表现下跌走势，股价震荡向下运行，在股价下跌的过程中成交量逐步缩小。2021 年 1 月，股价经过短暂的横盘后继续进一步下跌，跌落至 4.00 元下方并创出 3.92 元的新低，与此同时查看下方的成交量，发现成交量维持在同一水平位置上，且成交量为量小平。

量小平价跌的出现，说明场内的空头动能已经得到了完全释放，股价见底，后市极有可能迎来一波触底反弹，投资者可以抓住机会，抄底入场，持股待涨，短期持有后卖出以实现短线投资获利。

4.2.7 量减价涨

量减价涨指股价表现上涨，但成交量却没有同步放大，反而表现为缩量，如图 4-18 所示。

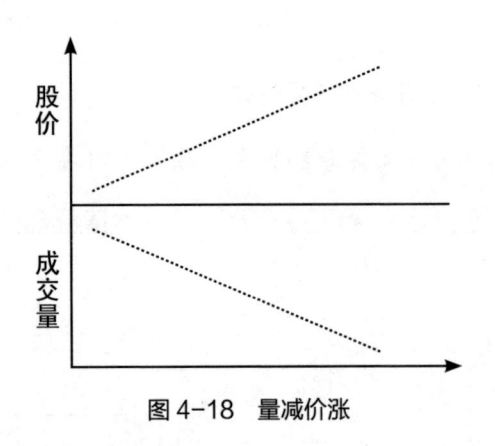

图 4-18 量减价涨

量减价涨是一种不正常的量价结构，也是一种典型的量价背离现象，它可能出现在不同的阶段性位置之中，代表的技术含义也不同，具体内容如下所示。

①在上涨初期或下跌末期出现量减价涨，股价上涨无量配合，说明上涨高度有限，后市可能会出现股价回落下调或者横盘整理。

②在上涨途中出现量减价涨，说明此时已经处于控盘状态，拉升而缩量有两种可能，一种是主力无心出货，表明志存高远；另一种是无法出货，表明缺少接盘。无论是哪一种情况都适宜继续谨慎持股，只要筹码还没出现松动，就是比较安全的时段，投资者就可以继续持有。

③在上涨末期出现量减价涨，是强烈的行情逆转信号。

④在下跌初期或途中出现量减价涨，说明价格会反弹，但是如果成交量不能继续放大，股价反弹将结束，后市继续下跌。

> 实例分析

东方盛虹（000301）上涨途中量减价涨

如图4-19所示为东方盛虹2020年9月至2021年5月的K线走势。

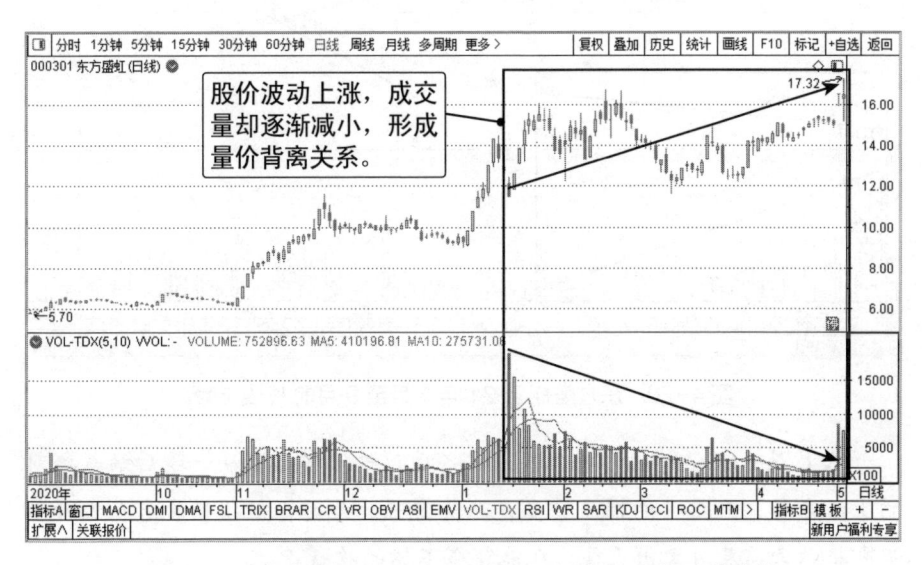

股价波动上涨，成交量却逐渐减小，形成量价背离关系。

图4-19　东方盛虹2020年9月至2021年5月的K线走势

从上图可以看到，东方盛虹前期经过一轮下跌后，股价运行至6.00元下方的低位区域，并长期在该区域窄幅横盘运行，走势沉闷。

2020年11月，成交放量，股价上涨，该股转入上升行情之中。2021年1月开始股价波动上行，从12.50元附近上涨到15.00元附近，与此同时查看下方的成交量，发现成交量却逐渐在减小，表现为缩量，形成量减价涨的量价关系。

仔细观察可以发现，该股前期经历了很长一段时间的低位横盘整理才开始迎来一波上涨，且此时涨幅并不算大，还存在较大的上涨空间，而此时出现量价背离极有可能是主力志存高远，大量吸筹后锁仓拉升股价，后市极有可能会继续上涨，短线投资者可继续持股，等待拉升。

如图4-20所示为东方盛虹2021年1月至9月的K线走势。

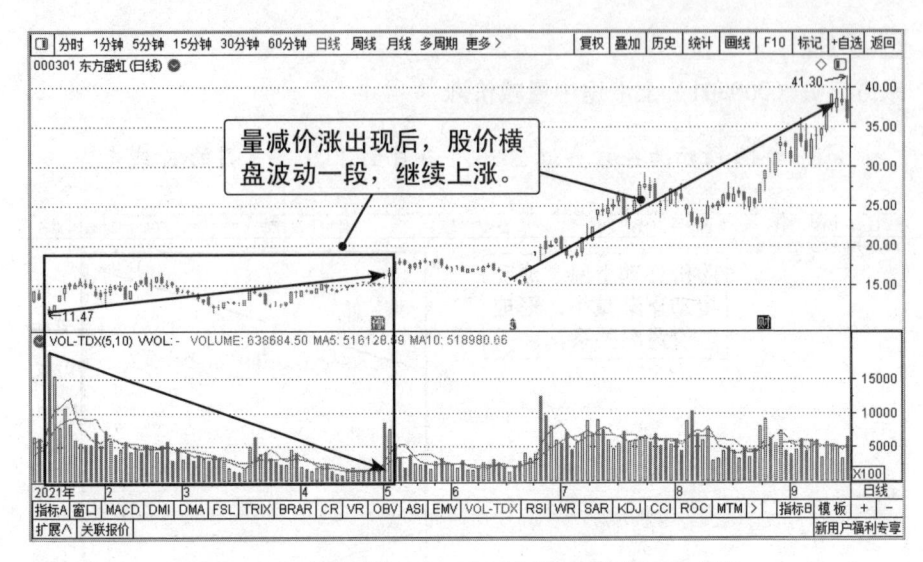

图 4-20　东方盛虹 2021 年 1 月至 9 月的 K 线走势

从上图可以看到，量减价涨出现之后，股价横盘波动一段后继续之前的上涨走势，且拉升的幅度更高，涨势更强。此时，短线投资者在上升趋势即将结束前及时卖出止盈，也能获得不错的收益。

4.2.8　量减价平

量减价平是指在一段时间内，成交量逐渐减少，但是股价却基本维持在同一水平位置波动，如图 4-21 所示为量减价平示意图。

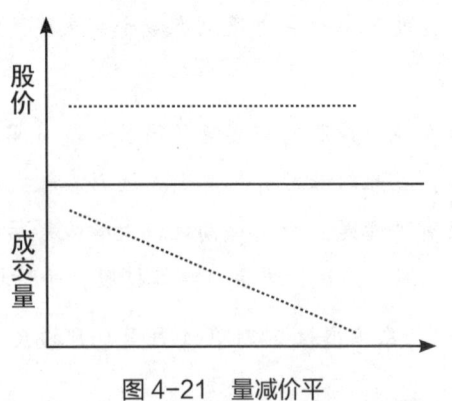

图 4-21　量减价平

量减价平指市场中投资者的交易意愿减少了，股价的发展趋势需要进行修正，所以对于追求短期获利的投资者来说，需要警惕这一量价关系。量减价平也可能出现在不同的阶段之中，具体如下：

①上涨初期出现量减价平，表示市场方向不明确，投资者应观望。

②在上涨途中出现量减价平是主力横盘清洗浮筹的手段，后市将继续上涨。

③在上涨末期出现量减价平，若前期持续大量，此时说明主力出货完毕，后市必然下跌。

④下跌初期或途中出现量减价平为弱势信号，投资者应谨慎操作。

⑤在下跌末期出现量减价平，说明行情见底。

实例分析

湖北宜化（000422）上涨途中量减价平

如图4-22所示为湖北宜化2021年3月至8月的K线走势。

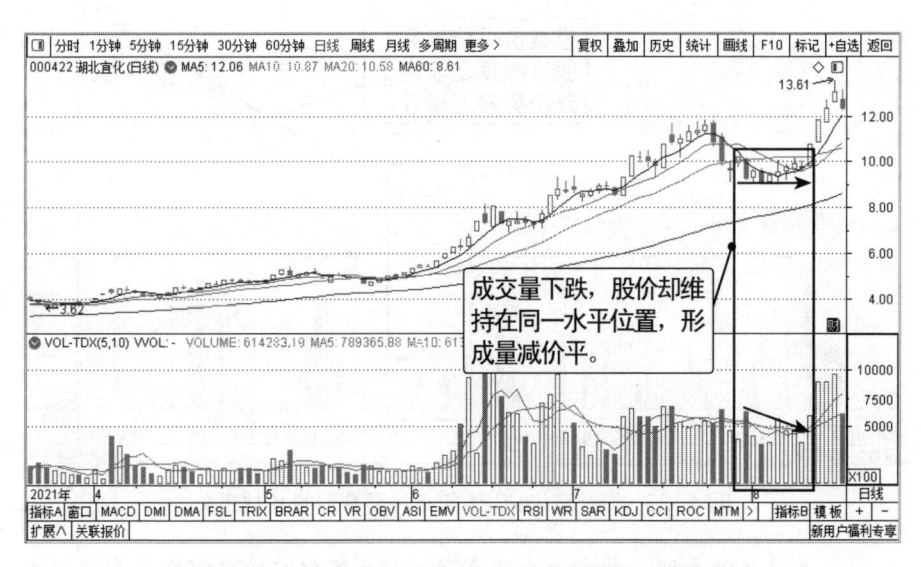

图4-22　湖北宜化2021年3月至8月的K线走势

从上图可以看到，湖北宜化前期经过很长一段时间的低位盘整之后，开始转入上升趋势之中,股价小幅向上攀升。当股价上涨至12.00元附近时受阻止涨下跌,跌至10.00元价位线附近后止跌,并在该价位线下方横盘运行。

与此同时,查看下方的成交量,在股价横盘的过程中,成交量却逐步减小,表现缩量,形成了量减价平的量价关系。

此时可以借助均线来进行判断,可以看到,湖北宜化实际真正的拉升是从5月初开始的,通过3个月的时间将股价拉至12.00元位置,虽然股价止涨下跌,但跌幅不深,并很快在10.00元位置止跌横盘。在横盘过程中,60日均线继续向上,而20日均线走平,短期5日均线和10日均线则拐头向上攀升,说明这里的量减价平其实是主力洗盘的一种手段,目的在于清理场内浮筹,以便后市拉升可以更轻盈。所以这一轮上涨并未结束,后市极大可能会继续上涨,场内持股投资者可以继续持股待涨。

如图4-23所示为湖北宜化2021年6月至9月的K线走势。

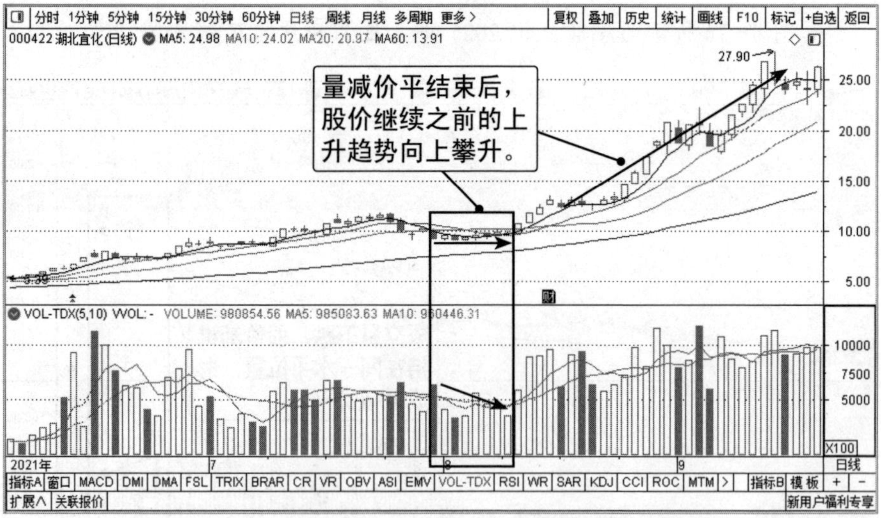

图4-23　湖北宜化2021年6月至9月的K线走势

从上图可以看到,量减价平结束后,湖北宜化继续之前的上升趋势快速向上攀升,最高上涨至27.90元,涨幅巨大,涨势凶猛。此阶段是短线投资获利的重要时段。

4.2.9 量减价跌

量减价跌指的是某一时段内,股价下跌,此时成交量同步减少的一种量价关系,如图4-24所示为量减价跌示意图。

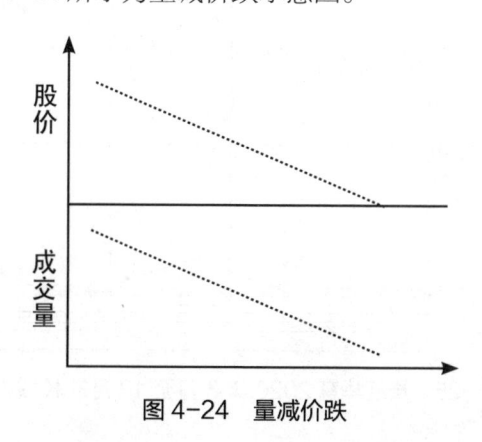

图4-24 量减价跌

量减价跌表示的是投资者的一种严重惜售心理,在不同的阶段出现具有不同的市场意义,具体内容如下所示。

①如果量减价跌出现在股价上升初期,属于正常的回调,后市继续上涨,投资者可以逢低补仓。

②在上涨途中出现量减价跌为主力震荡洗盘,后市看涨。

③在上涨末期出现量减价跌,说明主力开始出货。

④下跌初期量减价跌,且在几个交易日内成交量也未见明显增加,后市看跌,投资者应及时离场。

⑤下跌途中量减价跌,股价将继续下跌,投资者应持币观望。

⑥在下跌末期出现量减价跌,说明行情运行到底部,此时在短时间内股价可能反弹。

实例分析

长虹华意(000404)上涨途中量减价跌

如图4-25所示为长虹华意2020年3月至12月的K线走势。

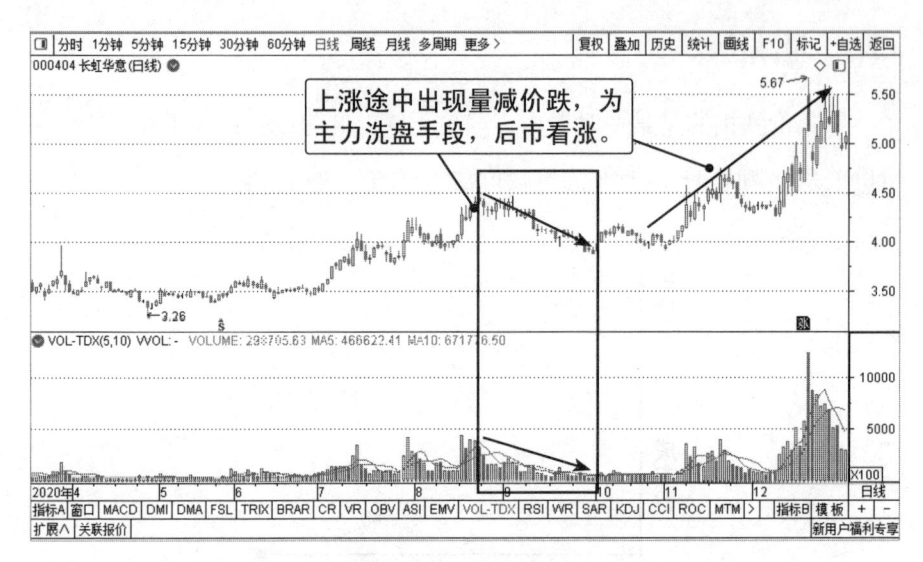

图4-25　长虹华意2020年3月至12月的K线走势

从上图可以看到，长虹华意前期经过一轮下跌后运行至3.50元价位线附近，并长期在该价位线上盘整。2020年7月，成交开始放量，带动股价向上攀升。当股价运行至4.50元附近后受阻下跌，在股价下跌的过程中下方的成交量也同步缩小，形成量减价跌。

此时，上涨仅一个多月的时间，涨幅仅28%，说明这一轮上涨行情并未结束，此时的缩量下跌为上涨途中的回调，是主力洗盘、清理浮筹的手段，洗盘结束股价将继续上涨。场外准备介入的短线投资者可以等到洗盘结束之后再跟进。

第5章
借助技术指标寻找短线机会

技术指标是股票投资、技术分析过程中不可或缺的工具，泛指一切通过数学公式计算得出的股票价格的数据集合。技术指标可以帮助投资者看清变幻莫测的市场，提高投资准确性。市场中的技术指标有很多，本章将介绍一些重要指标的具体使用方法。

5.1 均线判断交易时机

均线，（Moving Average）全称为移动平均线简称 MA。它是利用统计分析的方法将一定时期内股票价格加以平均，并把不同时间的平均值连接起来，形成的一根 MA 曲线，是用于观察股价变化趋势的技术指标。

在实际的投资运用中，通常以均线排列和交叉时的形态来进行行情分析，帮助投资者做出准确的投资判断。

5.1.1 均线中的黄金交叉与死亡交叉

均线系统中最基础、最简单的一种运用方法就是"金叉做多，死叉做空"，也就是说，金叉和死叉是趋势发生转变的重要信号。所以投资者有必要掌握均线的金叉与死叉，才能够准确把握短线进出场的时机。

（1）均线的黄金交叉

黄金交叉简称金叉，它是股价运行到市场底部时，比较早出现的一种买入信号，说明多头占据有利地位，后市的上涨空间非常可观。短线投资者可根据金叉来确定买入点，买入的价格非常接近市场最低价。

均线金叉是由两条移动平均线形成的，当短期均线从下向上穿越长期均线时，两条均线形成的交叉就是金叉。

需要引起注意的是，这里的长期均线和短期均线是相对而言的。例如，如果投资者选用 5 日均线和 10 日均线，那么在这两条均线之中，5 日均线为短期均线，而 10 日均线则为长期均线，5 日均线由下上穿 10 日均线形成的交叉就是金叉。

另外，均线出现的金叉也有强弱之分，通常时间长的两根均线出现的金叉要比时间短的两根均线出现的金叉买进信号更强烈。例如 20 日均线与 10 日均线形成的金叉信号，要强于 10 日均线与 5 日均线形成的金叉信号。

实例分析

平潭发展（000592）均线金叉买进信号

如图 5-1 所示为平潭发展 2020 年 10 月至 2021 年 6 月的 K 线走势。

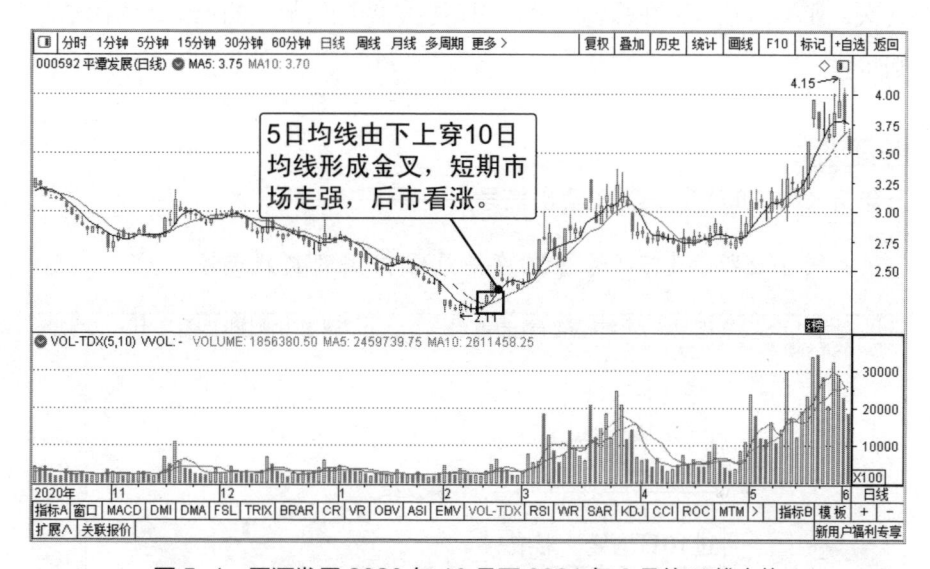

图 5-1 平潭发展 2020 年 10 月至 2021 年 6 月的 K 线走势

从上图可以看到，前期平潭发展处于下跌行情之中，股价震荡下行。2021 年 2 月，股价下跌至 2.50 元下方，当该股创出 2.11 元的新低之后，股价止跌，短暂横盘几日后股价小幅回升。

此时，观察均线发现 5 日均线快速拐头向上，由下上穿 10 日均线，形成金叉，随后 5 日均线和 10 日均线拐头向上运行。由此说明，该股市场短期走强，近期可能迎来一波上涨行情，投资者可在此位置积极跟进买入，持股待涨。

（2）均线的死亡交叉

死亡交叉简称死叉，它是股价运行到市场顶部时，比较早出现的一个卖出信号，说明此时空头占据有利高位，后市极有可能转入下跌趋势之中。短线投资者根据死叉来做卖出判断，可以避免高位被套，及时获利了结。

均线死叉是由两条均线组成，一条短期均线自上而下穿过长期均线形成的交叉为死叉。

死叉中的短期均线与长期均线也和金叉一样，都是一种相对的说法。其次，死叉信号也存在强弱之分，周期越长的均线形成的死叉，卖出信号则越强。

实例分析

万年青（000789）均线死叉卖出信号

如图 5-2 所示为万年青 2020 年 7 月至 11 月的 K 线走势。

图中标注：5日均线自上而下穿过10日均线，形成死叉，后市看跌。

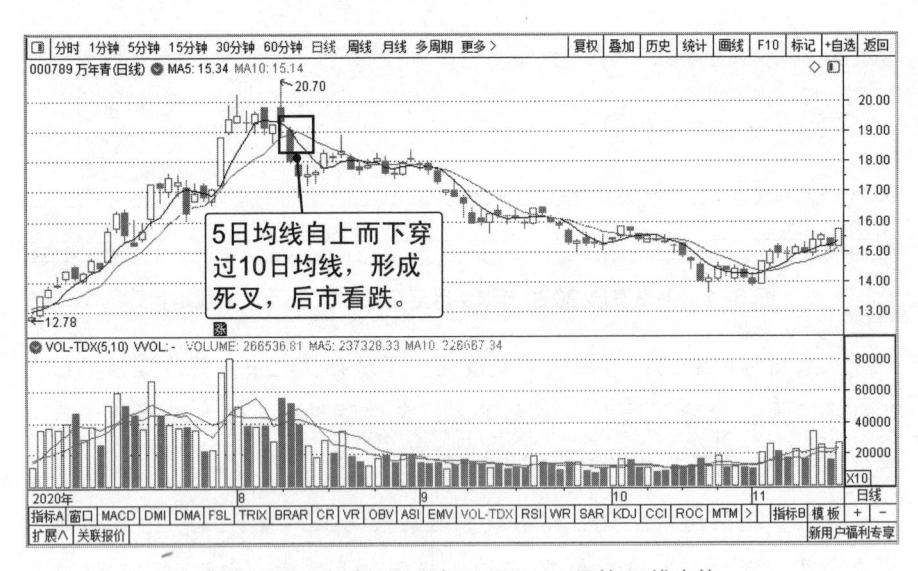

图 5-2　万年青 2020 年 7 月至 11 月的 K 线走势

从上图可以看到，前期万年青处于上升行情之中，股价稳定向上攀升。2020 年 8 月上旬，股价攀升至 19.00 元价位线附近后止涨，并在该价位线上横盘运行。

2020 年 8 月 10 日，股价高开低走收出一根带长影线的阴线，说明上方压力较大，股价难以继续上涨。紧跟着第二天 K 线再次收阴下跌，跌破 19.00 元价位线。

与此同时，查看均线发现 5 日均线自上而下穿过 10 日均线形成死叉，说明场内的多空势能已经发生转变，空头占据优势，后市极有可能转入下跌趋势之中，此时为投资者卖出持股的大好机会。

5.1.2 均线多头排列与空头排列

均线多头排列和空头排列是通过均线系统中均线的排列情况判断市场强弱的一种方法。在实战过程中，均线多头排列与空头排列运用较多，也比较简单实用。

（1）均线多头排列

均线多头排列指在行情走势中，K 线的短期均线、中期均线和长期均线按照从上到下的顺序依次排列，且方向向上。多头排列通常出现在上涨行情之中，说明市场非常强势，是一种可靠的做多信号，表明后市还会继续上涨。

在实际的投资中，短线操作还要根据多头排列出现的位置做进一步的考虑。当多头排列出现在股价上涨初期和中期时，投资者可积极介入，但是如果多头排列出现在股价上涨的后期时，投资者就要谨慎对待了，避免高位被套。

实例分析
承德露露（000848）均线多头排列追涨信号

如图 5-3 所示为承德露露 2020 年 9 月至 2021 年 5 月的 K 线走势。

从下图可以看到，承德露露前期处于下跌行情之中，股价震荡向下。当股价跌至 6.50 元附近时，跌势渐缓，并在该价位线上横盘运行。

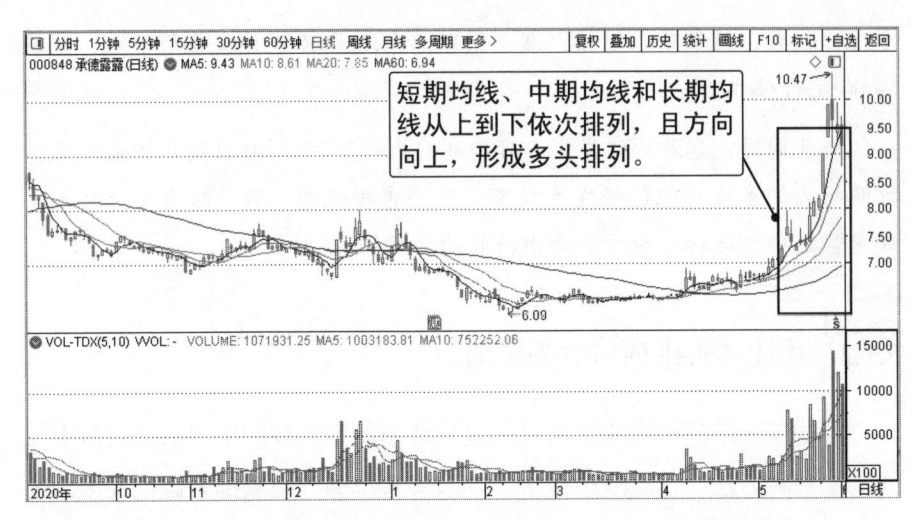

图5-3 承德露露2020年9月至2021年5月的K线走势

2021年4月中旬，成交逐渐放量，带动股价小幅向上攀升。到了5月上旬，成交量明显放大，股价向上快速攀升。此时均线系统中，短期均线、中期均线和长期均线按照从上到下的顺序依次排列，且方向向上，形成多头排列。

多头排列的形成说明当前市场处于极度强势之中，后市极有可能迎来一波大幅上涨的行情，投资者可以在此位置积极跟进，如图5-4所示。

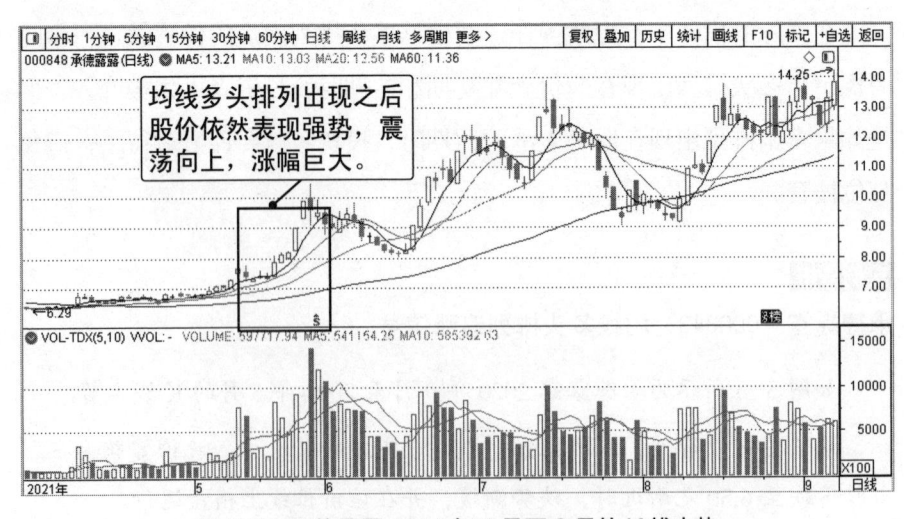

图5-4 承德露露2021年4月至9月的K线走势

从上图可以看到，在均线多头排列出现之后，股价小幅回调一段后便继续之前的上涨行情，股价震荡向上，最高上涨至 14.25 元，涨幅超 100%。

（2）均线空头排列

均线空头排列指在 K 线走势图中，短期均线、中期均线和长期均线从下到上依次排列，且方向向下。空头排列通常出现在下跌趋势之中，是一种可靠的做空信号，后市看跌。

在实际的短线操作中，在空头排列的初期和中期应该坚决看空，但如果是后期则应该谨慎看空。

实例分析

海印股份（000861）均线空头排列看空

如图 5-5 所示为海印股份 2020 年 2 月至 10 月的 K 线走势。

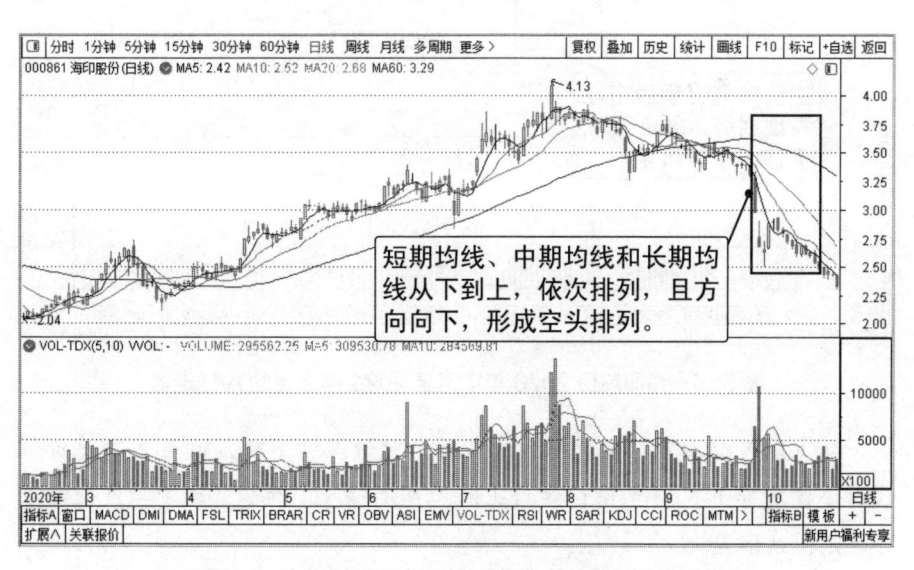

图 5-5　海印股份 2020 年 2 月至 10 月的 K 线走势

从上图可以看到，海印股份前期处于上升行情之中，股价震荡向上，涨势稳定。

当股价运行至3.75元附近时涨势渐缓,横盘一段后股价下跌。但此番下跌并没有持续很久,跌至3.50元价位线附近时便止跌再次横盘波动。2020年9月下旬,K线连续收阴,股价再次下跌打破之前的平台平衡。此时,查看均线发现短期均线、中期均线和长期均线按照从下到上的顺序依次排列,且方向向下,形成空头排列。

空头排列出现在股价经过一轮上涨的高位区,说明场内多空势能发生转换,空头占据优势,后市看空,场内短线持股投资者不应对该股的后市抱有期待,应立即离场。

如图5-6所示为海印股份2020年7月至2021年2月的K线走势。

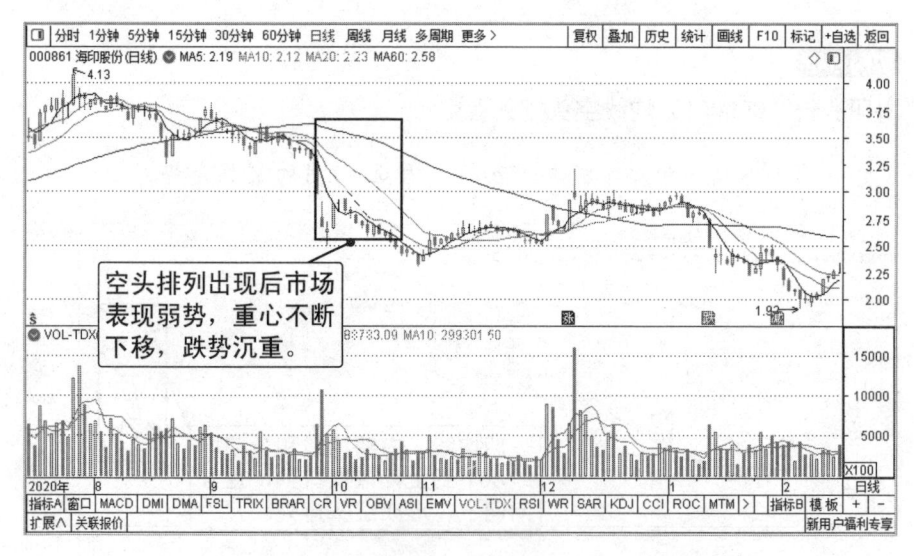

图5-6 海印股份2020年7月至2021年2月的K线走势

从上图可以看到,空头排列出现后,股价继续下跌,跌至2.50元价位线后小幅反弹至3.00元价位线后止涨,再次转入下跌趋势之中,最低跌至1.93元,跌幅巨大。

所以,短线投资者一旦发现均线的空头排列形态,应该立即看空,避免承受较大的风险,遭受重大的经济损失。

5.1.3　均线银山谷、金山谷与死亡谷

均线实用战法中,还有一类山谷形态,即银山谷、金山谷和死亡谷。它们也是重要的市场行情判断利器,通过它们投资者能够快速找到市场中潜藏着的一些买入卖出信号。

(1) 银山谷和金山谷

银山谷和金山谷从形态上来说,它们没有什么区别,唯一的区别在于出现的时间有先后之分。

银山谷指的是均线的一种形态,它由3根均线组成,短期均线由下而上穿越中期和长期均线,而中期均线再由下而上穿越长期均线,这样就形成了一个尖头向上的不规则三角形,也就是银山谷。

股价在经过了银山谷之后的回调后,股价再次上冲,且短期均线上穿中期均线和长期均线,同时中期均线也由下而上穿过长期均线,这样再次形成了一个尖头向上的不规则三角形,就是金山谷。

可以看到,银山谷与金山谷在形态上并没有不同,只是在出现时间上存在不同。通常情况下,金山谷的位置要高于银山谷,但是也可能会出现略低于银山谷的情况。从技术上来看,金山谷与银山谷相差的时间间隔越长,那么金山谷也就越可靠。

银山谷表明多方已经聚集了足够上攻的能量,即是见底信号,也是后市看涨信号。而金山谷的出现是对银山谷做多信号的再一次确认,所以上涨信号更强烈。

实例分析

冠农股份(600251)银山谷和金山谷分析

如图5-7所示为冠农股份2020年12月至2021年5月的K线走势。

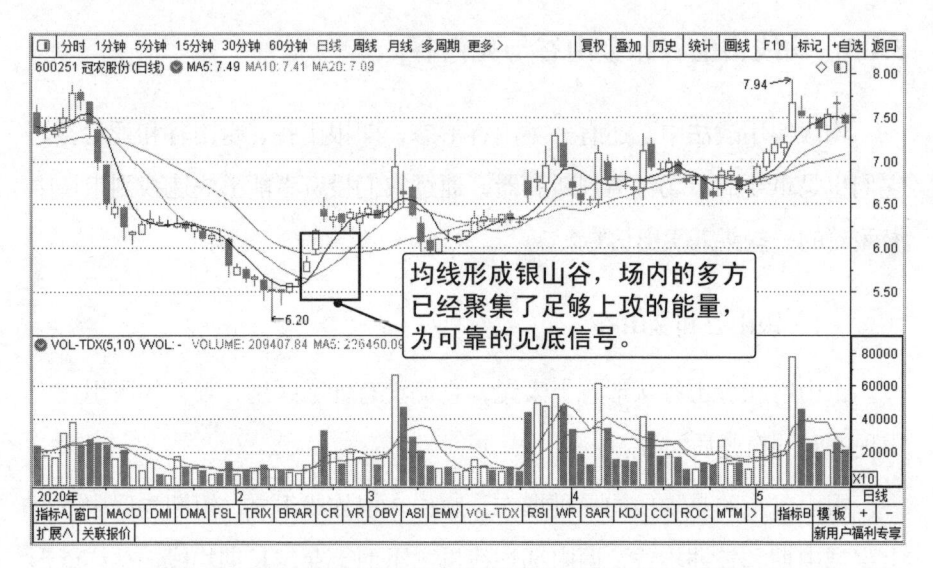

图5-7 冠农股份2020年12月至2021年5月的K线走势

从上图可以看到，冠农股份前期处于下跌行情之中，股价震荡下行。2021年2月，股价运行至6.00元下方，创出5.20元的新低后止跌小幅回升。此时，5日均线拐头向上，先后穿过10日均线和20日均线，在这一过程中，10日均线也顺利上穿20日均线，形成一个向上的三角形，即银山谷形成。

在股价经过一轮下跌后的低位区域，均线形成银山谷，场内的多方已经聚集了足够的上攻能量，为可靠的见底信号，说明该股即将迎来一波上涨行情。

如图5-8所示为冠农股份2021年5月至7月的K线走势。

从下图可以看到，银山谷出现后，股价转入上升趋势之中，股价震荡上行。当股价上涨至8.00元价位线附近后受阻止涨，随后在7.00元至8.00元区间做横盘窄幅波动。

2021年6月18日，K线收出一根十字星线后止跌，紧跟着K线连续收出多根阳线向上拉升股价。此时，观察均线发现5日均线拐头向上，先后穿过10日均线和20日均线，在这一过程中，10日均线也上穿20日均线，形成一个向上的三角形，即金山谷出现。

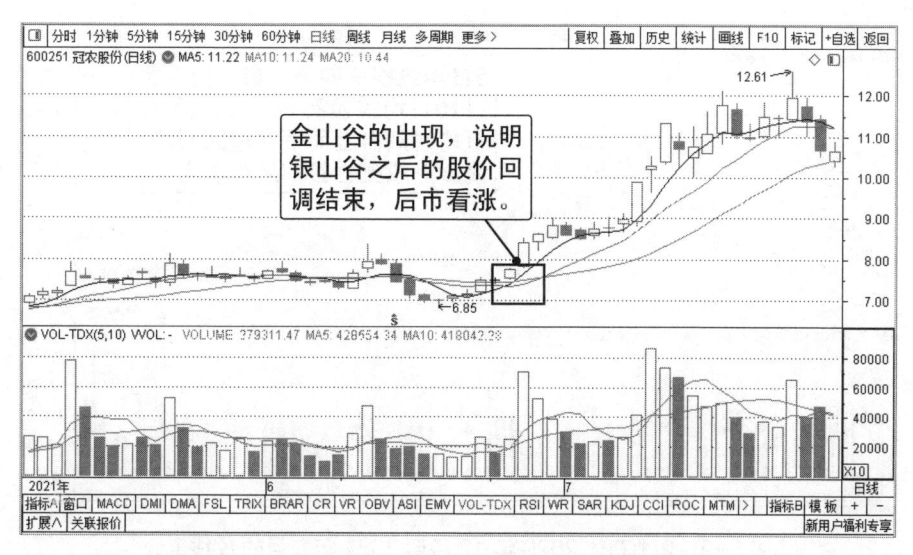

图 5-8　冠农股份 2021 年 5 月至 7 月的 K 线走势

金山谷的出现，说明银山谷之后的股价回调结束，该股再次转入上升趋势之中，后市即将迎来一波大幅上涨行情。短线投资者可以在金山谷位置积极追涨买进。

（2）死亡谷

死亡谷与银山谷、金山谷不同，它通常出现在上涨行情的末期。当上涨行情中多头排列的均线随着股价下跌开始走平向下，短期均线先后向下穿过中期均线和长期均线，且中期均线由上而下穿过长期均线，这样 3 条均线交叉形成的向下三角形就是死亡谷。

死亡谷是强烈的看空信号，投资者一旦确认死亡谷形态形成就不要再对后市抱有任何的幻想了，及时出逃才是上策。

实例分析
恒力石化（600346）死亡谷分析

如图 5-9 所示为恒力石化 2020 年 12 月至 2021 年 6 月的 K 线走势。

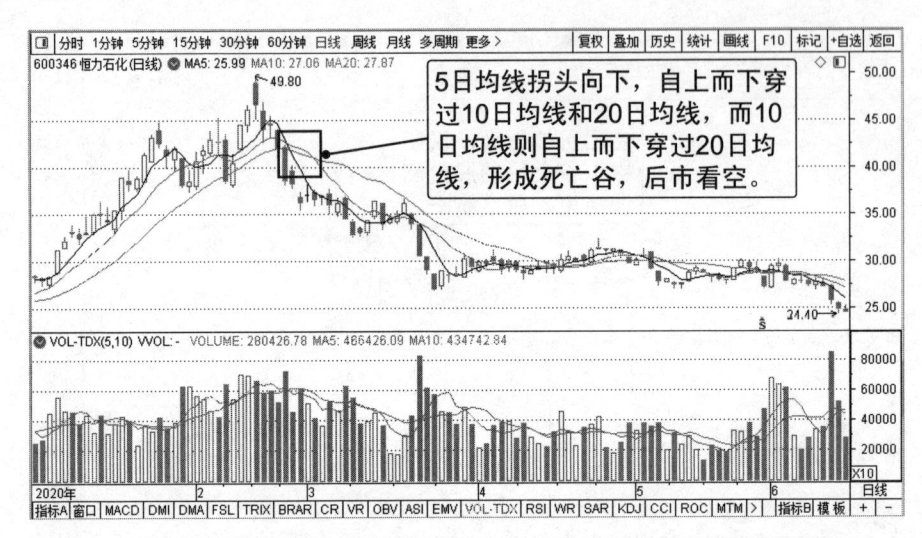

图 5-9　恒力石化 2020 年 12 月至 2021 年 6 月的 K 线走势

从上图可以看到，恒力石化前期处于上升行情之中，股价不断向上攀升。2021 年 1 月下旬，股价运行至 45.00 元附近时上涨受阻，随后在 45.00 元下方横盘波动运行。

2021 年 2 月 18 日，股价高开低走，创出 49.80 元的新高后，K 线收出一根大阴线，紧接着 K 线连续收出多根阴线，使得股价下跌，并跌破横盘平台，出现见顶意味。

此时观察均线，发现 5 日均线拐头向下，自上而下穿过 10 日均线和 20 日均线，而 10 日均线则自上而下穿过 20 日均线，这 3 条均线形成了一个尖头向下的不规则三角形，即死亡谷。说明市场中的多空势能已经发生了转变，如今空头占据优势，后市看空，该股即将迎来一波大幅下跌行情，场内还未离场的持股投资者应该尽快离场。

5.2　KDJ 发出的短线操作命令

KDJ 指标的中文名称为随机指标，是股票分析，尤其是短线交易分析中比较常用的短期趋势分析指标。KDJ 指标能够比较迅速、便捷且直观地研判当前行情，所以被广大投资者青睐。

5.2.1 KDJ 超卖与超买

KDJ 指标是由 K、D、J 这 3 条指标曲线组合而成，其中波动最大的是 J 值，其次是 K 值，D 值最为平滑。如图 5-10 所示为恒力石化在 2021 年 2 月至 6 月的 KDJ 指标。

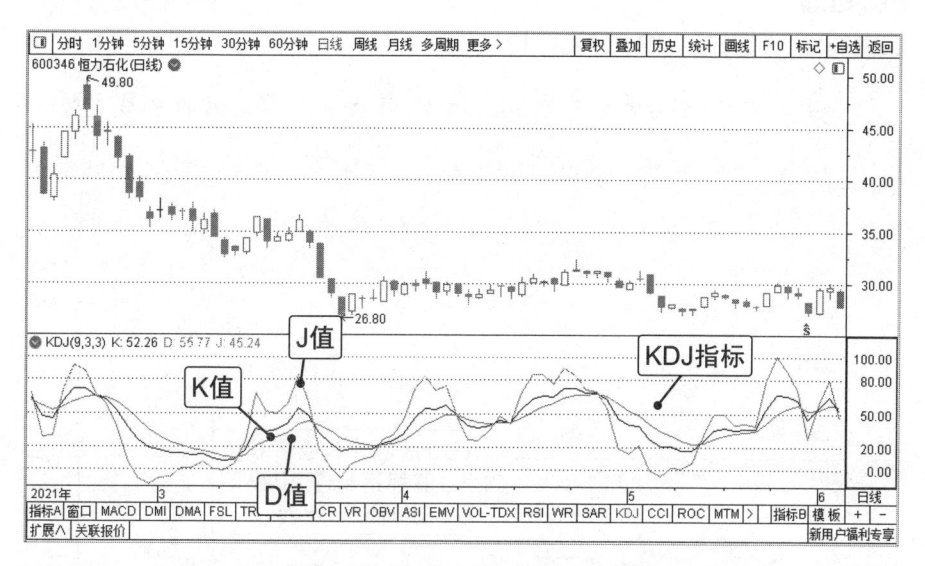

图 5-10 恒力石化在 2021 年 2 月至 6 月的 KDJ 指标

KDJ 指标中，K 值、D 值永远都是 0～100，但 J 值可能出现在 100 以上，也可能出现在 0 以下。根据 KDJ 指标中 K 值和 D 值的大小，可以对其进行简单划分，具体内容如下。

①当 K 值、D 值在 80 以上时，为超买区，即 KDJ 超买，指场内投资者过度买入，短期内股价回调下跌的可能性较大，是卖出信号。持股投资者应考虑减仓或平仓离场，规避风险。

②当 K 值、D 值在 20 以下时，为超卖区，即 KDJ 超卖，指场内投资者基本看空该股，存在过度卖出的情况，股价短期下跌动能减弱，反弹回

升的概率较大，持股投资者可以继续持股等待反弹，场外短线投资者也可以趁机介入，抢一波反弹。

③当K值、D值和J值都在20～80时为徘徊区，此时投资者的投资以观望为主。

结合上述几点，投资者可以借助KDJ指标的K值和D值波动范围来做买卖决定。

实例分析

太龙药业（600222）KDJ超卖分析

如图5-11所示为太龙药业2020年10月至2021年6月的K线走势。

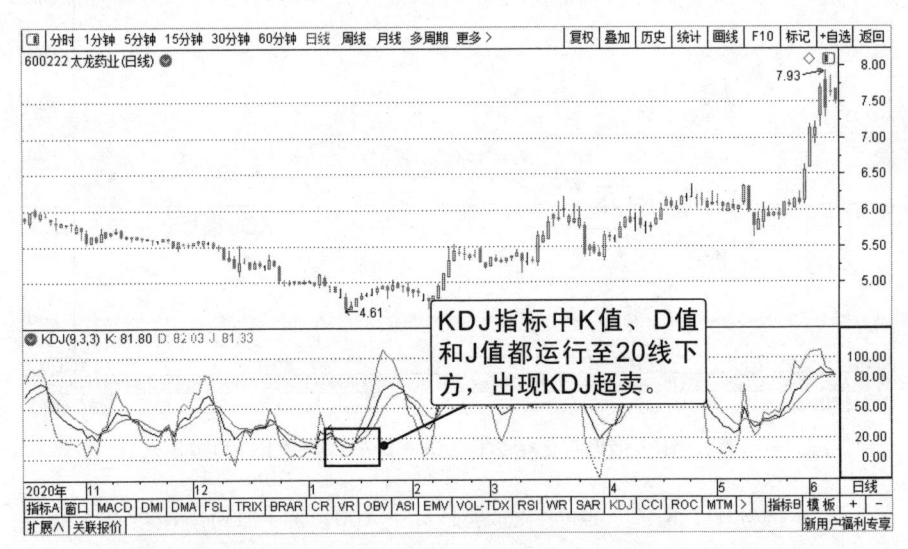

图5-11 太龙药业2020年10月至2021年6月的K线走势

从上图可以看到，太龙药业处于下跌趋势之中，股价一路向下滑行。2021年1月上旬，股价跌至5.00元下方，在创出4.61元的新低之后止跌，并出现小幅回升迹象。

此时，查看下方的KDJ指标，发现KDJ指标中K值、D值和J值都运行至20线下方，出现KDJ超卖。说明场内的投资者基本不看好该股的后市发展，存在卖出过度的情况，随着股价的不断下跌，场内的空头势能被消耗完全，股价极有可能在此位置触底，后市即将迎来一波反弹。短线投资者可以在此位置抄底买进，持股待涨。

实例分析

金杯汽车（600609）KDJ超买分析

如图5-12所示为金杯汽车2020年4月至11月的K线走势。

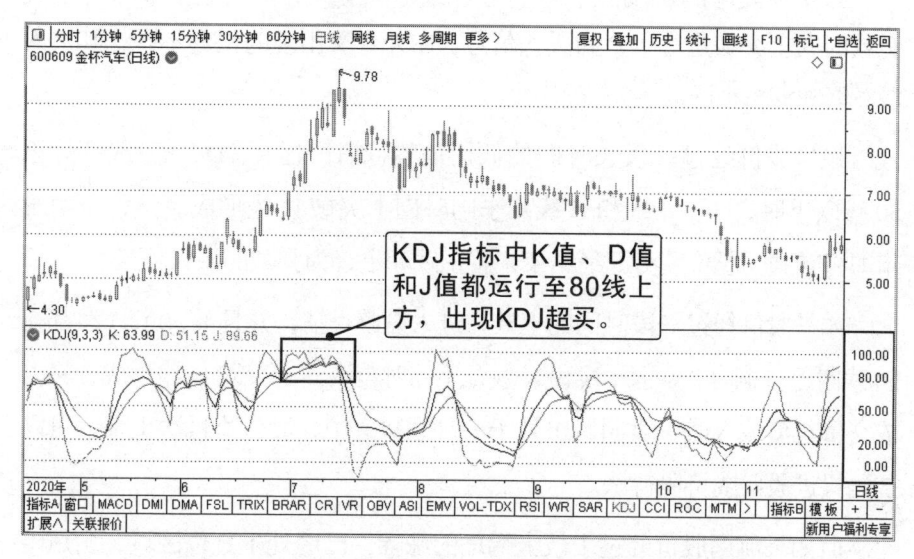

图5-12 金杯汽车2020年4月至11月的K线走势

从上图可以看到，金杯汽车前期处于上升趋势之中，股价不断向上攀升，重心不断上移。2020年7月中旬，股价上涨至9.00元上方，创出9.78元的新高后，K线收出一根带长上影线的阳线，随后股价止涨，回调至9.00元价位线附近。说明此时上方压力较重，股价上涨受到压制，可能在此位置见顶。

此时进一步查看下方的KDJ指标，发现KDJ指标中K值、D值和J值都攀升至80线上方，出现超买。说明大部分投资者看好该股，出现过度买入，使得该股股价偏离其实质价值，所以股价极有可能在短期内出现下跌。场内的持股投资者应立即卖出持股，了结获利。

5.2.2 KDJ 的金叉与死叉

KDJ 指标与均线一样也存在金叉和死叉，同样也能发出买入卖出信号，下面来具体看看。

（1）KDJ 金叉

KDJ 金叉是指 K 线由下向上与 D 线形成交叉，K 线上穿 D 线并形成有效的向上突破是金叉，为买入信号。KDJ 金叉出现的位置不同，其买入信号的强弱也不同。

如果股价经过一段长时间的低位盘整行情，且 K、D、J 三线都处于 50 线以下时，一旦 J 线和 K 线几乎同时向上突破 D 线形成金叉，表明股市即将转强，股价跌势已经结束，将止跌朝上，为强烈的买入信号。

如果股价经过一段时间的上升，进入盘整行情，并且 K、D、J 线都在 50 线附近徘徊时，一旦 J 线和 K 线几乎同时再次向上突破 D 线形成金叉，成交量再度放大时，表明股市处于一种强势之中，股价将再次上涨，可以加码买进股票或持股待涨。

但如果前期股价经过了较大幅度的涨幅，已经处于高位区域，则风险较大，需要谨慎处理。

实例分析

复星医药（600196）KDJ 金叉买入信号分析

如图 5-13 所示为复星药业 2020 年 12 月至 2021 年 7 月的 K 线走势。

从下图可以看到，复星医药前期处于下跌趋势之中，股价震荡下行。2021 年 3 月初，股价运行至 40.00 元价位线附近后止跌，并在该价位线上横盘运行，出现筑底迹象。

为了进一步判断股价是否在 40.00 元价位线触底，我们查看 KDJ 指标，发现在股价下行的过程中，KDJ 指标也逐渐下行，运行至 20 线下方。当股价在 40.00 元价位线上横盘时，KDJ 指标中的 J 线和 K 线几乎同时向上突破 D 线形成金叉，说明股市即将转强，股价跌势已经结束，后市即将转入上升行情中。

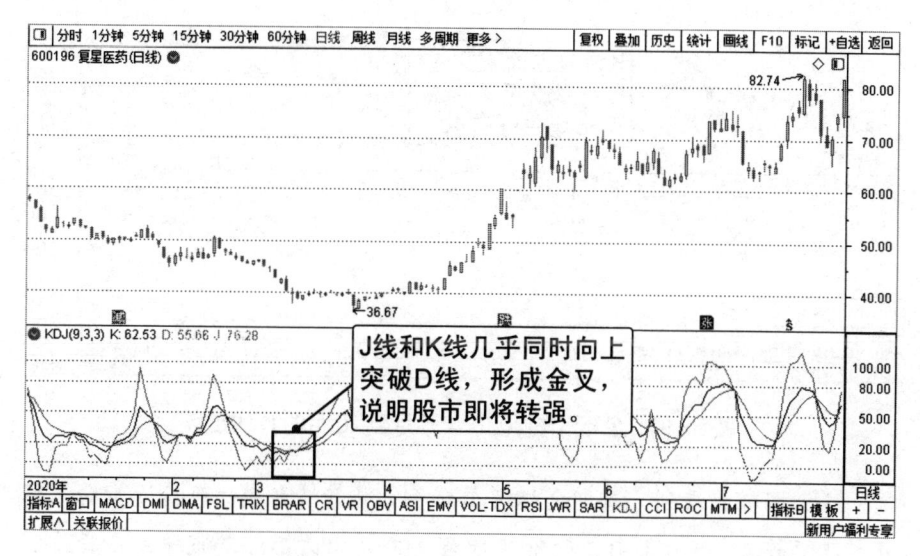

图 5-13　复星医药 2020 年 12 月至 2021 年 7 月的 K 线走势

（2）KDJ 死叉

KDJ 死叉指 K 线自上而下穿过 D 线形成的交叉。KDJ 死叉是市场由强转弱的信号，说明后市股价将出现大跌，投资者应该及时卖出持股。

根据 KDJ 死叉出现的位置不同，又可以分为高位死叉（80 线附近）和中位死叉（50 线附近），两者都发出了卖出信号，但高位死叉的信号更强，短线投资者一旦发现该信号，应及时卖出持股。

实例分析

金杯汽车（600609）KDJ 死叉卖出信号分析

如图 5-14 所示为金杯汽车 2020 年 5 月至 10 月的 K 线走势。

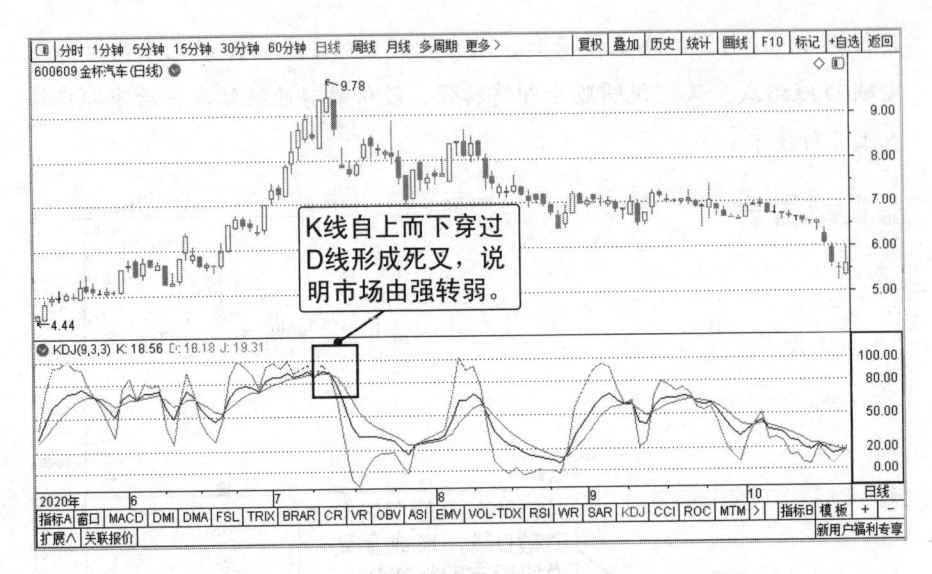

图 5-14　金杯汽车 2020 年 5 月至 10 月的 K 线走势

从上图可以看到，前期金杯汽车处于上升行情之中，股价逐步向上攀升，涨幅较大。7 月上旬，股价运行至 9.00 元上方后涨势减缓，在股价创出 9.78 元的新高后，股价止涨，K 线连续收阴，股价回调至 8.00 元附近，出现见顶迹象。

此时，为了进一步判断行情是否见顶，我们查看下方的 KDJ 指标，发现在股价上涨的过程中，KDJ 指标也向上运行，随股价上涨趋势逐渐攀升至超买区域。当股价上方受到压力止涨回调时，下方 KDJ 指标中的 K 线自上而下穿过 D 线形成死叉。说明市场由强转弱，即将转入空头市场，后市看跌。

5.2.3　KDJ 底背离与顶背离

KDJ 底背离与顶背离指的是 KDJ 指标与股价形成的两种背离现象，这种背离现象往往是股价趋势发生转折变化的前兆，短线投资者需要有意识地去抓住这两种背离现象。

第5章 借助技术指标寻找短线机会

（1）KDJ底背离

KDJ底背离指的是K线中的股价走势一谷比一谷低，表现下跌，而此时KDJ指标中的曲线走势却一底比一底高。KDJ底背离现象的出现，通常是股价低位反转的信号，说明股价在短期内即将迎来一波上涨行情，是短期买入的信号。

实例分析

快克股份（603203）KDJ底背离

如图5-15所示为快克股份2020年12月至2021年6月的K线走势。

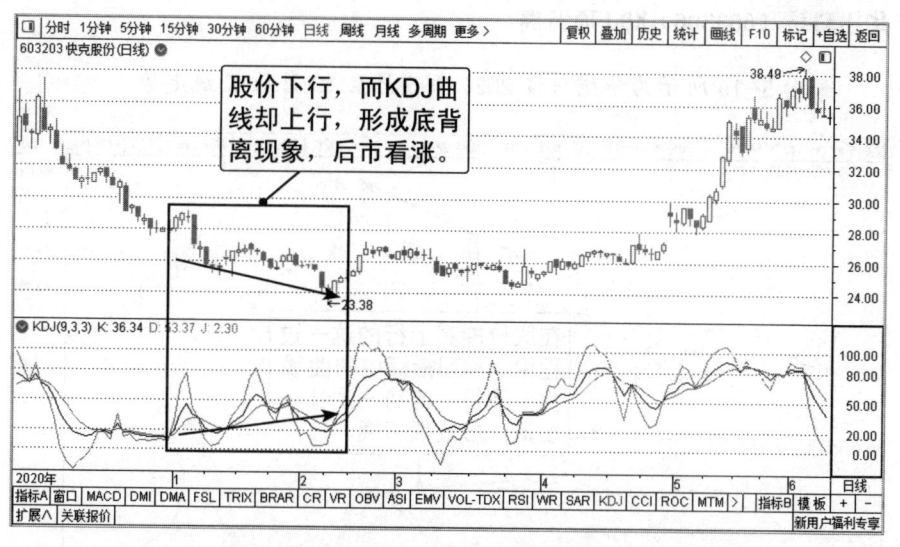

图5-15 快克股份2020年12月至2021年6月的K线走势

从上图可以看到，快克股份前期处于下跌趋势之中，股价震荡向下运行。2021年1月，股价继续表现下跌行情，走势一谷比一谷低，与此同时，查看下方的KDJ指标中的曲线走势，可以看到在股价下跌的过程中，KDJ曲线不仅没有下跌，还一底比一底高。股价与KDJ指标形成了底背离现象。

股价在经过一轮下跌后的低位底部区域，与KDJ指标形成底背离，说明场内的空头势能已经消耗殆尽，后市即将转入多头行情，后市看涨。

（2）KDJ 顶背离

KDJ 顶背离指股价在 K 线图中的走势一顶比一顶高，表现上涨，但此时 KDJ 指标却没有跟随股价继续向上攀升创新高，而是转入下跌，走势一顶比一顶低。

顶背离现象的出现，说明场内的多头力量已经逐渐减弱，无力继续向上攀升，这是行情即将发生转变的信号，场外的短线投资者此时不能盲目追涨，而场内的投资者应择机抛售手中持股。

实例分析

华懋科技（603306）KDJ 顶背离

如图 5-16 所示为华懋科技 2021 年 5 月至 10 月的 K 线走势。

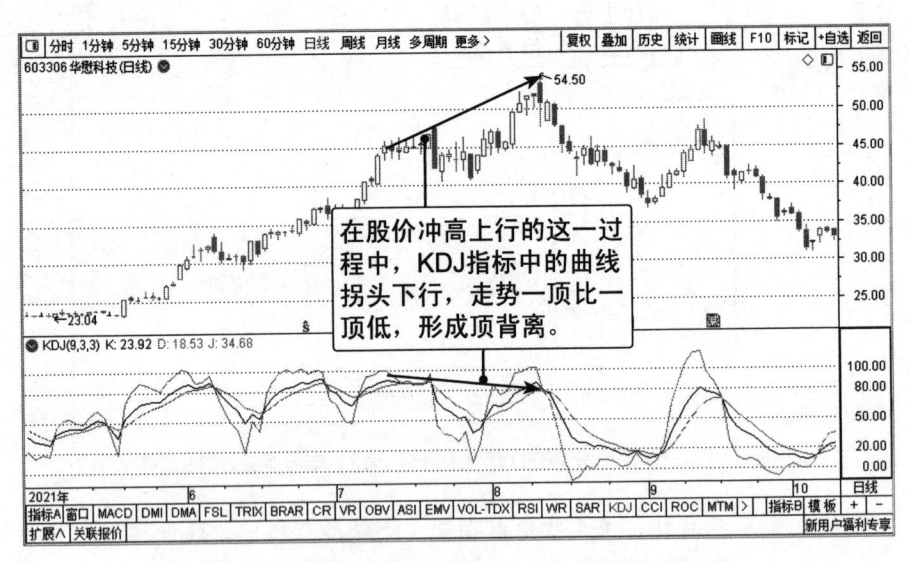

图 5-16　华懋科技 2021 年 5 月至 10 月的 K 线走势

从上图可以看到，华懋科技前期处于上升行情之中，股价震荡向上。2021 年 7 月，股价上涨至 45.00 元附近后涨势减缓，在该价位线上横盘运行一段后再次冲高上行，上涨至 50.00 元价位线后再次滞涨，在创出 54.50 元的新高后止涨下跌，出现见顶迹象。

为了进一步判断股价是否在该位置见顶，我们查看下方的 KDJ 指标，可以看到在股价冲高上行的这一过程中，KDJ 指标中的曲线不仅没有跟随上涨，反而拐头下行，走势一顶比一顶低，形成顶背离。

在股价经过一轮大幅上涨行情后的高位区域，股价与 KDJ 指标形成顶背离，说明场内的多头势能衰竭，上涨动力消失，后市即将转入空头市场中，后市看跌，投资者应在此位置离场。

5.3　MACD 指标捕捉短线机会

MACD 指标中文名称为异同移动平均线，是由双指数移动平均线发展而来的，素有指标之王的美称。它能够研判中长期走势变化，帮助投资者找到趋势转变的关键节点，对买进卖出的时机做出精准的判断。

MACD 指标由 3 部分组合而成，分别是 DIF 线、DEA 线和 BAR 柱线。其中，DIF 线为快线，是短期移动平均线和长期移动平均线的离差值；DEA 线为慢线，是 DIF 线的 M 日指数平滑移动平均线；BAR 柱线是 DIF 线与 DEA 线的差值，呈红绿柱状线，当差值为正时为红色，差值为负数时为绿色。在实际的投资中，利用 MACD 指标做买卖决策分析时，常常会利用这 3 部分进行分析。

5.3.1　通过 DIF 与 DEA 的值及线的位置判断市场行情强弱

通过前面的 MACD 指标的基础介绍，我们知道 MACD 指标其实表现的是短期股价相较于长期股价上涨和下跌时的背离值，其背离值越大，说明短期上涨和下跌的力度较大。因此，可以根据 DIF 线与 DEA 线的值及线的位置来对市场强弱进行判断，具体包括以下 4 点。

①当 DIF 和 DEA 均大于 0（处于 0 轴之上）并向上移动时，表示市场处于多头行情中，可以买入或持股，如图 5-17 所示。

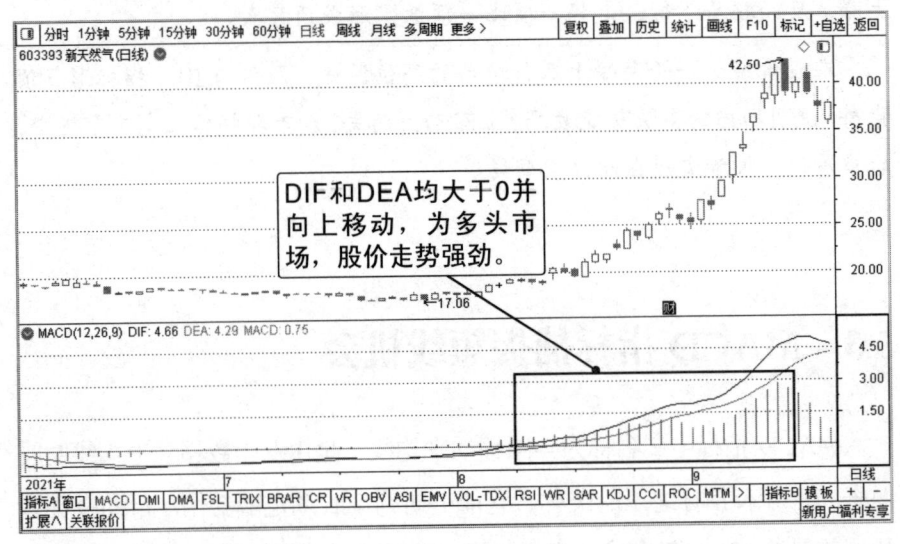

图 5-17　DIF 和 DEA 均大于 0 并向上移动

②当 DIF 和 DEA 均小于 0（处于 0 轴之下）并向下移动时，表示市场处于空头行情中，可以卖出股票或观望，如图 5-18 所示。

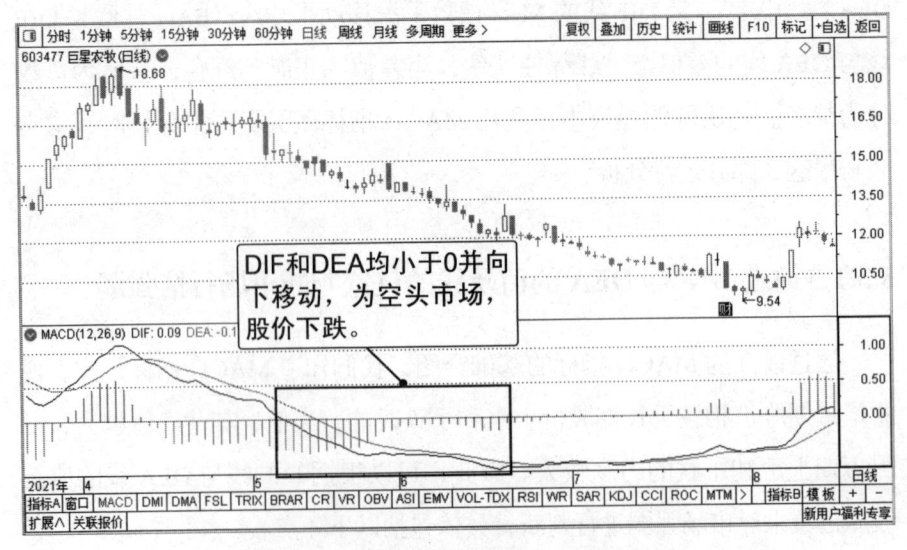

图 5-18　DIF 和 DEA 均小于 0 并向下移动

③当 DIF 和 DEA 均大于 0（处于 0 轴之上）但都向下移动时，表示市场行情处于退潮阶段，股票将下跌，可以卖出股票和观望，如图 5-19 所示。

图 5-19　DIF 和 DEA 均大于 0 但向下移动

④当 DIF 和 DEA 均小于 0（处于 0 轴之下）但向上移动时，表示行情即将启动，股票将上涨，可以买进股票或持股待涨，如图 5-20 所示。

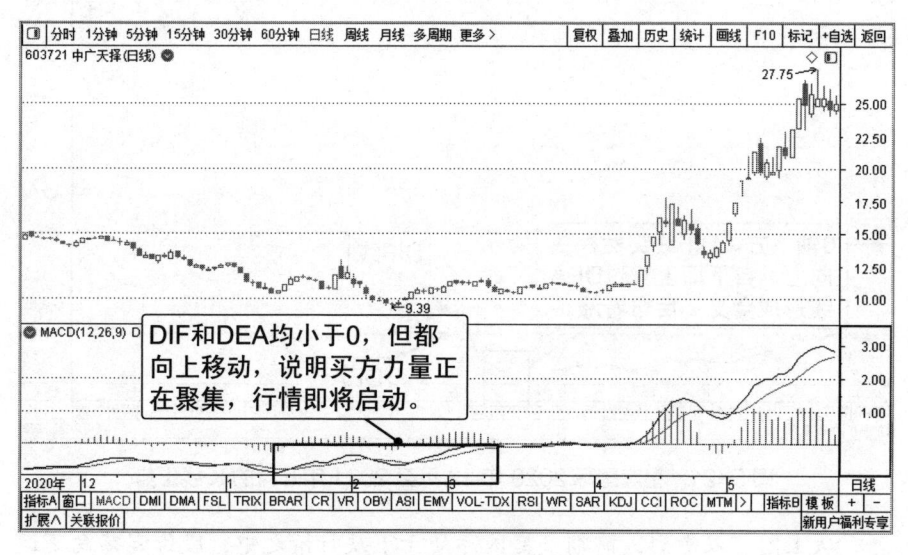

图 5-20　DIF 和 DEA 均小于 0 但向上移动

5.3.2 DIF 线与 DEA 线的交叉情况

MACD 指标中也存在黄金交叉和死亡交叉，分析它们交叉的情况和位置，可以帮助投资者快速找到准确的买进卖出位置，下面来仔细介绍。

（1）MACD 金叉

MACD 金叉是指 DIF 线由下向上突破 DEA 线形成的交叉。金叉是多头占据优势，后市看涨的信号。但是，出现金叉的位置不同，金叉买进信号的强弱也不同，它代表的市场含义也不同。

①当 DIF 和 DEA 都在 0 轴之下，而 DIF 向上突破 DEA 形成金叉时，表明市场即将转强，股价将止跌反弹，投资者可以开始买进股票或持股。

实例分析

皇庭国际（000056）MACD 低位金叉

如图 5-21 所示为皇庭国际 2020 年 12 月至 2021 年 5 月的 K 线走势。

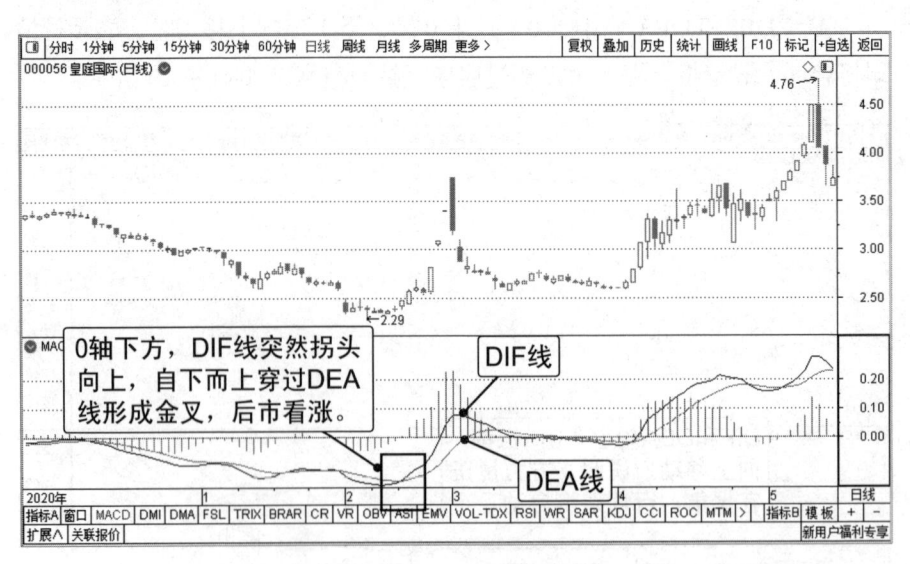

图 5-21 皇庭国际 2020 年 12 月至 2021 年 5 月的 K 线走势

从上图可以看到，前期皇庭国际处于下跌行情之中，股价震荡向下运行。2021年2月中旬，股价跌至2.50元下方止跌，并在2.50元附近止跌横盘，出现筑底迹象。

为了进一步验证股价是否筑底，查看下方的MACD指标，发现随着股价的下行，MACD指标的DIF线和DEA线运行至0轴下方，并向下移动。2月中旬，股价横盘时，DIF线突然拐头向上，自下而上穿过DEA线形成金叉，说明该股的下跌动能释放完全，后市即将转入多头市场，迎来一波上涨，投资者可以在此位置抄底买进。

②当DIF与DEA都在0轴之上，而DIF向上突破DEA形成金叉时，表明市场处于一种强势之中，股价将再次上涨，投资者可以加码买进股票或持股待涨。

实例分析

紫光股份（000938）MACD 高位金叉

如图5-22所示为紫光股份2021年4月至8月的K线走势。

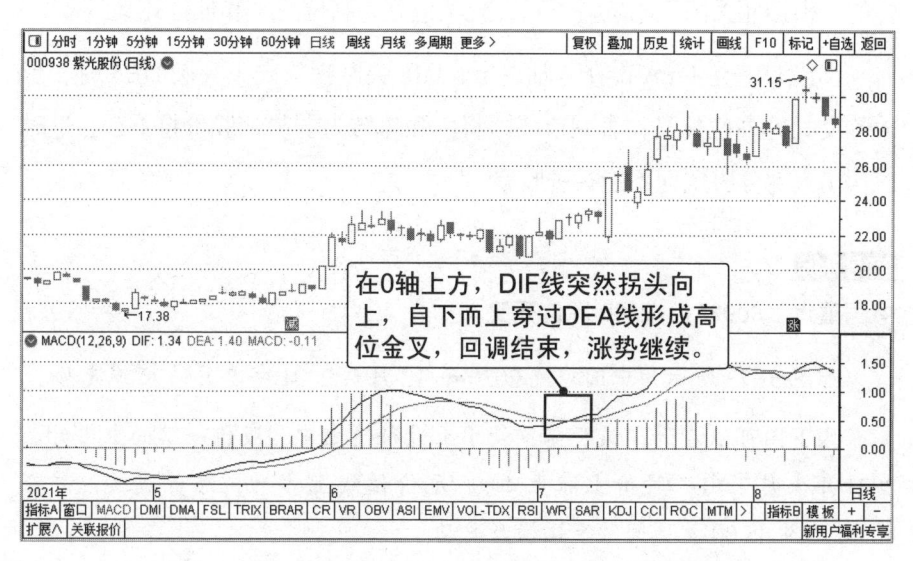

图5-22　紫光股份2021年4月至8月的K线走势

从上图可以看到，2021年4月底，紫光股份在18.00元价位线上筑底，随后转入上升趋势之中。股价从 18.00 元附近上涨至 22.00 元价位线附近后止涨，并在该价位线上横盘运行。

此时，查看下方的 MACD 指标，发现在 4 月底时，MACD 中的 DIF 线和 DEA 线都在 0 轴下方运行，随后 DIF 线拐头向上，自下而上穿过 DEA 线形成低位金叉，随后股价筑底上行。

当股价运行至 22.00 元价位线横盘时，下方的 DIF 线和 DEA 线在 0 轴上方横盘波动运行。7 月初，DIF 线再次拐头向上，自下而上穿过 DEA 线形成高位金叉，且两根曲线方向向上，说明此时为股价上涨途中的调整，市场仍然处于强势之中，后市将继续上涨行情，投资者可以在此位置加仓买进。

（2）MACD 死叉

MACD 死叉指 MACD 指标中的 DIF 线自上而下穿过 DEA 线形成的交叉，死叉的出现说明在多空双方的竞争中空头占据优势，后市看跌。同样的，根据死叉出现的位置不同，死叉也分为高位死叉和低位死叉。

①当 DIF 与 DEA 都在 0 轴之上，DIF 突然拐头向下突破 DEA 时，形成的交叉为高位死叉，表明市场即将由强势转为弱势，股价将下跌，这时应卖出大部分股票而不能买进股票。

实例分析

中国重汽（000951）MACD 高位死叉

如图 5-23 所示为中国重汽 2020 年 12 月至 2021 年 7 月的 K 线走势。

从下图可以看到，该股前期处于上升行情之中，股价一路向上攀升。2021 年 1 月下旬，股价上涨至 40.00 元价位线上方后，涨势减缓，并在 40.00 元至 45.00 元区间做窄幅横盘波动。

此时查看下方的 MACD 指标，发现在股价上涨的过程中，DIF 线和 DEA 线也同步上行，运行至 0 轴上方。当股价止涨横盘时，DIF 线和 DEA

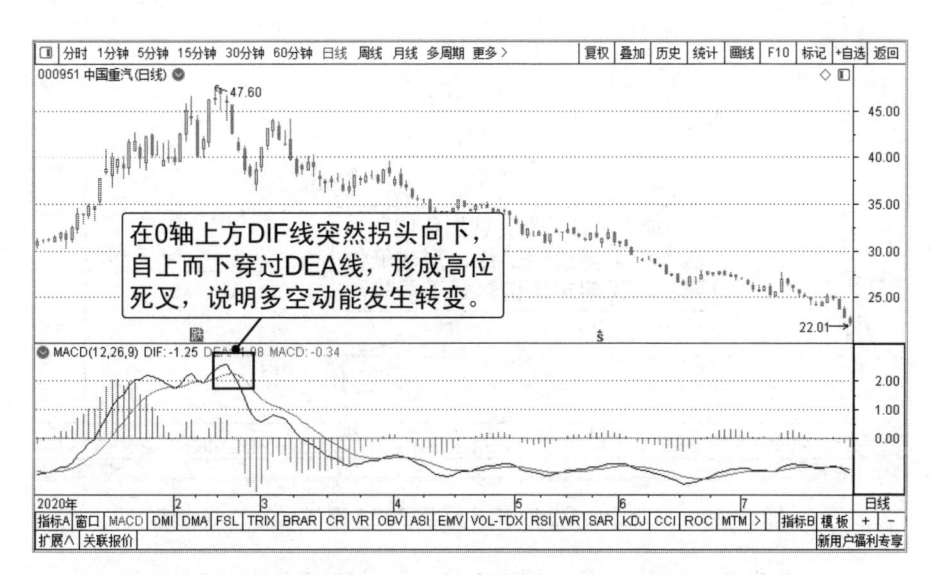

线也在0轴上方横盘波动。

图5-23 中国重汽2020年12月至2021年7月的K线走势

2月下旬，DIF线突然拐头向下，自上而下穿过DEA线，形成高位死叉，随后两根曲线向下运行，说明市场由之前的多头市场转为空头市场，上涨动力枯竭，后市即将转入下跌行情之中，投资者应尽快离场，避免被套。

②当DIF和DEA都在0轴之下，DIF突然拐头向下突破DEA时，形成的交叉为低位死叉，表明市场将再次进入极度弱市中，股价还将下跌，此时持股投资者可以再卖出股票或观望。

实例分析

东睦股份（600114）MACD低位死叉

如图5-24所示为东睦股份2020年8月至2021年1月的K线走势。

从下图可以看到，前期东睦股份上涨至12.00元附近后止涨横盘，下方MACD指标出现高位死叉，发出转势信号之后，该股转入下跌趋势之中。

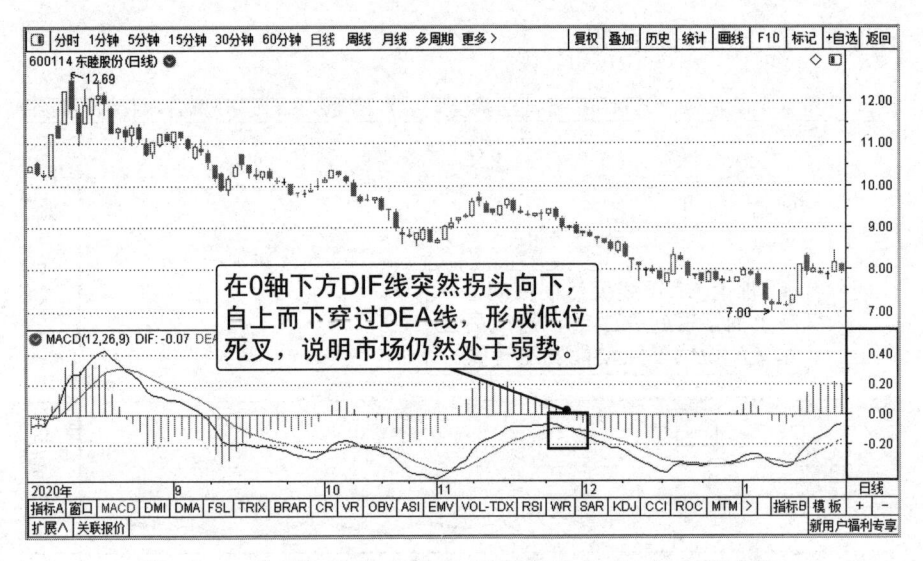

图5-24 东睦股份2020年8月至2021年1月的K线走势

随后股价震荡下行，MACD指标中的DIF线和DEA线随着股价的下跌而下行至0轴下方，并维持在0轴下方波动运行。2020年11月，股价下跌至9.00元附近后止跌，查看MACD指标发现出现低位金叉，DIF线和DEA线方向向上，上方的股价止跌反弹。

但是这一轮上涨并没有持续较长时间，股价上涨至9.50元附近后，便再次止涨横盘，此时查看下方的MACD指标，发现原本上行的DIF线突然拐头向下，自上而下穿过DEA线，形成低位死叉，且随后DEA也拐头下行。说明市场仍然处于弱势之中，空头占据优势，后市还将迎来一波下跌，场外的投资者不要贸然入场。

5.3.3 MACD中柱线的变化信号

MACD指标中的柱线有红绿颜色之分，所以我们在实际的投资中可以通过MACD指标柱线的红绿变化，以及柱状线的收缩和放大来对当前的股价运行趋势进行研判。

MACD中的柱线信号主要分为红翻绿和绿翻红两种情况。

（1）MACD 红翻绿

MACD 红翻绿是指 MACD 值由正转负，红柱线的长度逐渐减小，转为绿柱，且绿柱线的长度逐渐放大，说明市场中的多头动能逐渐衰竭，趋势很有可能发生转变，是转势信号。

实例分析

科新发展（600234）MACD 红翻绿

如图 5-25 所示为科新发展 2021 年 4 月至 10 月的 K 线走势。

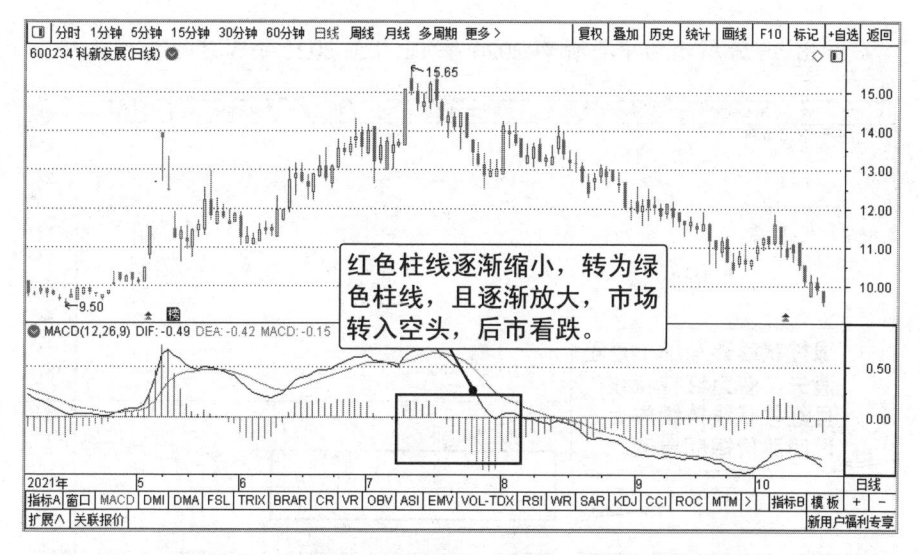

图 5-25　科新发展 2021 年 4 月至 10 月的 K 线走势

从上图可以看到，科新发展前期处于上升趋势之中，股价震荡向上。2021 年 7 月，股价运行至 15.00 元上方，在创出 15.65 元的新高之后，股价止涨短暂横盘后回落至 13.00 元价位线上，并在该价位线上横盘，出现见顶迹象。

此时，查看下方的 MACD 指标，发现在股价止涨回落的过程中，MACD 红柱线长度逐渐缩小至消失，转为绿柱线，并且绿柱线长度持续放大。说明场内的多头势能逐渐衰竭，空头逐渐占据优势，股价见顶后市看跌。

场内的持股投资者应尽快锁定收益离场，避免遭受重大经济损失。

(2) MACD 绿翻红

MACD 绿翻红指 MACD 值由负转正，绿柱的长度逐渐缩小转为红柱，且红柱线的长度逐渐放大，说明市场中的多头动能逐渐聚集，趋势极有可能发生转变，转入多头市场，是买进信号。

实例分析

中再资环（600217）MACD 绿翻红

如图 5-26 所示为中再资环 2020 年 12 月至 2021 年 3 月的 K 线走势。

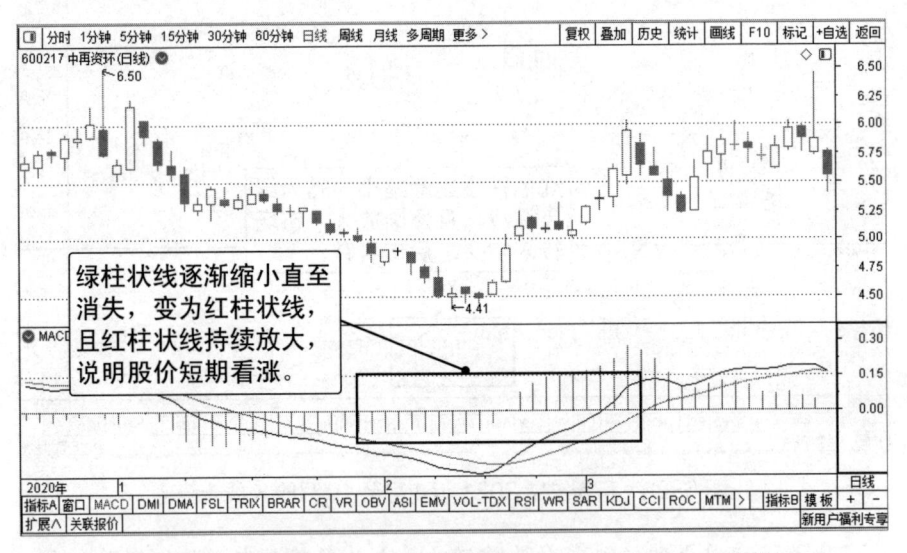

图 5-26　中再资源 2020 年 12 月至 2021 年 3 月的 K 线走势

从上图可以看到，前期中再资环处于下跌趋势之中，股价向下滑落，当股价跌至 4.50 元价位线上时止跌横盘，有筑底迹象。此时查看下方的 MACD 指标，发现在股价横盘的过程中，MACD 指标的绿柱状线长度逐渐缩小甚至消失，转为红色柱状线，且红色柱状线持续放大。且 DIF 线由下上穿 DEA 线，形成黄金交叉，说明这一波下跌行情已经结束，该股股价短期内会迎来一波上涨，短线投资者可以在此位置积极买进。

5.3.4 MACD 的底背离与顶背离

MACD 底背离和顶背离是指 MACD 指标与股价形成的背离现象，它是指 MACD 在运行过程中和股价运行节奏并不完全同步，二者之间有些时候会出现背离关系。正是这两种背离关系会给投资者提前发出重要的转向提示信号。

（1）MACD 底背离

MACD 底背离通常出现在股价大跌后的低位底部区域，K 线中的股价还在继续下跌，低点比前一次低点低，此时 MACD 指标的低点却比前一次的低点高，形成底背离现象。

底背离现象是股价在低位可能反转向上的信号，表明短期内可能反弹向上，是短期买入的信号。

实例分析

飞亚达（000026）MACD 底背离

如图 5-27 所示为飞亚达 2020 年 8 月至 2021 年 1 月的 K 线走势。

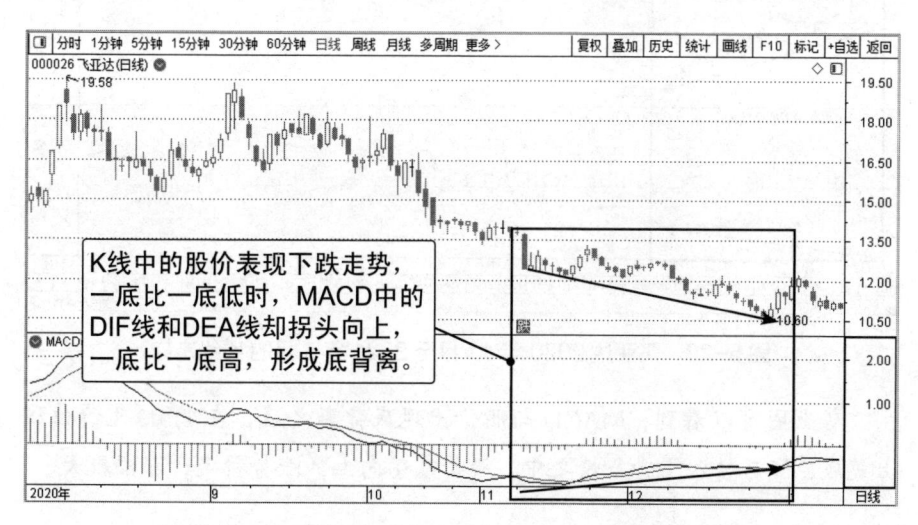

图 5-27　飞亚达 2020 年 8 月至 2021 年 1 月的 K 线走势

从上图可以看到，飞亚达处于下跌行情之中，股价从 19.50 元的高位处震荡向下运行。2020 年 12 月下旬，股价跌至 11.00 元价位线下方，在创出 10.60 元的新低之后止跌，并小幅回升。但这一回升并未持续较长时间，仅仅几个交易日便止涨下跌，再次回到 11.00 元价位线受到支撑止跌，且并未跌破前期低点，说明股价可能在 11.00 元位置筑底。

与此同时，我们查看下方的 MACD 指标，发现 2020 年 11 月下旬，K 线中的股价表现下跌走势且一底比一底低时，MACD 指标中的 DIF 线和 DEA 线却拐头向上，走出一底比一底高的上升走势。

在股价经过一轮下跌后的底部末期，股价与 MACD 指标形成底背离，说明场内的空头势能已经消耗殆尽，后市继续下跌的可能性不大，该股转势在即，后市看涨，投资者应积极买进，持股待涨。

如图 5-28 所示为飞亚达 2020 年 11 月至 2021 年 4 月的 K 线走势。

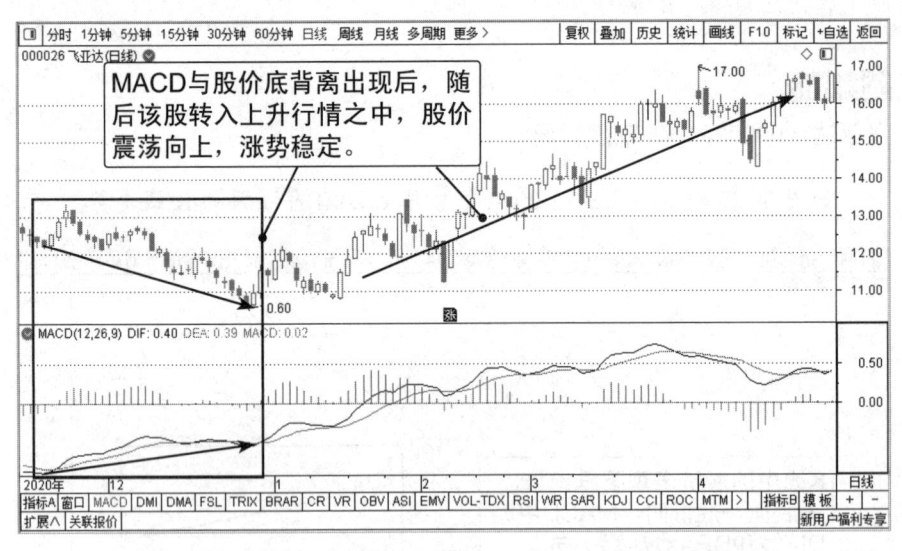

图 5-28　飞亚达 2020 年 11 月至 2021 年 4 月的 K 线走势

从上图可以看到，MACD 与股价出现底背离之后，在 11.00 元价位线上筑底，随后转入上升行情之中，股价震荡向上，涨势稳定，涨幅较大。

（2）MACD 顶背离

MACD 顶背离通常出现在股价大涨后的高位区域，K 线中的股价还在继续上涨，且一峰比一峰高，此时 MACD 指标的高点却比前一次的高点低，形成顶背离现象。

顶背离现象一般是股价在高位即将反转转势的信号，表明股价短期内即将下跌，是卖出股票的信号。

实例分析

恒力石化（600346）MACD 顶背离

如图 5-29 所示为恒力石化 2020 年 7 月至 2021 年 2 月的 K 线走势。

从下图可以看到，恒力石化处于上升行情之中，股价从 15.00 元价位线下方开始上涨，一路上行，涨势稳定，涨幅较大。2021 年 1 月下旬，股价上涨至 45.00 元附近后受阻止涨，随后回调至 40.00 元下方止跌，再次上冲并创下 49.80 元的新高。

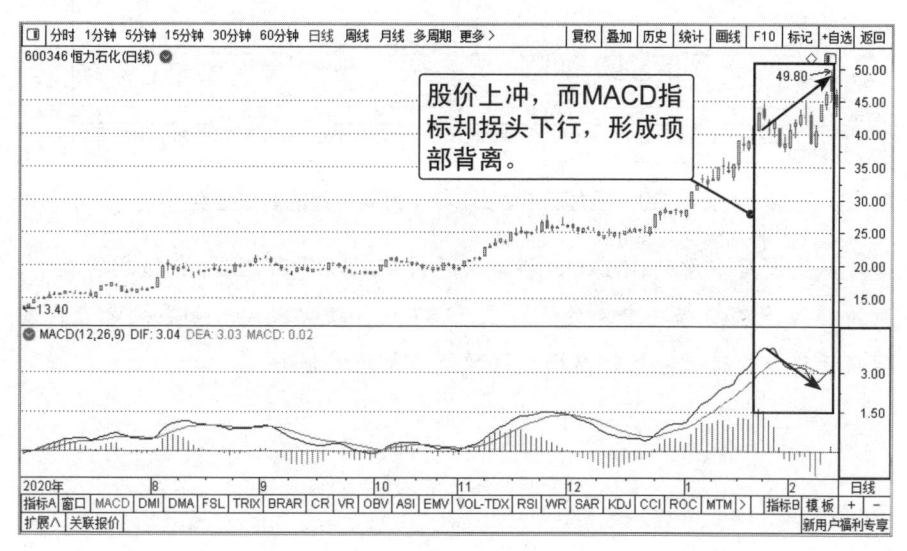

图 5-29　恒力石化 2020 年 7 月至 2021 年 2 月的 K 线走势

此时查看下方的 MACD 指标，发现在股价上涨的过程中，MACD 指标中的 DIF 线和 DEA 线也同步运行至 0 轴上方，并在 0 轴上方波动运行。2021 年 1 月下旬，股价止涨回调再次上冲时，MACD 的 DIF 线和 DEA 线却没有跟随股价继续上行，而是拐头下行，走出一顶比一顶低的走势。

股价继续上冲，而 MACD 指标却拐头下行，形成顶背离，说明多头实力已经释放完全，后市即将转入空头市场，投资者应在此位置尽快离场，避免被套。

如图 5-30 所示为恒力石化 2021 年 1 月至 7 月的 K 线走势。

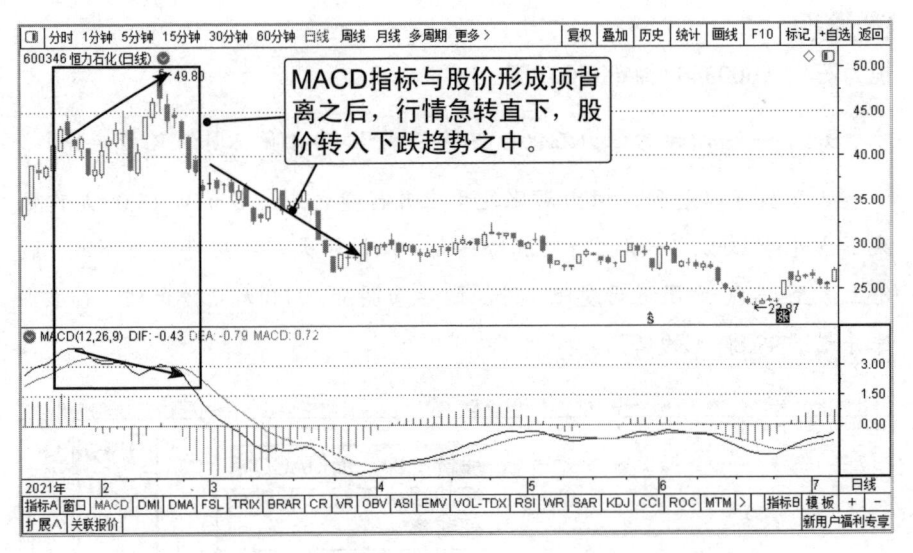

图 5-30　恒力石化 2021 年 1 月至 7 月的 K 线走势

从上图可以看到，MACD 指标与股价形成顶背离之后，行情急转直下，股价转入下跌趋势之中，最低跌至 23.87 元，跌幅较大。如果投资者在发现顶背离信号时未能及时离场，将遭受重大经济损失。

第6章
利用趋势线短线操作实战判断

趋势线是股市实战分析中最常见、运用最多，也是最实用的一种预测手段和工具。短线投资者可以利用趋势线快速、准确地预测股价未来一段时间的变化趋势，从而找到合适的买入卖出点。

6.1 趋势线帮助判断行情趋势

趋势线是用来绘制股票过去价格走势的线，目的是预测股票未来一段时间的价格变化。趋势线常被应用于股市分析中，它可以判断当前的股价运行趋势，研判未来的股价走向，所以对于投资者来说非常重要。下面就来进一步认识趋势线。

6.1.1 趋势的运行方向

根据趋势运行方向的不同可以对趋势进行划分，主要包括上升趋势、下降趋势和水平趋势 3 种。

（1）上升趋势

如果股价在运行过程中形成的波峰一个比一个高，波谷也一个比一个高，那么就属于上升趋势。上升趋势线是指在股价持续上涨的过程中，将每次的调整低点相连而形成的趋势线。如图 6-1 所示为上升趋势。

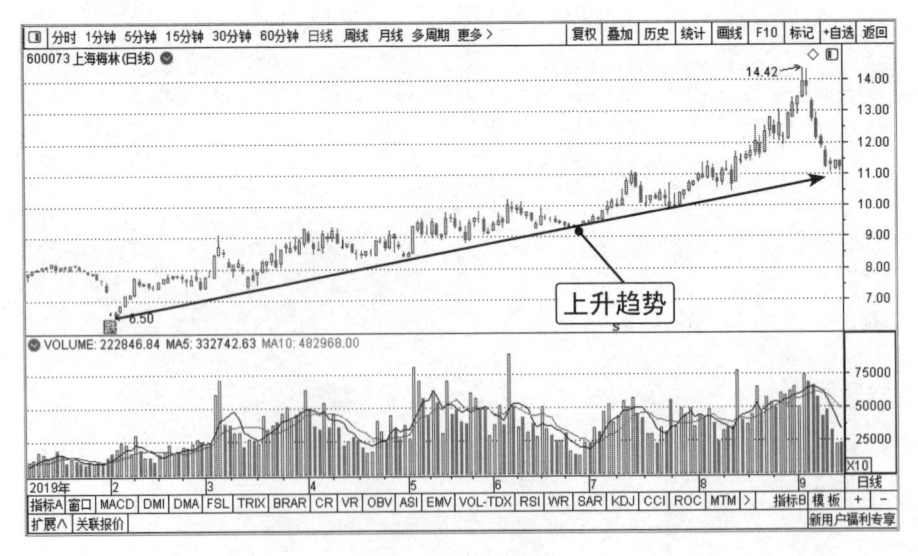

图 6-1 上升趋势

第6章　利用趋势线短线操作实战判断

（2）下降趋势

如果股价在运行过程中形成的波峰一个比一个低，波谷也一个比一个低，那么就属于下降趋势。

下降趋势线是指在股价持续下跌的过程中，将每次的调整高点相连而形成的趋势线。如图6-2所示为下降趋势。

图6-2　下降趋势

（3）水平趋势

在K线图中，如果股价走势中后面的峰和谷与前面的峰和谷相比，没有明显高低之分，几乎呈现水平延伸，这样的趋势就是水平趋势了。

水平趋势线是指股价处于一个持续横盘整理的过程中，没有明显的上升和下降趋势，将每次的低点或者高点相连而形成的横向延伸线，就是水平趋势线。如图6-3所示为水平趋势。

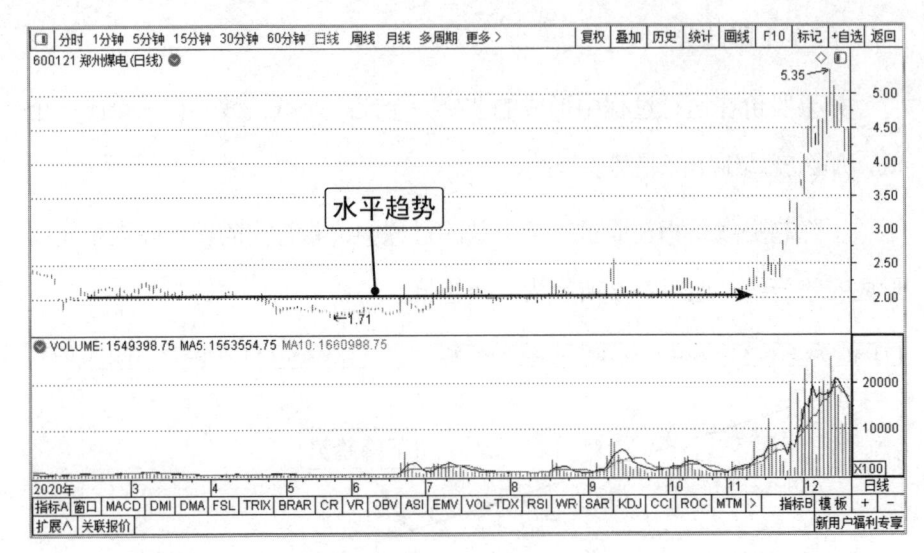

图6-3 水平趋势

6.1.2 趋势的周期

趋势从时间周期来看也有长短之分，可以分为长期趋势、中期趋势和短期趋势。

◆ 长期趋势

长期趋势在道氏理论中被称为是基本趋势，也是我们常说的大趋势或主要趋势。长期趋势通常的操作周期以年为单位，买入后以长期持有为主，主要依赖于投资者对经济变化、证券周期及公司发展的了解和研究，同时还需要投资者对未来行业的发展有一定的前瞻性，并且有足够的信心。

对于长线投资者来说，他们主要观察的是长期趋势，对于在大趋势中出现的中期波动或者短期波动，通常不予理会。

如图6-4所示的招商银行2013年至2021年的K线走势中，其长期趋势表现为上升趋势。

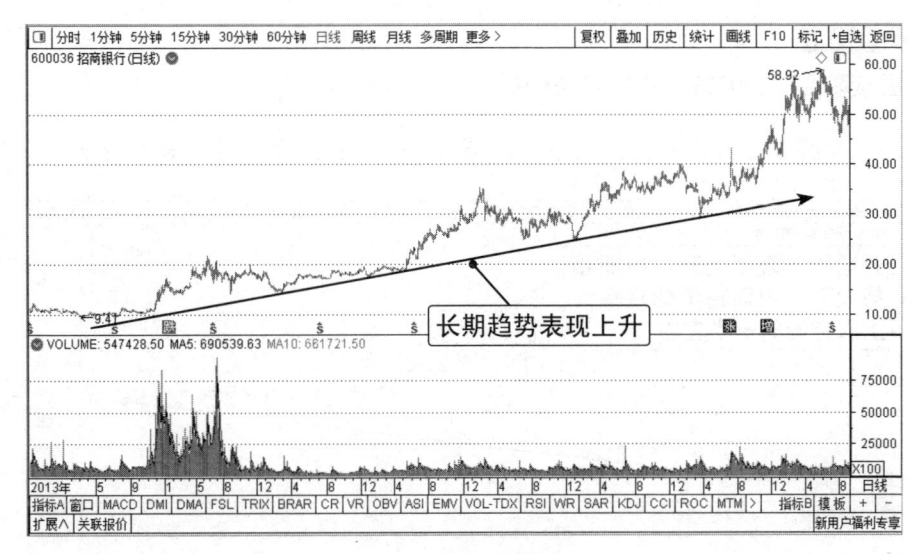

图 6-4　长期趋势

◆ 中期趋势

中期趋势在道氏理论中也被称为次级趋势或次要趋势，它是与长期趋势运动方向相反的一种逆动行情。在多头市场里，中期趋势就是中级下跌或调整行情；在空头市场里，中期趋势就是中级上升或反弹行情。

通常，在多头市场里，中期趋势会跌落到长期上升趋势上升部分的 1/3 到 2/3（如果只是调整行情，则可能回落幅度为上涨幅度的 10% 到 20%）。大部分中期趋势的回落幅度都在这个范围里，而且其中大部分会回落在折半位置处（即主要趋势涨幅的 50% 位置），空头市场则反之。

判断一个中期趋势的标准主要包括两点，具体内容如下。

①和长期趋势方向相反。

②通常情况下至少持续 3 个星期，调整幅度大概率会超过主要趋势的 1/3。

实例分析

国旅联合（600358）中期趋势分析

如图 6-5 所示为国旅联合 2020 年 12 月至 2021 年 9 月的 K 线走势。

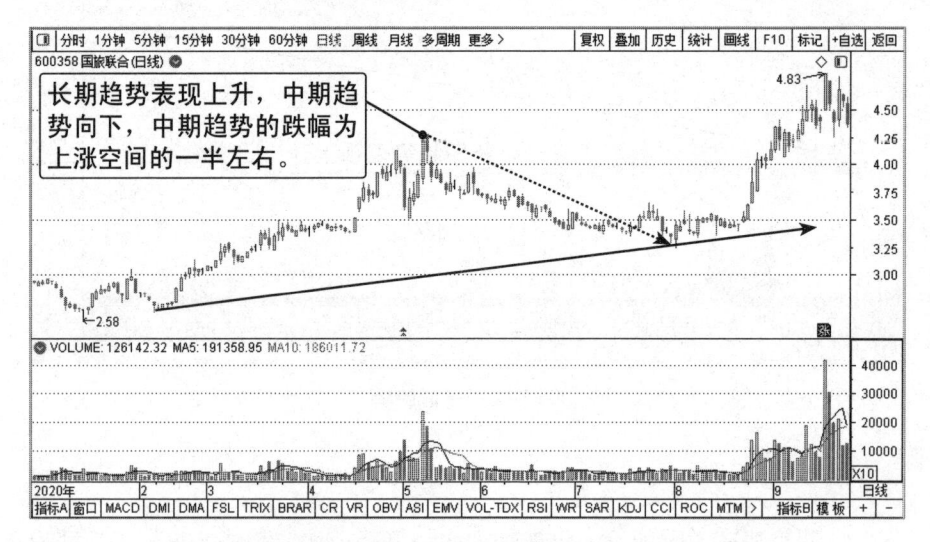

图中标注：长期趋势表现上升，中期趋势向下，中期趋势的跌幅为上涨空间的一半左右。

图 6-5　国旅联合 2020 年 12 月至 2021 年 9 月的 K 线走势

从上图可以看到，2021 年 1 月中旬，国旅联合股价从 2.60 元附近的底部开始向上攀升，上涨至 4.30 元价位线附近后止涨下跌。这一段的上涨空间为：4.30-2.60=1.70（元）。随后股价下跌至 3.40 元附近后止跌，小幅回升至 3.50 元，并在 3.50 元价位线上波动横行，这一段的下跌空间为：4.30-3.40=0.90（元）。因此，计算中期趋势的跌幅与上升涨幅占比：0.90÷1.70×100%=52.9%。

需要注意的是，中期趋势为长期趋势涨落幅度的 1/3 到 2/3 的原则并非一成不变，它只是一种概率，只能说大部分中期趋势的涨落幅度是在这个范围里，也有少数超过或少于这个标准的中期趋势。如有一些股票的中期趋势几乎将前面的涨幅都跌掉了，超过了 2/3，也有些回落的幅度达不到 1/3。

◆ 短期趋势

短期趋势指的是股价的短暂波动，很少超过 3 个星期，比较常见的是几天。对于短线和超短线投资者来说，短期趋势具有重要意义。

通常情况下，不管是中期趋势，还是两个中期趋势所在的主要趋势部分，都是由一连串的 3 个或更多可以区分的短期变动所组成的。简单地说，就是长期和中期趋势都是由一系列短期趋势组成的，如图 6-6 所示。

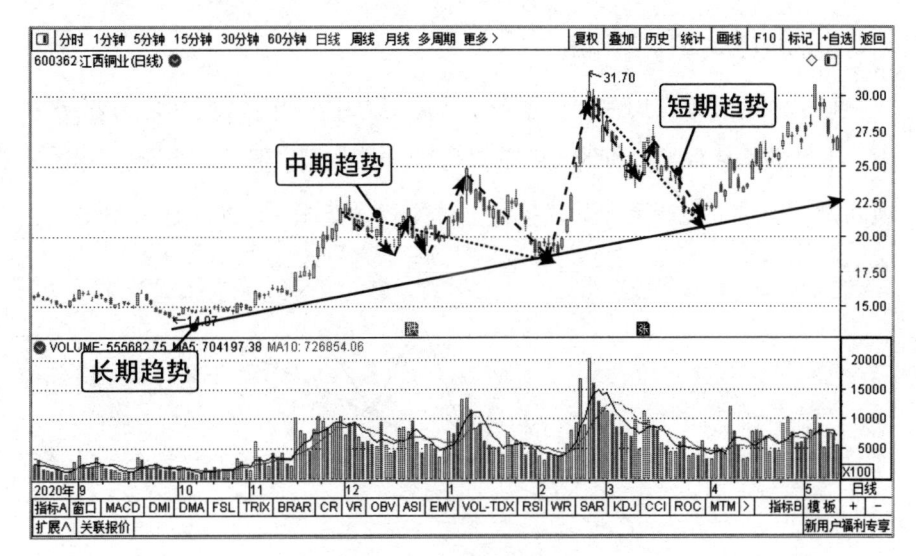

图 6-6 趋势线示意图

另外，要知道不同的投资者，对时间周期的划分也有差异，无论如何划分时间周期，都必须牢记"短期趋势服从中期趋势，中期趋势服从长期趋势"这一原则。比如短期见底，但中期趋势还没确认见底，就不要认为会大涨；中期见底，但长期趋势还没见底，就不要认为趋势会反转。

6.1.3 趋势线的支撑作用与压制作用

在趋势线的应用中有两个不得不介绍的重要部分，即趋势线的支撑作用与压制作用。在前面一章内容的学习中知道了可以利用指标来对行情进行研判，虽然技术指标能够判断行情变化，但是却存在一定的滞后性，需要股价出现一些上涨或下跌的明显走势之后才能显现出来。而趋势线则不同，它具有前瞻性，即我们可以根据趋势线的支撑作用和压制作用来提前预判股价可能会回调到达的区域或者股价可能会反弹到达的区域，这在投资中具有重要价值。

（1）趋势线的支撑作用

趋势线的支撑作用主要体现在上升趋势之中。当市场处于上升趋势之中，上升趋势线保持完好时，具有较强的支撑作用。股价在上升过程中出现回调，当股价回调至上升趋势线上时便获得支撑，止跌回升，如图6-7所示。

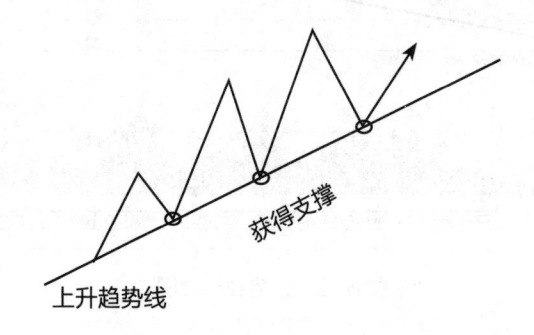

图6-7 上升趋势线的支撑作用

根据上升趋势线的支撑作用，我们可以提前预判行情可能会回调到的区域位置，一旦股价回调至趋势线附近时便积极买进持股待涨，从而抓住更多的短线做多机会。

实例分析

八一钢铁（600581）上升趋势线支撑作用分析

如图6-8所示为八一钢铁2021年2月至8月的K线走势。

从下图可以看到，八一钢铁处于上升趋势之中，股价在上升趋势线的支撑下震荡向上运行，股价每次回落至上升趋势线附近时便获得支撑止跌回升。

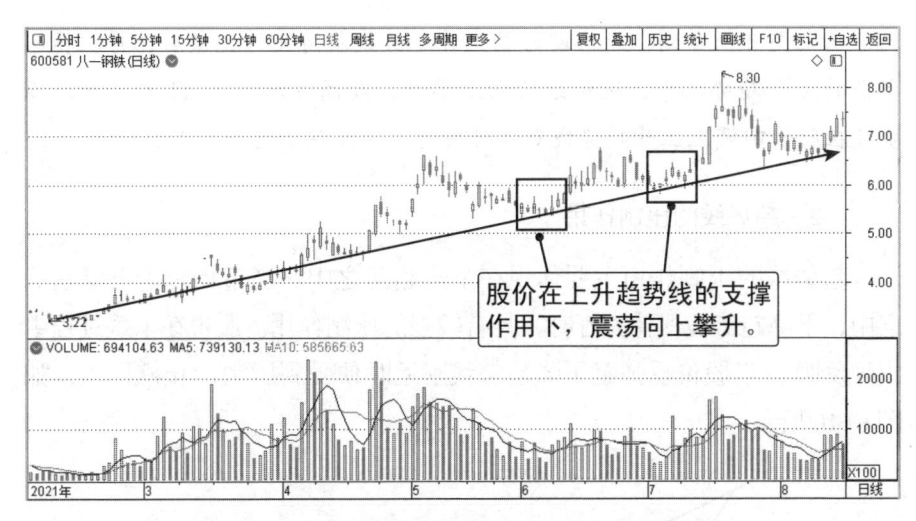

图6-8　八一钢铁2021年2月至8月的K线走势

2021年7月中旬，股价上冲创出8.30元的新高之后止涨回落，再次跌至上升趋势线上止跌。此时为投资者短线买进的大好机会，说明股价在上升趋势线附近获得支撑，将迎来一波上涨。

如图6-9所示为八一钢铁2021年2月至9月的K线走势。

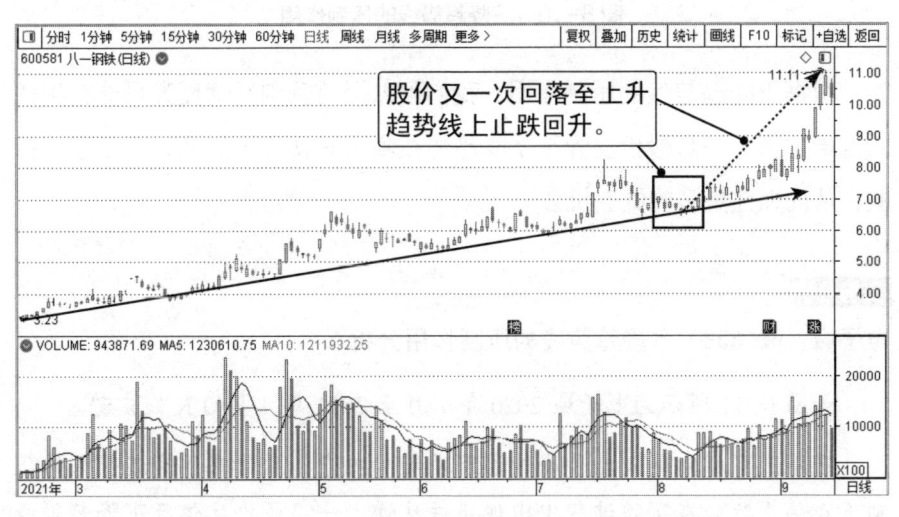

图6-9　八一钢铁2021年2月至9月的K线走势

从上图可以看到，股价回落至上升趋势线获得支撑止跌后，再次转入之前的上升趋势之中，股价继续向上攀升，最高上涨至11.11元。如果投资者在股价回调至上升趋势线附近时买进，便抓住了这一波上涨行情。

（2）趋势线的压制作用

趋势线的压制作用主要体现在下降趋势之中。当市场处于下降趋势之中，下降趋势线保持完好时，具有较强的压制作用。股价在下跌过程中出现反弹，当股价反弹至下降趋势线附近时便受到压制，止涨回落，如图6-10所示。

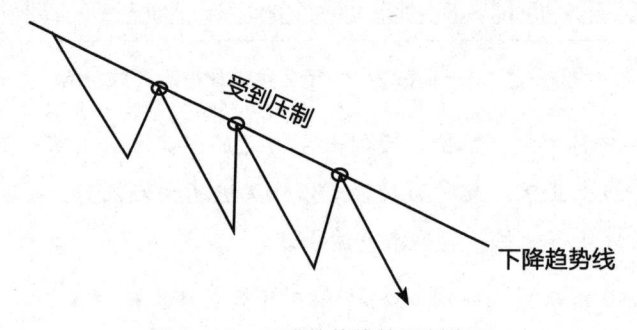

图6-10 下降趋势线的压制作用

根据下降趋势线的压制作用，我们可以提前预判行情反弹可能会到达的区域位置，一旦股价反弹至下降趋势线附近时便立即做空，卖出手中持股，从而抓住更多的做空机会。

实例分析

电子城（600658）下降趋势线的压制作用分析

如图6-11所示为电子城2020年7月至2021年4月的K线走势。

从下图可以看到，电子城处于下跌趋势之中，股价在下降趋势线的压制下震荡下行。在下跌过程中出现止跌反弹，一旦股价反弹至下降趋势线附近时便受到压制止涨，拐头向下，继续之前的下跌走势。

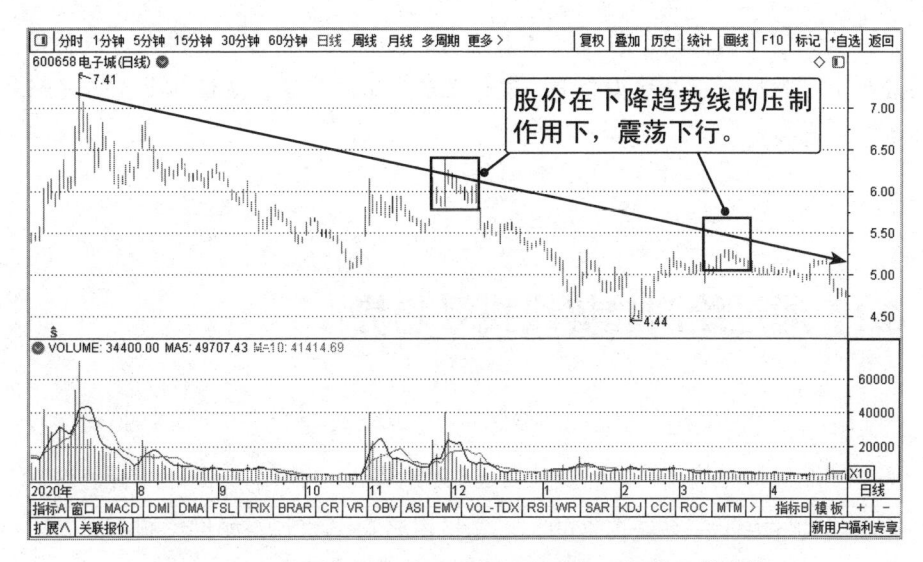

图6-11 电子城2020年7月至2021年4月的K线走势

2021年2月中旬，股价下跌创下4.44元的新低后再次止跌，且出现小幅回升。4月下旬，股价再次回升至下降趋势线附近止涨，说明下降趋势线的压制作用仍然有效，股价极有可能在此位置受到压制拐头下行。

如图6-12所示为电子城2020年7月至2021年8月的K线走势。

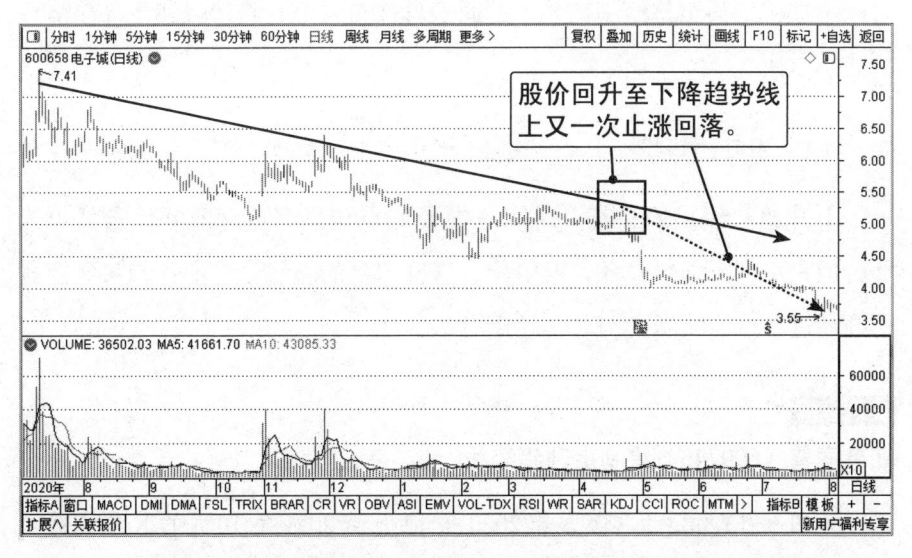

图6-12 电子城2020年7月至2021年8月的K线走势

从上图可以看到，2021年4月下旬，股价反弹回升至下降趋势线附近后再次受到压制止涨拐头向下，继续之前的下跌行情，最低创出 3.55 元新低，跌幅较大。

6.2 通过绘制趋势线找寻趋势

在趋势的实际运用中，趋势线是一个非常重要的工具，通过趋势线我们才能准确找寻趋势，进而找到合适的操作机会。但是，在实际的投资中，趋势线往往并不是系统自带的，需要投资者自己绘制，如果绘制不准确，则可能会直接影响投资决策的准确性和正确性。

6.2.1 如何画趋势线

绘制趋势线看起来比较简单，但在实际的绘制过程中却有很多的投资者画不准确，甚至是绘制错误。下面来具体看看上升趋势线和下降趋势线的绘制方法。

（1）上升趋势线

上升趋势线指的是某一时间段内最低点与最高点之前的任意低点连线，但是中间不能穿越任何的价位，这样得到的直线就是上升趋势线了。下面通过具体的绘制实例来进行介绍。

实例分析

江苏索普（600746）绘制上升趋势线

如图 6-13 所示为江苏索普 2020 年 12 月至 2021 年 10 月的 K 线走势。

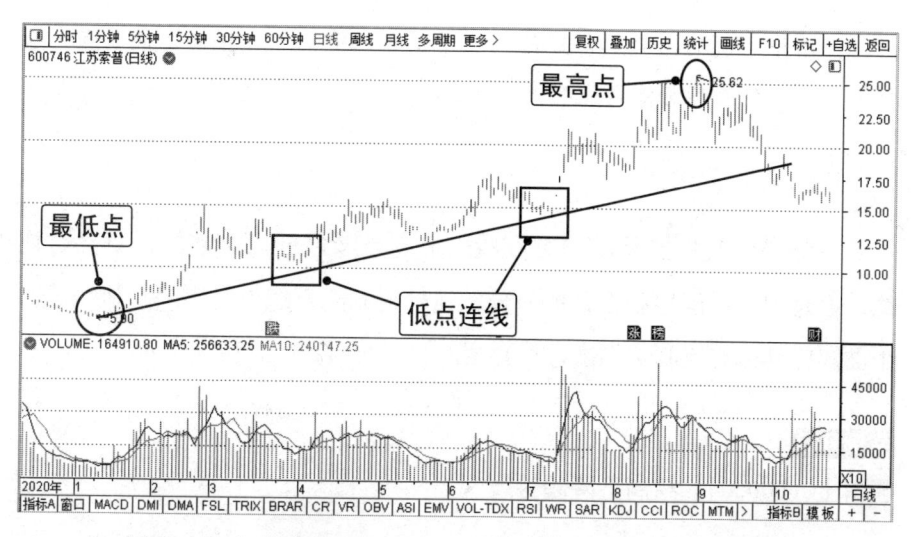

图 6-13　江苏索普 2020 年 12 月至 2021 年 10 月的 K 线走势

从上图可以看到，上升趋势线的绘制是最低点与最高点之前的任意低点的连线，绘制的趋势线上经过的低点越多，说明绘制的趋势线就越准确。

介绍完正确的上升趋势线，我们再来看看常见的上升趋势线错误的绘制情况，如图 6-14 所示。

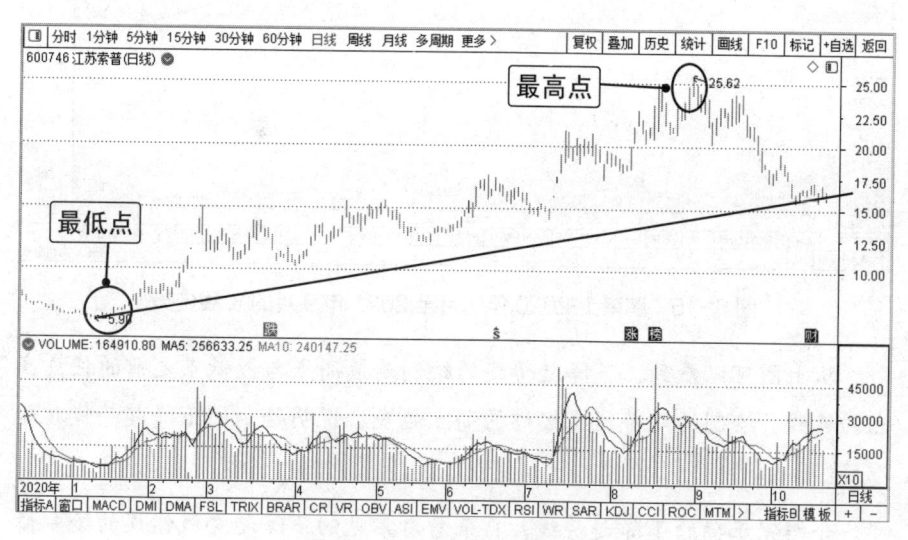

图 6-14　错误的上升趋势线

上图中绘制的上升趋势线错误在于，它的最低点连接的是最高点之后的低点，这样的趋势线是没有意义的。

（2）下降趋势线

下降趋势线指的是某一时间段内最高点与最低点之前的任意高点连线，但是中间不能穿越任何的价位，这样得到的直线就是下降趋势线了。下面同样具体的绘制实例来进行介绍。

实例分析
鹏博士（600804）绘制下降趋势线

如图6-15所示为鹏博士2020年7月至2021年9月的K线走势。

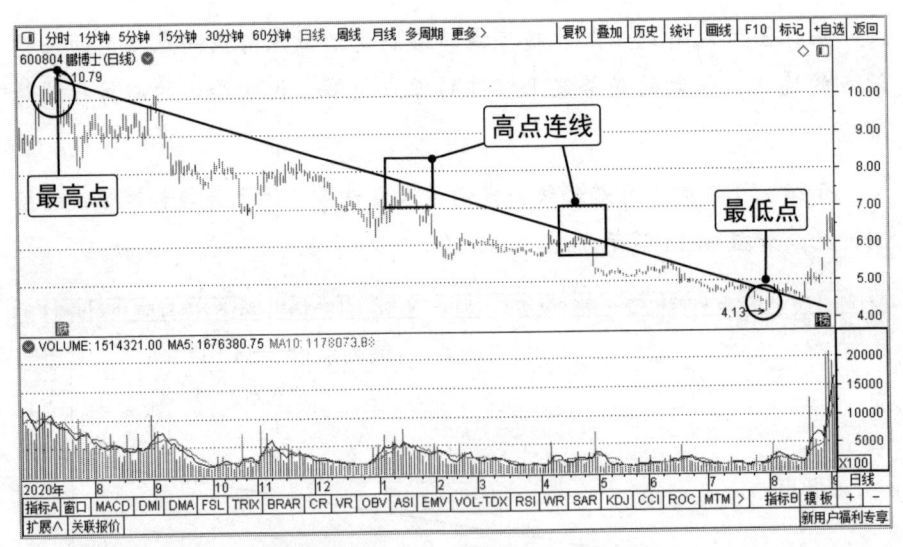

图6-15 鹏博士2020年7月至2021年9月的K线走势

从上图可以看到，下降趋势线的绘制是最高点与最低点之前的任意高点的连线，绘制的趋势线上经过的高点越多，说明绘制的下降趋势线就越准确。

介绍完正确的下降趋势线，再来看看常见的下降趋势线错误的绘制情况，如图6-16所示。

图 6-16　错误的下降趋势线

上图中绘制的下降趋势线错误在于，它的最高点连接的是低点之后的高点，这样的趋势线是没有意义的。

> **理财贴士**　**上升趋势线与下降趋势线绘制的特例情况**
>
> 　　我们知道上升趋势线是最低点与最高点之前任意低点的连线，但是如果股价出现双重顶时，则出现需要连接最高点之后低点的情况。同样，如果股价下跌出现双重底时，下降趋势线则出现需要连接最低点之后高点的情况。

6.2.2　趋势线的有效性验证

　　根据上面介绍的绘制方法投资者可以成功绘制出趋势线，但是想要真正地利用趋势线来做分析判断，还需要进一步对趋势线的有效性进行验证，只有经过了验证的趋势线才是有意义的趋势线。

　　绘制趋势线只需要两个点即可，在上升趋势线中，需要连接最低点与最高点之前任意一个低点绘制直线，但是验证该条上升趋势线的有效性时，需要通过第三个低点来进行验证。只要股价再次跌至上升趋势线时止跌反弹,且趋势仍然按照原来的方向继续发展,就说明该条上升趋势线有效。

实例分析

北京城乡(600861)验证上升趋势线有效性

如图6-17所示为北京城乡2020年3月至11月的K线走势。

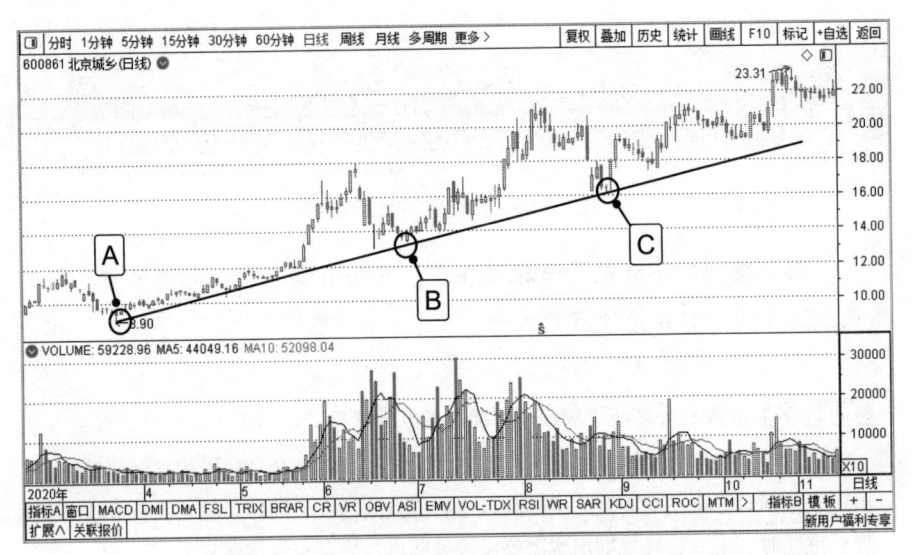

图6-17 北京城乡2020年3月至11月的K线走势

从上图可以看到,北京城乡处于上升行情之中,股价震荡向上。股价从8.90元位置开始上涨,在上涨过程中回调形成低点B,所以连接A、B两点绘制上升趋势线。

上升趋势线绘制完成后,在9月初,股价再次回调至上升趋势线附近止跌回升,上升趋势线经过第三个低点C,因此,说明该条上升趋势线为有效趋势线。

同样,下降趋势线绘制需要最高点与最低点之前的任意高点连线,而该条下降趋势线是否有效则需要通过第三个高点来进行验证。只要股价再次反弹回升至趋势线时受阻止涨回落，且趋势仍然按照原来的方向继续发展，就说明该条下降趋势线有效。

实例分析

淮北矿业（600985）验证下降趋势线有效性

如图 6-18 所示为淮北矿业 2019 年 3 月至 11 月的 K 线走势。

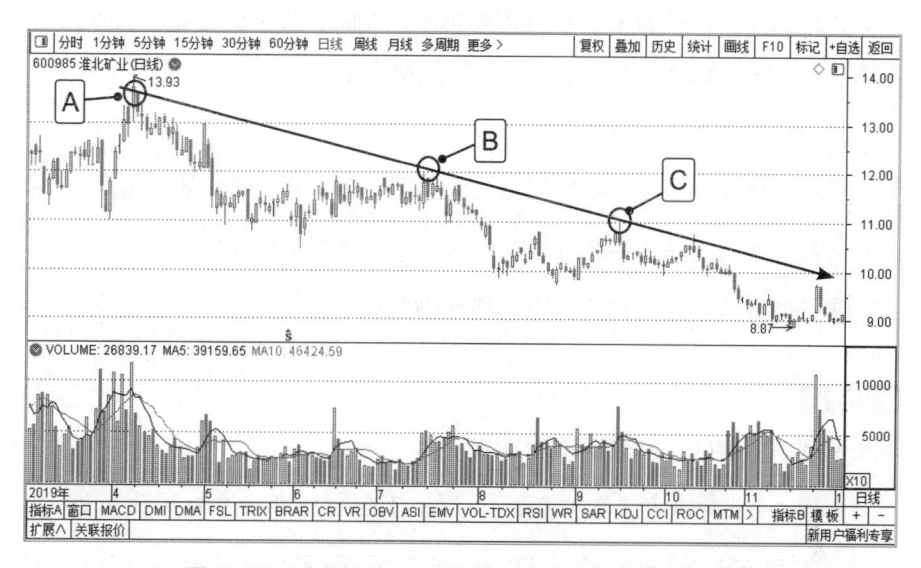

图 6-18　淮北矿业 2019 年 3 月至 11 月的 K 线走势

从上图可以看到，淮北矿业处于下跌行情之中，股价波动下行。股价从 13.93 元位置开始下跌，在下跌的过程中出现反弹回升，所以连接 A、B 两点绘制下降趋势线。

下降趋势线绘制完成后，在 9 月中旬，股价再次反弹至下降趋势线附近时止涨回落，下降趋势线经过第三个点 C，因此，说明该条下降趋势线为有效趋势线。

6.2.3　趋势线的修正

市场永远处于波动变化之中，所以趋势线也不是固定不变的，它也需要根据行情的波动变化做出调整,这就是趋势线的修正。

趋势线的修正主要包括两种情况,即向内修正和向外修正,下面我们以上升趋势线为例来依次介绍向内修正和向外修正。

(1)向内修正

上升趋势线向内修正是指股价波动向上,根据相邻的两个低点绘制一条上升趋势线,但是股价上涨过程中再次回调时,还未触及上升趋势线便止跌回升,所以此时需要对上升趋势线进行修正。

趋势线向内修正需要注意以下3点。

①趋势线要重新确定新的起点,为最后一次碰到趋势线的位置。

②趋势线向内修正说明行情在加速,趋势线越来越陡峭。

③只要行情不发生转变,原趋势线仍然有效。

实例分析

宝丰能源(600989)趋势线向内修正

如图6-19所示为宝丰能源2020年6月至2021年3月的K线走势。

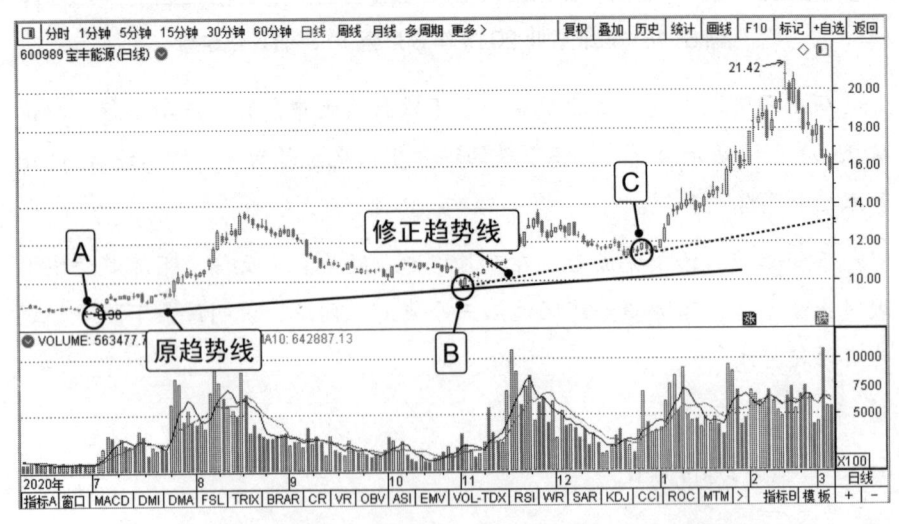

图6-19 宝丰能源2020年6月至2021年3月的K线走势

从上图可以看到，宝丰能源从 8.38 元的 A 点位置开始上涨，波动上涨的过程中形成低点 B，连接 A、B 点绘制一条上升趋势线。随后股价再次上涨回落，但股价尚未跌至上升趋势线便止跌回升，形成新的低点 C，所以此时需要对原趋势线进行修正。新上升趋势线以 B 点为起点，连接 B、C 两点绘制修正趋势线。

（2）向外修正

上升趋势线向外修正是指股价波动向上，根据相邻的两个低点绘制一条上升趋势线，但是股价上涨过程中再次回调时，跌破原本的上升趋势线形成新的低点后，又止跌回升，回到原趋势线上，所以此时需要对上升趋势线进行修正。

趋势线向外修正需要注意以下 3 点。

①趋势线的起点不变，为原始起点。

②趋势线不断向外修正说明行情的震荡。

③原趋势线被跌破后即失效。

实例分析

骆驼股份（601311）趋势线向外修正

如图 6-20 所示为骆驼股份 2021 年 1 月至 9 月的 K 线走势。

从下图可以看到，骆驼股份从 8.76 元的 A 点位置开始上涨，随着行情趋势波动上涨的过程中回调形成低点 B，连接 A、B 点即绘制一条上升趋势线。

随后股价再次上涨回落，但股价跌至上升趋势线附近时没有止跌，反而继续向下跌破上升趋势线，形成低点 C 之后，止跌回升，上涨至趋势线上方，说明该股的上升趋势未发生变化，原上升趋势线失效，需要进行修正。新上升趋势线以 A 点为起点，连接 A、C 两点绘制修正趋势线。

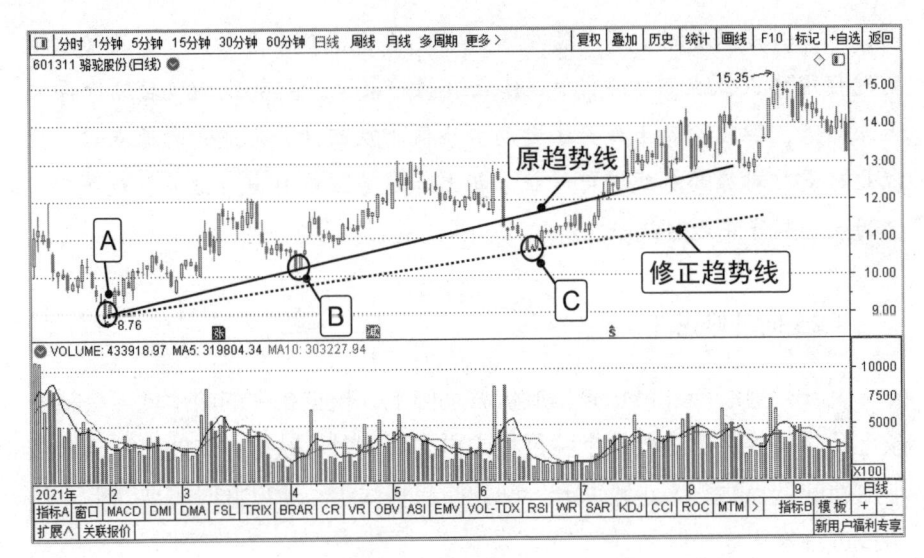

图6-20 骆驼股份2021年1月至9月的K线走势

6.3 利用趋势线判断趋势拐点

趋势是呈周期变化的，一个趋势的结束意味着一个新趋势的启动。对于投资者来说，抓住趋势转变的拐点，就能更精准地抓住买卖操作节点。

但在实际操作中，趋势拐点总是变幻莫测，难以琢磨，此时，投资者可以借助趋势线来对趋势转变进行判断。

6.3.1 上升趋势线发出的转势信号

在上升趋势中，股价会在上升趋势线的支撑作用下呈现出单边上涨的走势，一旦股价从上向下跌破上升趋势线，无论此时有无成交量支持，投资者都应该果断离场。因为当上升趋势线被跌破时，说明股价的运行趋势发生转变，即将转入下跌趋势之中。原来起到支撑作用的上升趋势线，现在将起到压制作用，阻碍股价上涨。

需要注意的是，在实战中，需要对上升趋势线跌破的有效性进行验证，如果股票只是一瞬间跌破上升趋势线，很快又站到趋势线上方，就说明该上升趋势线仍然有效，该股的上升趋势还未发生转变。在验证上升趋势线跌破的有效性时可以从以下几个方面入手。

①关注股价跌破趋势线时的角度，角度越垂直说明跌破的强度越强，角度越平缓说明跌破的强度越弱。

②查看股价下跌的幅度，一般情况下收盘价距离趋势线超过3%的跌幅，认为是有效跌破（但在实际应用中不必过于拘泥3%）。

③注意时间性，如果股价跌破上升趋势线后，在趋势线的另一方停留的时间越长，那么跌破就越有效。

④在大多数情况下，当上升趋势线被跌破之后，股价会出现反向运行到达趋势线附近，即股价回抽，然后受到原上升趋势线的压制而再次向下运行，所以很多投资者会以股价的回抽动作来确认新趋势的形成。对此，需要注意的是，并不是所有上升趋势线跌破之后都会出现回抽确认，如果投资者仅通过回抽来进行转势确认，则极有可能错失大好的卖出机会。

实例分析

宇通客车（600066）向下跌破上升趋势线转势

如图6-21所示为宇通客车2020年6月至2021年1月的K线走势。

从下图可以看到，宇通客车处于上升趋势之中，股价在上升趋势线的支撑作用下震荡向上，稳定攀升。2020年12月上旬，股价止涨K线连续收阴跌至趋势线下方，趋势线被跌破后股价并没有立即回升到趋势线上，而是在趋势线下横盘。

虽然下方成交明显放量，推动股价小幅上涨，但股价回升至上升趋势线附近时便受到压制，短暂横盘一段后拐头向下。

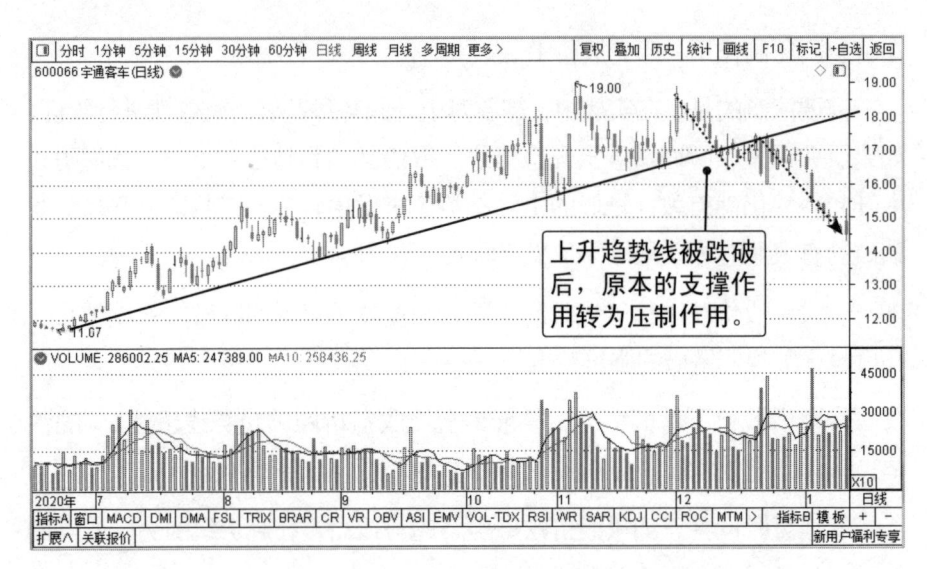

图 6-21　宇通客车 2020 年 6 月至 2021 年 1 月的 K 线走势

由此说明该条上升趋势线被有效跌破，宇通客车的这一波上升趋势已经结束，后市将迎来一波下跌行情，投资者应在此位置立即卖出手中持股。

如图 6-22 所示为宇通客车 2020 年 7 月至 2021 年 8 月的 K 线走势。

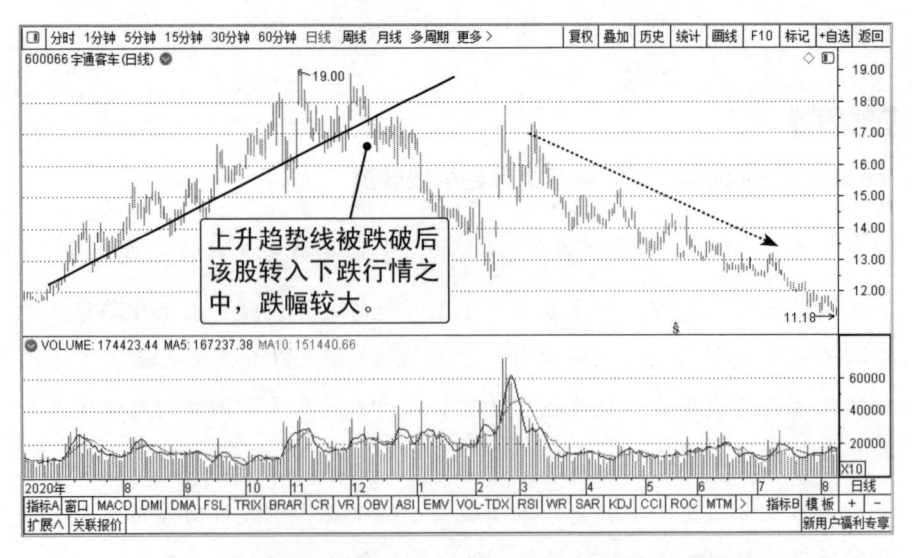

图 6-22　宇通客车 2020 年 7 月至 2021 年 8 月的 K 线走势

从上图可以看到，2020年12月中旬，股价有效跌破上升趋势线之后，宇通客车转入下跌趋势之中，股价震荡下跌，跌幅较大。如果投资者在上升趋势转势时没有及时卖出，将遭受重大的经济损失。

6.3.2 下降趋势线发出的转势信号

在下降趋势中，股价会在下降趋势线的压制作用下呈现出单边下跌的走势，一旦股价从下向上突破下降趋势线，且伴随着下方成交的放量，那么投资者应该买进建仓。当下降趋势线被突破时，说明场内的空头动能已经衰竭，下降趋势发生转变，后市即将转入上升趋势之中。此时，原本起到压制作用的下降趋势线，现在将起到支撑作用，支撑股价上涨。

同样需要注意，在实战中，也需要对下降趋势线突破的有效性进行验证。如果股票只是一瞬间突破下降趋势线，很快又回到趋势线下方，就说明该下降趋势线仍然有效，该股的下降趋势还未发生转变。

在验证下降趋势线突破的有效性时可以从以下几个方面入手。

①关注股价突破趋势线时的角度，角度越垂直说明突破的强度越强，角度越平缓说明突破的强度越弱。

②查看股价上涨的幅度，一般情况下收盘价距离趋势线超过3%的涨幅，认为是有效突破（但在实际应用中不必过于拘泥3%）。

③注意时间性，如果股价突破下降趋势线后，在趋势线的另一方停留的时间越长，那么跌破就越有效。

④突破下降趋势线需要大量的成交量做支撑，如果没有量能做支撑，则突破往往是昙花一现，不具有效性。

⑤在大多数情况下，当下降趋势线被突破之后，股价会出现反向运行到达趋势线附近，即股价回踩，然后受到原下降趋势线的支撑而再次向上运行，所以很多投资者会以股价的回踩动作来确认新趋势的形成。

实例分析

中牧股份（600195）向上突破下降趋势线转势

如图 6-23 所示为中牧股份 2019 年 9 月至 2020 年 3 月的 K 线走势。

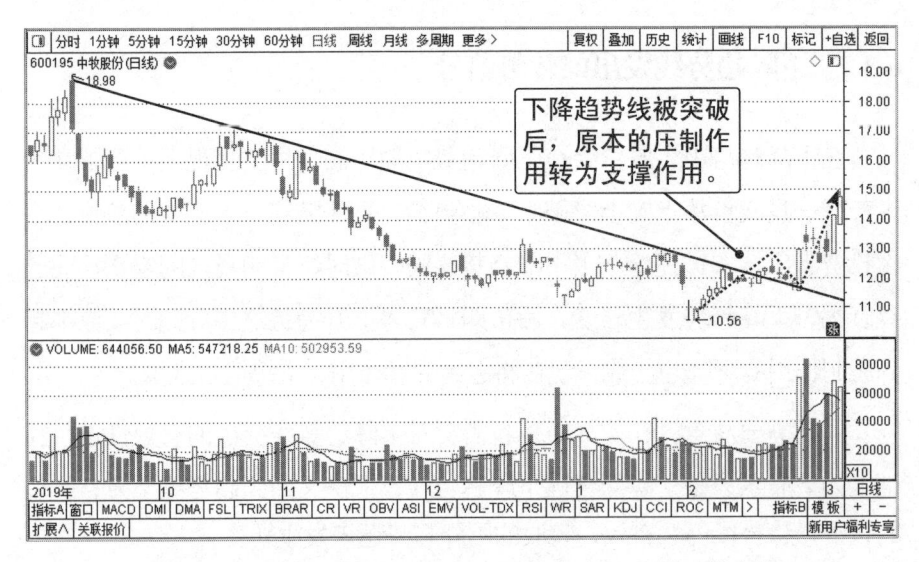

图 6-23　中牧股份 2019 年 9 月至 2020 年 3 月的 K 线走势

从上图可以看到，中牧股份处于下跌趋势之中，股价在下降趋势线的压制下震荡向下，重心不断下移。2019 年 12 月底，股价跌至 11.00 元价位线附近后跌势减缓，随后向上冲高上涨至下降趋势线附近受阻止涨下跌，回落至 11.00 元下方，在创出 10.56 元的新低后再次冲高，且向上突破下降趋势线，运行至下降趋势线上方。

股价向上突破下降趋势线后停留在了趋势线上方，虽然突破后出现小幅回落，但回踩至下降趋势线上后获得支撑，止跌回升，伴随着下方成交明显放量。说明场内的空头动能衰竭，中牧股份的下跌趋势发生转变，该股即将转入上升趋势之中，迎来一波上涨行情，短线投资者可以在此位置积极买进，持股待涨。

如图 6-24 所示为中牧股份 2019 年 9 月至 2020 年 9 月的 K 线走势。

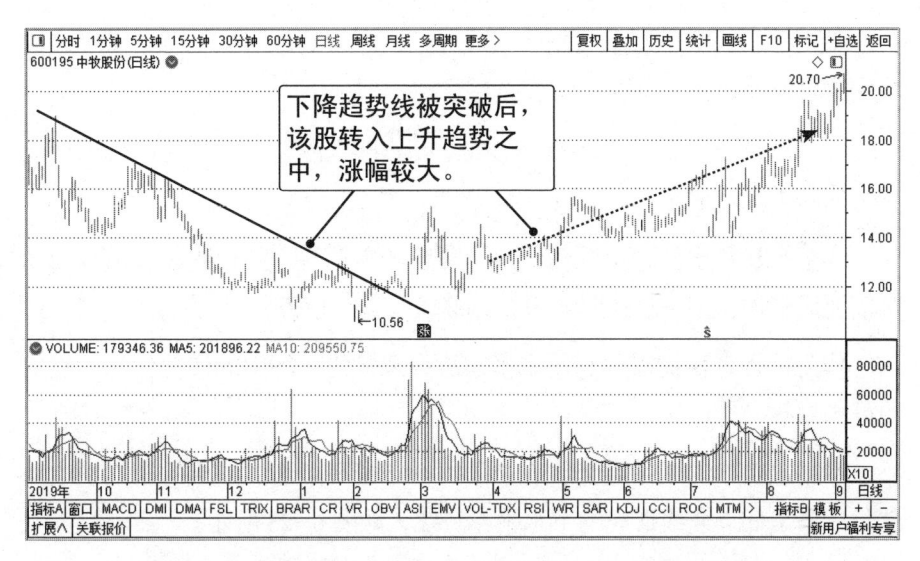

图 6-24　中牧股份 2019 年 9 月至 2020 年 9 月的 K 线走势

从上图可以看到，中牧股份的股价向上突破下降趋势线后，该股转入上升趋势之中，股价震荡向上，最高上涨至 20.70 元，涨幅巨大。如果投资者在转势位置附近买进，将获得不菲的投资收获。

6.3.3　水平趋势的向上突破与向下跌破

在前面的趋势类型中介绍了趋势根据方向可分为上升趋势、下降趋势及水平趋势。这里的水平趋势也就是震荡趋势，它是比较容易被忽视的一种趋势。

水平趋势即指股价在某一运行区间内上下波动，其整体运行呈横向整理的态势。在运行区间的股价大致相近，所以它每次的高点和低点的位置大致相同，因此，水平趋势也被称为箱形整理或矩形整理。通常水平趋势的出现指当前市场处于混沌之中，多空突破方向不明的一种情况。

其实，在实际的投资中，水平趋势出现的频率也比较高，具体包括以下一些情况。

①水平趋势出现在上涨趋势形成之初,即下跌趋势末期时,水平趋势代表着可能发生向上反转形态。

②水平趋势出现在下跌趋势形成之初,即上涨趋势末期时,代表可能到来的向下反转形态。

③水平趋势出现在上升趋势或下降趋势中期时,则说明股价运行的趋势需要调整休息,一旦休整结束,将继续原有的趋势。

作为投资者我们需要利用水平趋势线来抓住市场中的转势信息,找到更好的短线操作点。

水平趋势中的水平趋势线有两条,一条是高点连线形成的上水平趋势线,一条是低点连线形成的下水平趋势线,如图6-25所示。

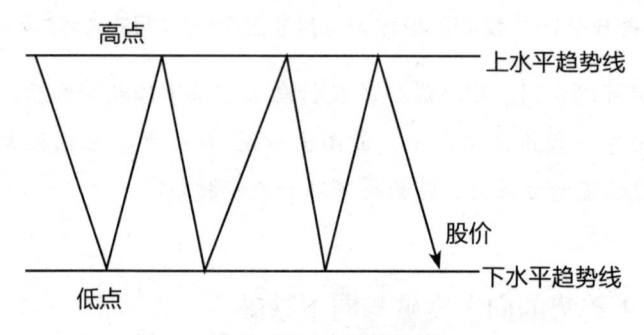

图6-25 水平趋势线

虽然股价处于水平趋势中时,难以对当前的市场行情做出准确的预测,但是投资者可以抓住股价突破或跌破水平趋势线这一信息,来发现趋势的转变信号,具体包括股价向上突破上水平趋势线和股价向下跌破下水平趋势线。

(1)股价向上突破上水平趋势线

股价向上突破水平趋势线是指股价经过一段时间的盘整之后,多头逐渐聚集实力再次向上发起进攻,结束盘整,成交放量,股价向上突破上水平趋势线。出现这一现象时,说明股价可能进入了加速上涨行情或者是上涨行情初期，投资者可以积极买进。

实例分析

南山铝业（600219）向上突破上水平趋势线

如图6-26所示为南山铝业2020年1月至7月的K线走势。

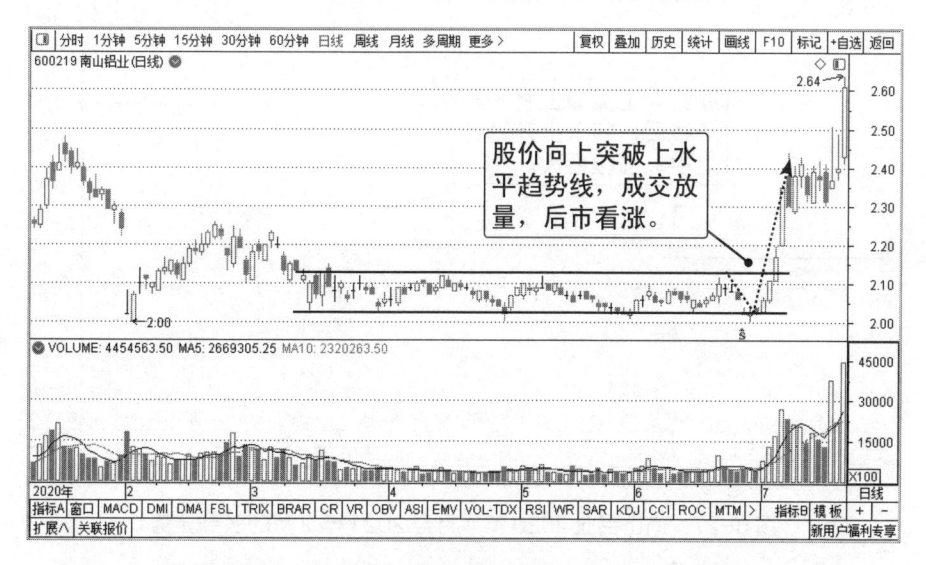

图6-26 南山铝业2020年1月至7月的K线走势

从上图可以看到，南山铝业前期处于下跌行情之中，股价波动向下。2020年2月初，股价跌至2.00元价位线上后止跌，小幅反弹至2.20元附近后止涨下跌，再次跌至2.00元价位线后跌势渐缓走出横盘波动的水平走势。股价每次下跌至2.00元附近便止跌回升，上涨至2.10元便止涨回落，如此反复，形成水平震荡走势。

连接2.10元的高点绘制一条上水平趋势线，再连接2.00元低点绘制一条下水平趋势线，股价在水平趋势线通道内波动运行，上水平趋势线起压制作用，下水平趋势线起支撑作用。

2020年7月初，下方成交量突然明显放大，带动股价快速上涨，一举突破上水平趋势线并继续上涨，下方的成交量还在持续不断地放大。说明经过前期的横盘波动，多头逐渐积累实力，再次发起进攻，该股的水平趋势结束，即将转入上升趋势之中，后市将会迎来一波上涨行情，投资者应积极买进。

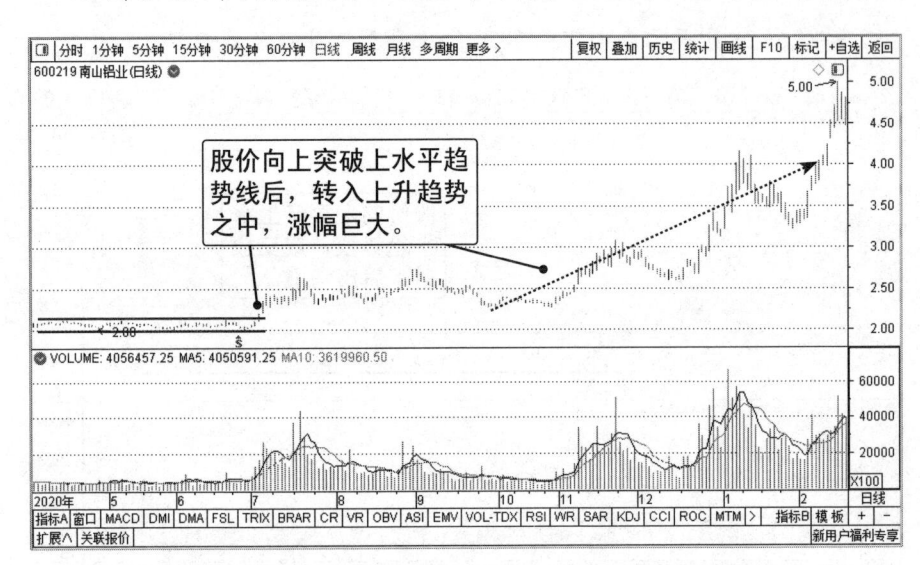

如图6-27所示为南山铝业2020年4月至2021年2月的K线走势。

图6-27　南山铝业2020年4月至2021年2月的K线走势

从上图可以看到，股价向上突破上水平趋势线后，南山铝业转入上升趋势之中，股价震荡向上，最高上涨至5.00元位置，涨幅巨大。

（2）股价向下跌破下水平趋势线

股价向下跌破下水平趋势线指股价经过一段时间的上涨运行至高位区域，随后股价止涨表现出水平波动运行。当股价再次下跌至下水平趋势线附近时，并没有止跌回升，而是继续向下跌破了下水平趋势线，并伴随着成交量放大。说明前期的高位震荡的水平趋势极有可能是主力的高位震荡出货行为，当主力完成出货之后，股价便会彻底转入下跌趋势之中，开始加速下跌。因此，投资者应尽早卖出手中持股，避免被套。

实例分析

青松建化（600425）向下跌破下水平趋势线

如图6-28所示为青松建化2020年2月至9月的K线走势。

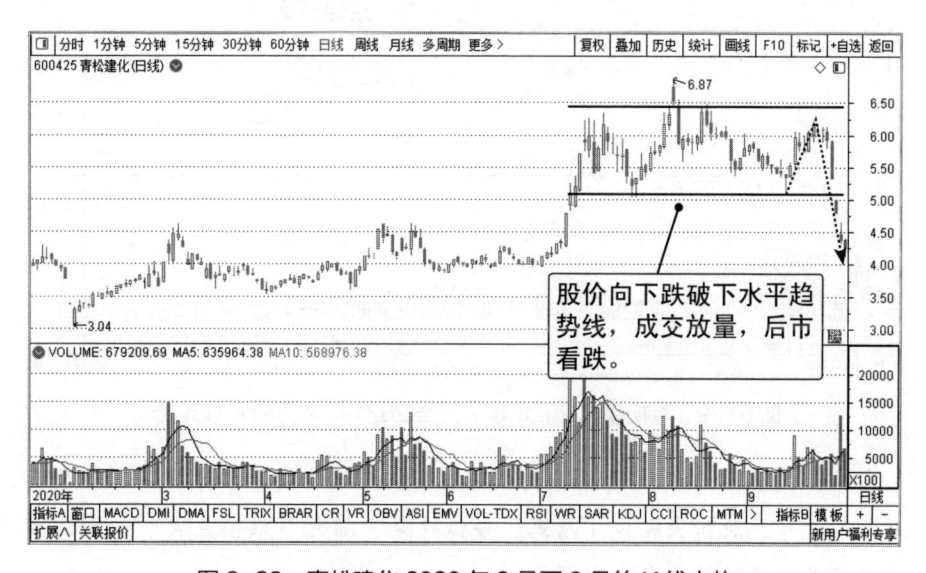

图6-28 青松建化2020年2月至9月的K线走势

从上图可以看到，青松建化处于上升行情之中，股价从3.00元附近开始波动上行，当股价上涨至6.00附近后止涨，此时涨幅超过100%。随后在5.00元至6.50元区间窄幅波动，形成水平趋势。

根据K线图中的股价走势绘制水平趋势线，会发现股价在水平趋势线通道内上下波动运行，上水平趋势线起到压制作用，下水平趋势线则起到支撑作用。

2020年9月，下方成交放量，K线连续收出低开低走的大阴线，使得股价跌破下水平趋势线，运行至下水平趋势线下方。说明原本的高位多空胶着状态被打破，空头占据优势，该股股价转入下跌趋势之中，后市看跌，该股即将迎来一波大幅下跌行情，投资者应尽快离场，避免遭受重大经济损失。

如图6-29所示为青松建化2020年7月至2021年2月的K线走势。

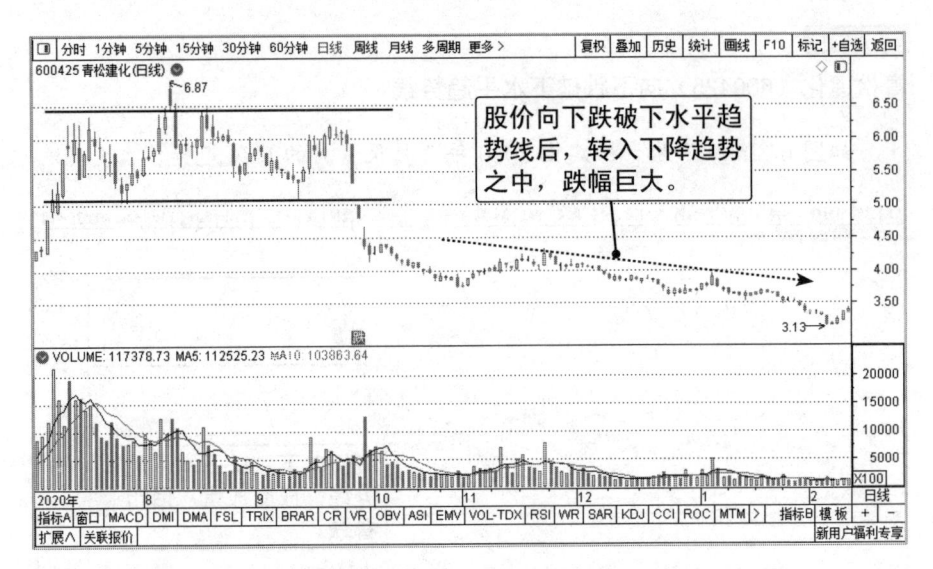

图6-29 青松建化2020年7月至2021年2月的K线走势

从上图可以看到，股价下跌并跌破下水平趋势线后，青松建化转入下跌趋势之中，股价大幅向下滑落，最低跌至3.13元，跌幅巨大，如果投资者没有及时离场将遭受重大损失。

第7章
短线操作中的超短线T+0

短线投资通常是指一个月以内的股票投资。在短线操作中还有一种超短线的情况，即盘中T+0，投资者在交易日当天完成买进、卖出操作，实现套利，完成对资金的充分利用。

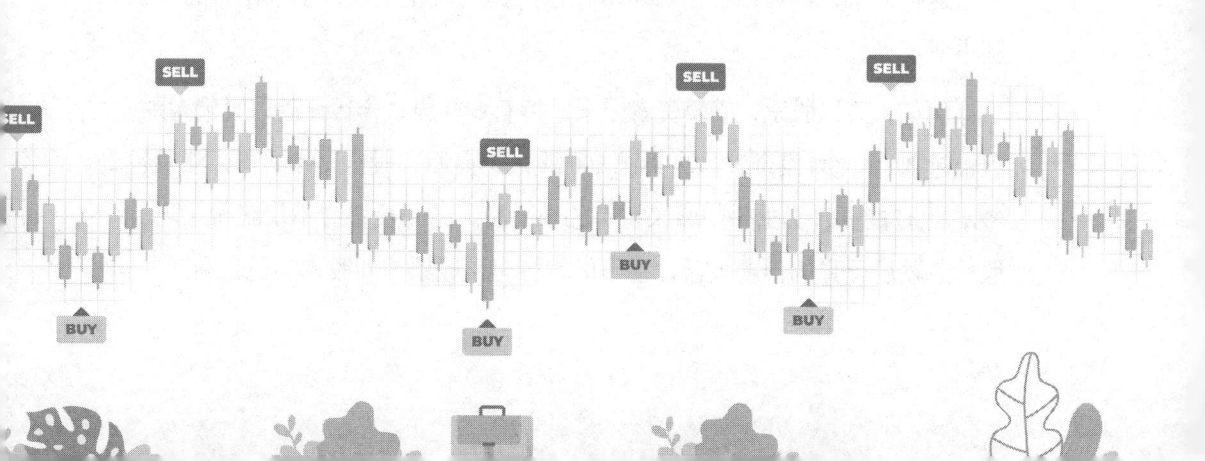

7.1 超短线 T+0 的操作思路

所有进入股市的投资者都知道，A 股实行 T+1 制度，即投资者当日买进的股票需要等到下一个交易日才能卖出。那是不是意味着，超短线 T+0 与 T+1 制度矛盾呢？

其实不是，下面就来看看这是怎么一回事。

7.1.1 股市如何实现 T+0

T+0 交易指投资者当天买进股票后，又在当天卖出。但是，因为 A 股实行 T+1 交易制度，要求投资者当天买进股票后需要等到第二个交易日才能卖出。

鉴于此，投资者想要在股市中实现 T+0，需要做到以下几点。

①投资者的仓位中必须已经有这只股票，并且还要求有一定的备用存量资金。

②投资者第一次买进该股后的第二天或某一天，该股股价盘中突然出现主力砸盘的快速下跌动作，跌幅达到一定幅度或跌破某一重要支撑线时，一旦发现股票出现止跌迹象立即买进。

③当投资者买进后，股价止跌回升至一定幅度（涨幅越大越好，越大收益越高），此时投资者就可以将原来仓内持有的这只股票卖出。

这样一来，就可以在当天赚取低吸高抛的价差收益，手中持有的股票却不变。

例如，某只股票，一投资者原来已持有 500 股，今日开盘后股价大跌，跌幅超 3%，此时投资者再次买进 500 股。午盘后，股价反弹回升，涨幅超 3%，此时投资者卖出手中原来持有的 500 股。结果投资者不仅获得了当日股价急跌后反弹的价差收益，手中仍然持有该股票 500 股，实现套利。

7.1.2 寻找适合 T+0 的个股和时机

从前面的内容我们了解了股票 T+0 是怎么一回事，知道可以利用股票价差实现当日套利，那么是不是所有的股票任何时候都可以做超短线 T+0 呢？答案显然是否定的。

投资者在做 T+0 操盘之前要明白两个问题：一是什么样的股票适合做 T+0；二是什么样的市场行情适合做 T+0。针对这两个问题，下面来一一作答。

（1）适合做 T+0 的股票

从股票 T+0 的套利操作中可以直观地看到，T+0 套利主要是借助股价的涨跌价差，如果价差较大那么投资者 T+0 套利的收益就会丰厚；如果价差较小那么投资者 T+0 套利的收益就较低；如果价差特别小甚至还不能抵扣买卖操作时的手续费用，可能还会出现亏损的情况。

因此，想要 T+0 获利就必须选择价格波动大的股票，这就要求投资者选择的股票股性要活跃。但是，要注意一个问题，这里的股性活跃是指日内振幅空间较大，而并非经常涨停，因为涨停封在涨停板上投资者就没有了操作机会，反而不利于做超短线操作。

这种活跃的股票通常盘子不会特别大，一般是小盘或中盘，大盘股通常日内振幅 1% 都不到，所以不适合做差价。投资者在选择时可以从以下两点入手。

①**考虑换手率**。换手率是指一定时间内市场中股票转手买卖的频率，是反映股票流通性强弱的指标之一，选择换手率大的股票，股性更活跃，也更适合做差价。

②**考虑热点或热门题材股**。这类股通常受到市场的关注较高，也比较敏感，一旦出现利好或利空消息，它会快速反应，振幅较大。

(2)适合做 T+0 的行情

除了需要考虑个股外,投资者还需要考虑股票当前的走势行情,有的市场适合做差价,而有的市场则不适合做差价,具体如下:

通常市场分为牛市、熊市和猴市(震荡市场)。牛市指多头市场,股价长期呈上涨趋势,虽然途中存在下跌,但一波比一波高,整体重心上移。在这种市场行情中显然并不适合做差价,因为牛市最好的投资方式就是持股不动,等待股票随指数上涨带来的收益,如果此时投资者贸然做超短线,很容易鸡飞蛋打,反而遭受损失。

熊市是与牛市截然不同的一种趋势,指股价长期呈下跌趋势,虽然途中存在反弹,但一波比一波低,整体重心下移。在这样的行情下,如果持股投资者单纯持有,则面临的是深度被套,难以实现翻身,能做的就是不断做差价,降低成本。

猴市指大盘指数上蹿下跳,大幅震荡的情况。因为这种市场的日内振幅空间比较大,有足够的空间去做差价,所以更适合做超短线。

最后,T+0 超短线的操作方式,对投资者个人的经验和素质要求较高,所以更适合有一定投资经验的投资者操作,新手投资者需要储备一定投资经验后再考虑。

7.1.3 T+0 超短线操作必须遵循的原则

T+0 这种超短线的操作方式给了投资者更多的投资机会,只要投资者充分调配好手中的筹码与资金,做 T+0 就能够获得更高的收益回报。

但是,T+0 交易也具有一定的操作难度和投资风险,为此,投资者必须遵循相关的操作原则,才能在一定程度上降低难度和风险。具体的操作原则主要包括下列几点。

（1）价差点数要求

T+0 操盘的收益来源主要是依靠价差，价差大则收益大，价差小则收益小。因为股票买进卖出存在手续费和印花税，所以，在当天操作 T+0 的过程中对股票价差的点数存在要求。一般对赚取差价的点数可视大盘及个股走势限定为 1% 至 3%。赚 1% 除去双向手续费和印花税之后，虽然所剩利润已经不多，但仍然有利润存在。赚到 3% 时，利润就比较丰厚了，可以考虑进行相关的买卖操作来完成当天的 T+0。否则可能会导致当天的 T+0 操作失败。

（2）必须设定止损位

T+0 操盘也必须设置严格的止损位，宁可错过，也不要给自己带来无法挽回的损失。投资者一旦发现买入错误，就应立即止损，切不可因为下跌而不卖，这样的想法只会让股票越做越多，成本也越来越高。

（3）坚持顺势而为

T+0 操盘要坚持顺势而为，即根据股价的波动趋势来做对应的买进卖出操作，包括下跌趋势和上涨趋势。反之，趋势不明的横盘则坚决不做，因为这类走势涨跌幅度不大，形成的价差太小，不能给 T+0 带来足够的收益回报。

（4）T+0 操作讲究快速

超短线 T+0 的买进卖出操作都在交易日当天完成，这就要求投资者做 T+0 操盘时要讲求速度。不仅分析要快，决策也要快，否则极容易错过市场中转瞬即逝的买卖机会，不仅不能获利，还会使自己遭受损失。

（5）严格遵守当日进出

T+0 的意思是指当日买进的股票，当日必须卖出，且不管涨跌，都需要当日完成买卖动作。如果投资者见到上涨行情不愿意卖出，就不是 T+0

了，就变成了加仓或补仓操作了。其次，如果当日不卖出，就可能存在第二天低开低走的风险，那么前一天的收益也会落空。因此，投资者既然操作 T+0 就必须严格遵守 T+0 当日进出的操作原则。

7.2 不同方向下的 T+0 交易

T+0 操盘根据方向来进行划分可以分为顺向 T+0 和逆向 T+0，两种方式在实际的投资中应用都比较常见，投资者可以根据实际的股价走势情况来选择适合的 T+0 方式。

7.2.1 先买后卖，顺向 T+0

顺向 T+0 是投资者利用手中的筹码实现盘中交易，通过先在低位处买进，然后在高位处卖出的方式，获得价差收益。但是顺向 T+0 要求投资者手中必须持有部分现金，才能在低位处买进，如果投资者满仓被套，则无法实施顺向 T+0。

顺向"T+0"操作的具体方法如下。

第一种顺向"T+0"操作：投资者买入一定数量的某只股票后被套，某天该股股价严重超跌或低开，投资者则趁机买进同等数量的同一只股票，待股价回升到一定高度后，再将原来被套的同一股票的股数全部抛售，从而实现顺向 T+0，以便获得差价收益。

实例分析

招商银行（600036）低开低走顺向 T+0

如图 7-1 所示为招商银行 2021 年 7 月 5 日的分时走势。

第 7 章 短线操作中的超短线 T+0

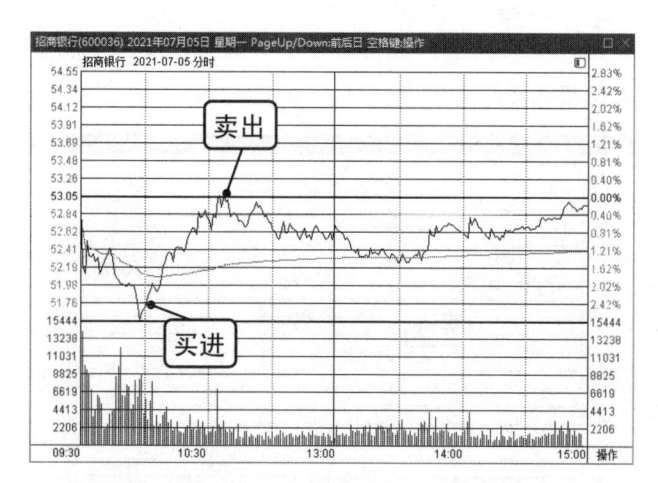

图 7-1 招商银行 2021 年 7 月 5 日的分时走势

从上图可以看到，当日股价低开后跌破均价线，运行至均价线下方，继续向下滑落。股价下跌至 51.50 元后止跌回升形成一个典型的底部 V 形底形态，投资者可在此位置买进。

随后股价回升至前一日收盘价 53.05 元附近时止涨并形成顶部形态 M 顶，投资者可立即卖出前期持有的股票。通过这一轮先买后卖的操作，投资者可以获得每股近 2.00 元的价差收益。

第二种顺向"T+0"操作：投资者买入一定数量的某只股票后被套，虽然股价没有出现严重超跌或低开，但是当日开盘后股价盘中表现出明显的上升趋势。投资者可以趁机买进同等数量的同一股票，待股价升到一定高度之后，将原来被套的同一品种的股票全部卖出，从而在一个交易日内实现平买高卖，来获取差价利润。

实例分析

歌华有线（600037）平开高走顺向 T+0

如图 7-2 所示为歌华有线 2021 年 5 月 17 日的分时走势。

从下图可以看到，当日歌华有线平开后股价与均价线缠绕横行了一段，随后，股价线运行至均线上方开始小幅上涨，且股价线与均价线之间的距离逐渐拉开，下方成交放量，说明当日市场强势，后市可能上涨。投资者可以在此位置积极买进。

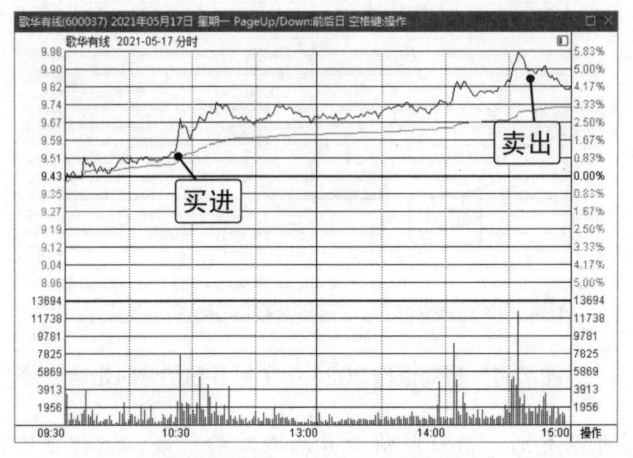

图 7-2 歌华有线 2021 年 5 月 17 日的分时走势

随后股价逐渐向上攀升，当股价上涨至 9.74 元，涨幅达到 3.33% 时止涨，并在 9.67 元至 9.74 元区间横向波动运行。此时，谨慎的投资者可以在此位置卖出离场。因为分时走势还没有出现明显见顶信号，所以激进的投资者还可以继续持有。

14:00 后，股价再次放量拉升至 9.82 元上方，然后止涨小幅回调再次横盘波动。进入尾盘后，成交量再次放大单将股价拉升至 9.98 元，此时涨幅达到 5.83%，随后股价止涨回落。因为此时距离收盘较近，极有可能为股价当日的最后一波上涨，后面再次出现大单拉升的可能性较小，且涨幅较大，所以投资者应在此位置抛售离场。

第三种顺向"T+0"操作：投资者买进一定数量的某只股票后没有被套牢，且已经处于盈利状态，如果认为该股仍有空间，可以使用"T+0"操作。这样可以在大幅涨升的当天通过购买双倍筹码来获取双倍的收益，将利润最大化。

实例分析

人福医药（600079）股价走强顺向 T+0

如图 7-3 所示为人福医药 2020 年 3 月至 7 月的 K 线走势。

图 7-3　人福医药 2020 年 3 月至 7 月的 K 线走势

从上图可以看到，人福医药处于上升趋势之中，股价从 13.00 元附近开始向上攀升，涨幅较大，某投资者在 20.00 元附近买进 1 000 股，买进后股价继续向上攀升。

如图 7-4 所示为人福医药 2020 年 7 月 22 日的分时走势。

图 7-4　人福医药 2020 年 7 月 22 日的分时走势

从上图可以看到，当日股价低开后不久下方成交量放出一笔大单将股价拉升至均价线上方，随后股价在均线价上方运行，且与均价线之间的距离逐渐拉大。说明市场处于强势之中，为多头市场，投资者可在33.24元位置积极买进1 000股。

当日股价波动向上，当股价上涨至35.25元附近后止涨，小幅回调后再次上冲至35.25元后止涨下跌。午盘后股价多次上冲35.25元，但仍然失败，止涨回调，说明35.25元位置阻力较大，投资者可以在此位置卖出1 000股。

假设投资者在7月23日时卖出手中的全部持股，计算该投资者的收益如下。

如果投资者不做顺向T+0，那么该投资者在20.00元位置买进，直至7月23日35.00元卖出，该投资者的收益为（35.00-20.00）×1 000=15 000.00（元）。

做了顺向T+0之后，那么该投资者的收益计算如下。

在20.00元位置买进1 000股成本：20.00×1 000=20 000.00（元）

在33.24元位置买进1 000股成本：33.24×1 000=33 240.00（元）

在35.25元卖出1 000股获得：35.25×1 000=35 250.00（元）

在35.00元卖出1 000股获得：35.00×1 000=35 000.00（元）

收益=（35 250.00+35 000.00）-（20 000.00+33 240.00）=17 010.00（元）

根据计算可以看到，做了顺向T+0之后，该投资者的收益多出了2 010.00元，即多出了7月22日T+0的价差收益（35.25-33.24）×1 000=2 010.00元。也就是说，在股价上升的趋势中，如果投资者在股价大幅涨升的当天操作顺向T+0，可以使收益更大。

7.2.2 先卖后买，逆向T+0

逆向T+0与顺向T+0非常相似，都是利用手中的原有筹码实现盘中交易，不同之处在于买卖的顺序，顺向是先买后卖，逆向则是先卖后买。其次，在操作要求上，顺向 T+0 要求投资者手中必须持有部分现金，用于购买股票，逆向 T+0 则不用，即便投资者满仓交易被套也可以实施。

逆向 T+0 的具体操作方法如下所示。

第一种操作方法：如果投资者持有一定数量的股票被套后，某天该股受突发利好消息刺激，股价出现大幅高开或急速上冲走势，投资者可以趁机利用好这个机会，先将手中被套的筹码卖出，待股价结束快速上涨并出现回落之后，将原来抛出的同一品种股票全部买进，从而在一个交易日内实现高卖低买，来获取差价利润。

实例分析

郑州煤电（600121）高开低走逆向 T+0

如图 7-5 所示为郑州煤电 2020 年 12 月至 2021 年 3 月的 K 线走势。

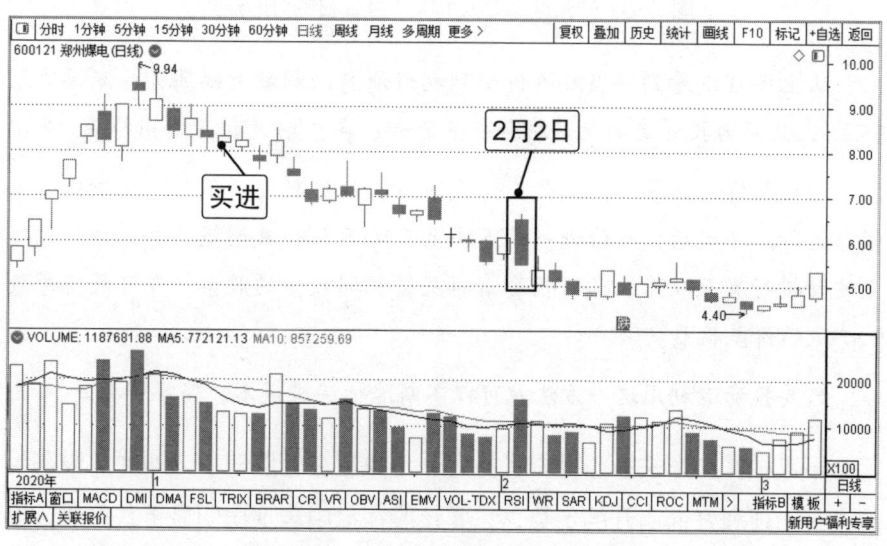

图 7-5　郑州煤电 2020 年 12 月至 2021 年 3 月的 K 线走势

如上图所示，郑州煤电前期表现上涨走势，股价运行至 9.00 元上方后止涨，转入下跌趋势之中。如果某投资者判断失误，在 8.00 元附近追涨买进，买进后便经历下跌行情，遭受下跌损失，那么该投资者就只能静待股价止跌回升解套吗？当然不是，此时可以利用逆向T+0赚取价差收益，不断降低买进成本。

如图7-6所示为郑州煤电2021年2月2日的分时走势。

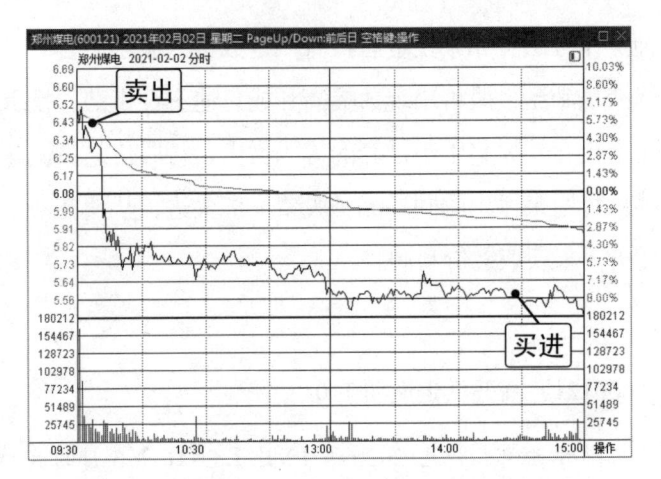

图7-6 郑州煤电2021年2月2日的分时走势

从上图可以看到，当日股价受到利好消息的刺激大幅高开，涨幅达到5.73%，此时为投资者的大好机会，投资者应在6.43元位置卖出持股。

随后股价直线滑落，跌至5.82元下方，跌势渐缓，在5.73元价位线上横盘运行。午盘后，股价进一步下跌至5.56元价位线附近，并在该价位线上波动横行直至收盘，此时投资者再买进相同数量的股票，即可获得每股0.87元的价差收益。

只要投资者利用这一方法就可以不断降低买进成本，实现解套。

第二种操作方法：当投资者持有一定数量被套股票后，即便该股在当前没有出现利好而高开的走势，只要该股在盘中表现出明显下跌趋势，投资就可以抓住这个机会，先将手中被套的部分股票在当日的相对高位卖出，然后在较低的价位买入同等数量的同一股票，从而在一个交易日内实现平卖低买，来获取差价利润。

第 7 章　短线操作中的超短线 T+0

实例分析

中国巨石（600176）平开低走逆向 T+0

如图 7-7 所示为中国巨石 2021 年 1 月至 5 月的 K 线走势。

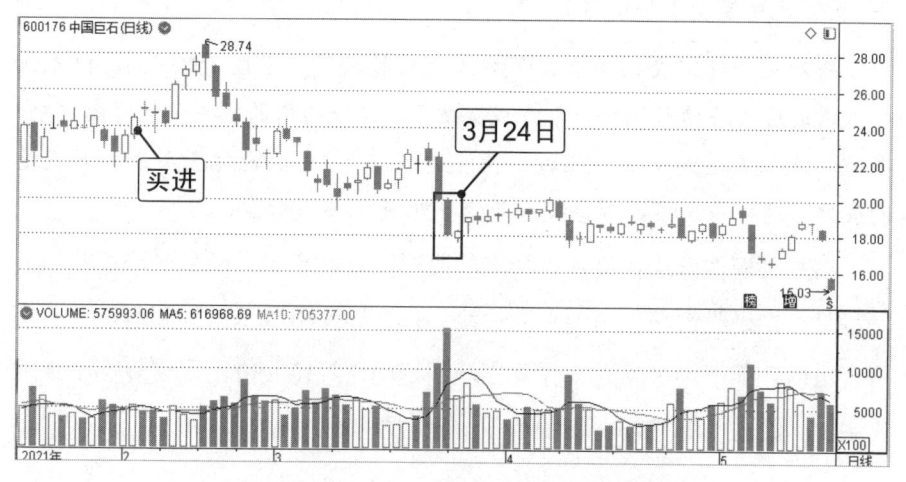

图 7-7　中国巨石 2021 年 1 月至 5 月的 K 线走势

从上图可以看到，中国巨石从 28.00 元位置附近转入下跌趋势之中，股价震荡向下。某投资者在 24.00 元位置买进，错过 28.00 元的卖出机会被套。此时，投资者可以在下跌过程中利用逆向 T+0 来解套。

如图 7-8 所示为中国巨石 2021 年 3 月 24 日的分时走势。

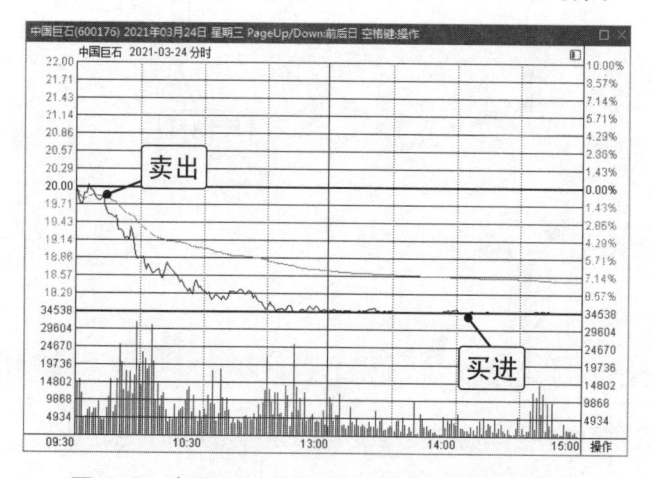

图 7-8　中国巨石 2021 年 3 月 24 日的分时走势

从上图可以看到，当日股价在前一日收盘价附近平开后不久，下方成交放量，股价顺势下跌，跌破均价线，运行至均价线下方并向下运行。说明场内的空头势能强劲，为空头市场，后市可能迎来大幅下跌，投资者可在 19.70 元位置卖出手中持股。

随后股价继续大幅下跌，下方成交继续放量，当股价跌至 18.00 元价位线附近后止跌横盘运行，下方成交缩量，说明场内的空头势能释放完全，多空在此位置达到平衡。此时，投资者可以在 18.00 元位置买进同等数量的股票，这样一来投资者每股可获得 1.70 元的价差收益。

第三种操作方法：投资者持有的股票没有被套牢，而是已经盈利的获利盘时，如果股价在行情中上冲过快，也会导致出现正常的回落走势。投资者可以在其上冲过急时，先卖出获利筹码，等待股价出现恢复性下跌时再买回。通过盘中"T+0"操作，争取利润的最大化。

实例分析

创兴资源（600193）股价冲高回调逆向 T+0

如图 7-9 所示为创兴资源 2021 年 2 月至 5 月的 K 线走势。

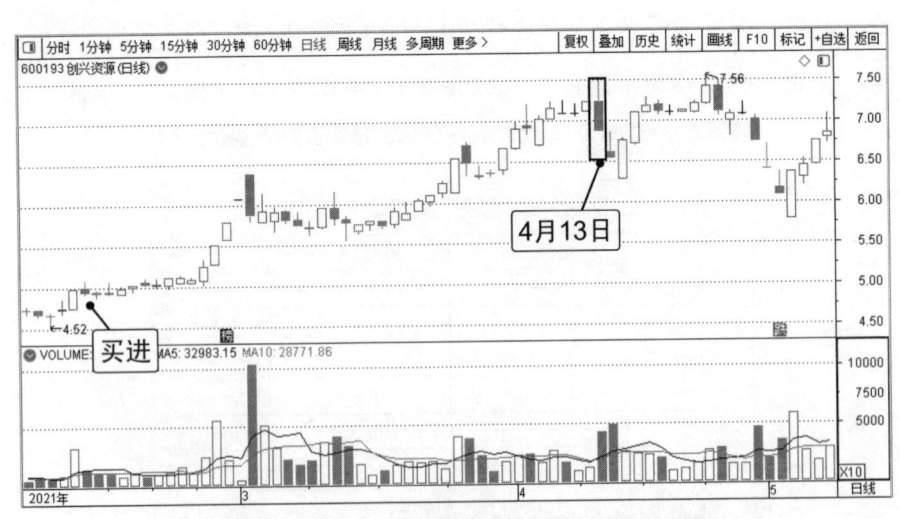

图 7-9　创兴资源 2021 年 2 月至 5 月的 K 线走势

从上图可以看到，创兴资源处于上升趋势之中，股价从 4.50 元附近开始震荡向上，重心不断上移。假设某投资者在 5.00 元附近买进 1 000 股创兴资源。

4 月中旬，股价上涨至 7.00 元价位线附近后止涨，并在该价位线上方横盘波动。4 月 13 日，当日股价小幅高开后，向上急速上冲，涨幅超过 3%，随后止涨回落至均价线上，如图 7-10 所示为创兴资源 4 月 13 日的分时走势。

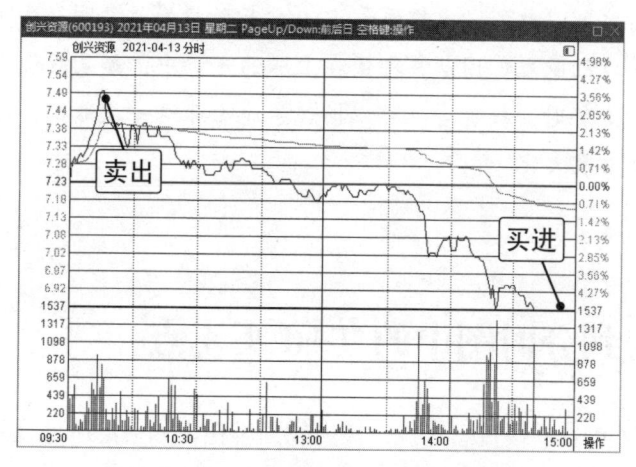

图 7-10　创兴资源 4 月 13 日的分时走势

从上图可以看到，当日开盘后下方成交放量，股价急速上冲，股价线向上直线拉升，涨势汹涌。当股价上涨至 7.49 元后止涨回调，此时投资者可以立即卖出手中持股。

随后股价运行至均价线下方，在均价线下向下运行，并逐渐拉开与均价线之间的距离。尾盘时股价跌至 6.87 元，并在该价位线上横盘运行，此时投资者买进相同数量的股票。

假设投资者后期在 7.50 元位置卖出手中剩余持股，那么该投资者的收益如下。

如果该投资者不做逆向 T+0，那么该投资者的收益为：（7.50-5.00）×1 000=2 500.00（元）。

做了逆向 T+0 之后，投资者的投资收益计算如下。

5.00元位置买进1 000股成本：5.00×1 000=5 000.00（元）

7.49元位置卖出1 000股卖出金额：7.49×1 000=7 490.00（元）

6.87元位置买进1 000股成本：6.87×1 000=6 870.00（元）

7.50元位置卖出1 000股卖出金额：7.50×1 000=7 500.00（元）

投资收益：(7 490.00-5 000.00)+(7 500.00-6 870.00)=3 210.00（元）

通过对比可以看到，操作逆向T+0之后的投资收益明显高于以单纯持有为投资手段的收益。因此，即便在上涨的走势中，如果股价出现急速上涨后回调的走势时，投资者也可以抓住急速上涨这一段涨幅，提高投资收益，争取收益最大化。

7.3 找到分时图中的T+0买卖点

对于做T+0的投资者来说，最大的困难在于如何准确地找到分时走势中的买卖点，如何才能保证既可以获得价差收益，又可以降低投资风险。虽然股价走势千变万化，但其中也存在一些规律，只要找寻到这些规律就能准确地找到合适的买卖位置。

7.3.1 根据股价线与均价线来判断买点

通过前面的介绍，我们知道在分时走势中存在两条曲线，一条为实时的股票成交价格曲线，另一条走势较为平缓的为均价线，其也有部分移动平均线的功能。在实际的投资中，我们可以利用这两条线来判断买卖位置，具体内容如下所示。

（1）价格下跌获得均价线支撑买入

股价从高位下落到均价线附近时，并未成功跌破均价线或少量下穿均线价后便立即反弹上涨,此时均线价就成了一条支撑线,在均线价位置就可以视为买入信号。

实例分析

伊力特(600197)跌至均价线获得支撑买进

如图7-11所示为伊力特2021年4月16日的分时走势。

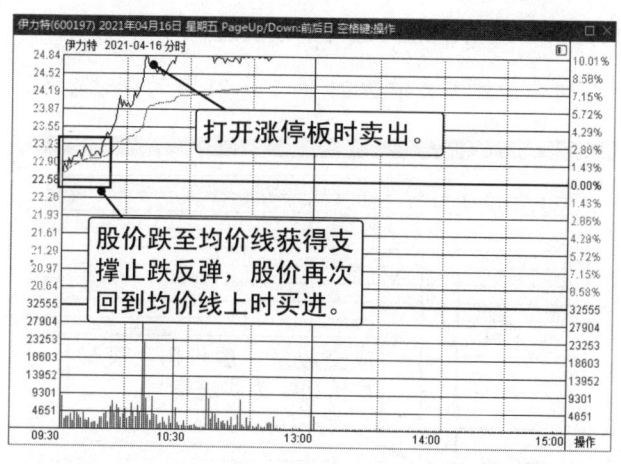

图7-11 伊力特2021年4月16日的分时走势

从上图可以看到,当日股价高开后,便在早盘阶段出现了3次明显的股价靠近均价线的回落走势,但是回落至均价线附近时受到支撑,止跌回升到均价线上方,没有继续下跌,这种情况说明了均价线支撑作用的有效性。

在9:48,股价第四次下跌至均价线,并再次获得支撑止跌,下方成交放量,此时为投资者的买进信号,说明场内多头占据优势,后市上涨的可能性较大,此时是买入的最佳时机。

从图中后市走势不难看出,在第四次股价向均价线靠近,并在均价线附近受支撑反转向上后,股价出现一路震荡上扬的良好走势,并在10:09放巨量快速拉高股价到涨停板,随后打开涨停板,小幅回调,此时为投资者T+0的卖出机会。

（2）股价上涨突破均价线

股价长期在均价线下方运行，向上突破后也快速回到均价线下方，说明此时的均价线就成了一条压力线，阻碍股价上涨。一旦股价放量上涨，有效突破均价线，说明场内多头实力聚集，后市看涨，此时为买进信号。

实例分析

江苏吴中（600200）股价上涨突破均价线买进

如图7-12所示为江苏吴中2021年5月21日的分时走势。

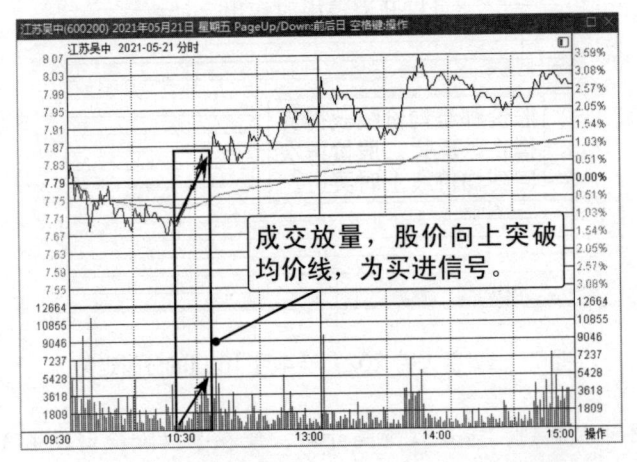

图7-12　江苏吴中2021年5月21日的分时走势

从上图可以看到，当日开盘后股价在均价线下方向下运行，期间多次止跌反弹回升，但触及均价线附近或突破均价线后又立即回到均价线下方，说明此时的均价线为压力线，股价难以突破均价线。

在10:30时下方的成交放巨量，推动股价向上拉升，一举突破均价线向上运行，此时均价线的压力作用已经失效，说明场内做多力量聚集，后市看涨，投资者可以在此位置买进。

（3）股价线在均价线上方震荡

在分时走势中，如果股价线长时间运行于均价线之上，说明股价处于强势行情中，如果此时成交价并没有节节攀升，而是处于振荡前行的状态中，那么后市上涨的可能性很大。投资者可以在每次成交价接近均价线的时候买入。

实例分析

鲁商发展（600223）股价线在均价线上方震荡买进

如图7-13所示为鲁商发展2021年4月30日的分时走势。

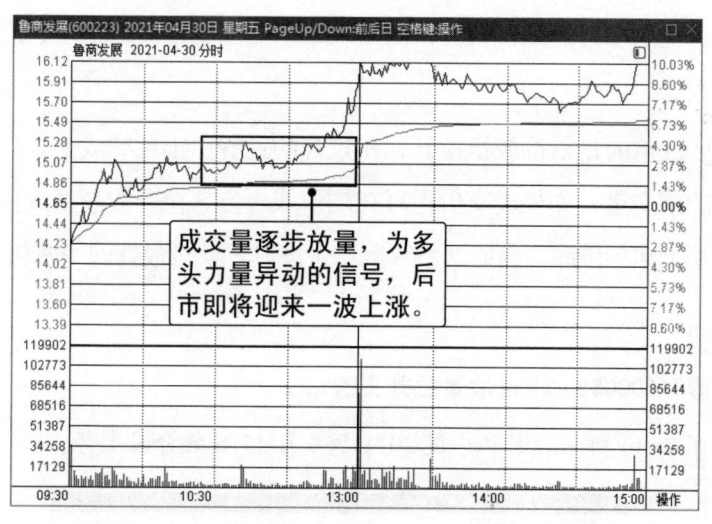

图7-13 鲁商发展2021年4月30日的分时走势

从图中可以看出，该股当日开盘后一路拉升，当股价上升至15.07元的价位线后受阻回落，之后股价始终在均价线上方保持水平震荡走势，后市上涨可能性较大，此时投资者可以出手买入。

从图中后市走势可以看到，进入午盘后下方成交放出巨量，推动股价上涨至涨停，随后打开涨停板，涨幅巨大。

7.3.2 根据成交量的变化情况来判断买点

分时图下方也有成交量柱线，记录着每分钟成交量的变化，它们与股价线的涨跌密切相关，因此，投资者可以通过成交量来找寻适合的买入点。

根据成交量变化来判断买入点主要包括以下几种情况。

（1）低位放量拉升

股价线运行到当日的一个相对较低的位置，当成交量明显放大，成交价快速上升时为投资者的买进机会。低位放量拉升的关键是放量，无论股价是上涨还是下跌，放量都意味着能量的变大。放量向上说明多方力量雄厚，股价上涨动力强劲；相反，放量向下则表示空方抛压很重，股价下跌能量强大。

需要注意的是低位放量拉升，在拉升的过程中出现的成交量最好是当天最大的成交量。如果成交价运行在均价线下方，拉升的高度应从均价线下方成功上穿均价线，当成交价突破均价线时，就是最好的买入机会。

实例分析

浙江广厦（600052）低位放量拉升买进

如图7-14所示为浙江广厦2021年9月17日的分时走势。

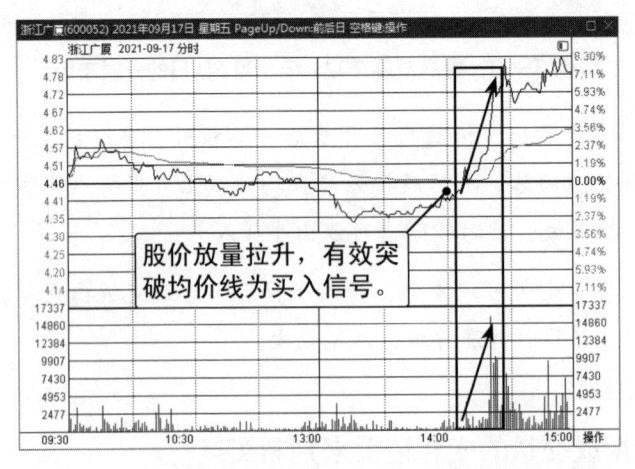

图7-14 浙江广厦2021年9月17日的分时走势

从上图可以看到，当日开盘后股价在均价线上横盘波动一小段之后跌破均价线，运行至均价线下方，并继续向下运行，与均价线之间的距离越来越远。当股价跌至 4.35 元价位线附近后止跌，并在该价位线上横盘。

14:00 之后，下方的成交量明显放大，带动股价向上拉升，并有效突破均价线继续向上，横向整理行情结束，正式步入了上升行情中，此时为投资者的买入机会。

（2）放量突破横盘

当日股票开盘之后股价线与均价线缠绕横行，下方成交表现缩量，当下方成交突然放量，股价向上攀升突破平台时为买入信号。说明此时多空平衡的状态被打破，多头占据优势，后市看涨。

实例分析

林海股份（600099）放量突破横盘

如图 7-15 所示为林海股份 2021 年 8 月 5 日分时走势。

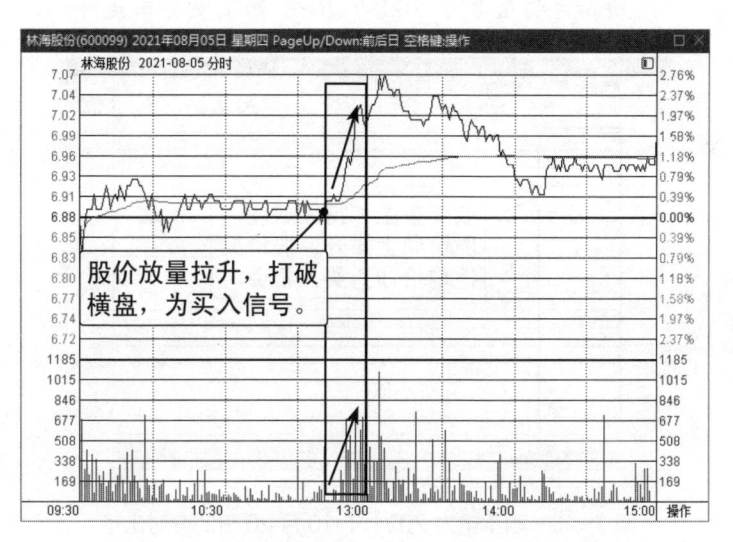

图 7-15　林海股份 2021 年 8 月 5 日分时走势

从上图可以看到，林海股份当日开盘之后，股价小幅拉升至 6.93 元附近后便止涨，随后股价在 6.88 元至 6.91 元区间横盘波动。股价横盘调整过程中，下方成交表现明显缩量。

13:00 时，下方的成交量突然放量，带动股价向上攀升有效突破均价线，说明场内投资者做多意向强烈，多头占据优势，后市看涨，此时为投资者的买入机会。随后股价直线拉升，最高上涨至 7.07 元，出现 M 顶形态后股价止涨下跌。

（3）温和持续放量

温和持续放量指当日股票开盘之后，下方的成交量呈现出温和、持续性放量，带动股价稳定向上攀升。温和放量节节拉升的形态说明多方的进攻不急不缓，占据了明显的主动性，是一波上涨行情的信号，投资者一旦发现这种成交量形态可立即买入。

实例分析

明星电力（600101）成交温和持续放量

如图 7-16 所示为明星电力 2021 年 10 月 20 日的分时走势。

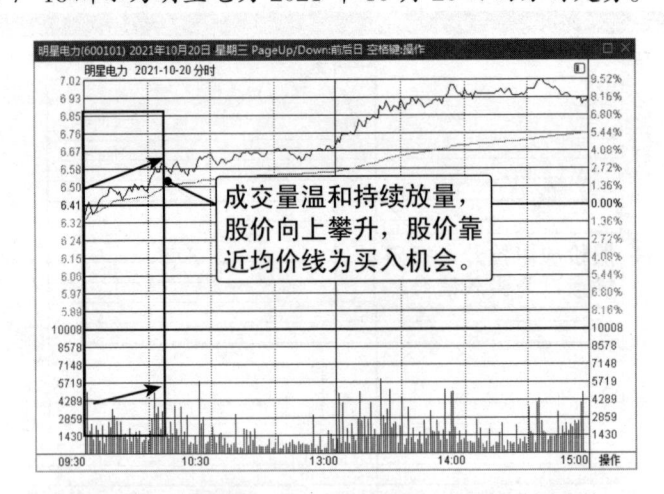

图 7-16 明星电力 2021 年 10 月 20 日的分时走势

从上图可以看到，明星电力当日开盘之后下方的成交量呈温和、持续性放量，带动上方股价向上节节攀升，说明此时场内多头实力雄厚，占据主动性，进攻不徐不疾，后市看涨。所以投资者可在股价靠近均价线附近时立即买进。

7.3.3 根据股价线形态来判断买点

分时图中的股价线是由每分钟成交的价格点构成的曲线，股价在向前运行的过程中，此曲线也会形成很多特殊的形态，通过这些形态也可以判断买入时机。

在前面 K 线形态中曾介绍过，K 线走势会形成一些底部形态，例如 V 形底、W 底及头肩底等，而在分时图中也存在这些形态。分时图中的股价线底部形态主要有 V 形底形态、双重底形态、头肩底形态及三重底形态等，它们的用法相似，具体如下：

◆ V 形底

V 形底是指由于股价经过急跌后又被快速拉起，形成一个 V 形，但因为 V 形底形成的时间较短，所以对它的研判比较困难。如果投资者把握得当，可以通过 V 形底操作 T+0 获得不错的收益。如图 7-17 所示为股价线 V 形底。

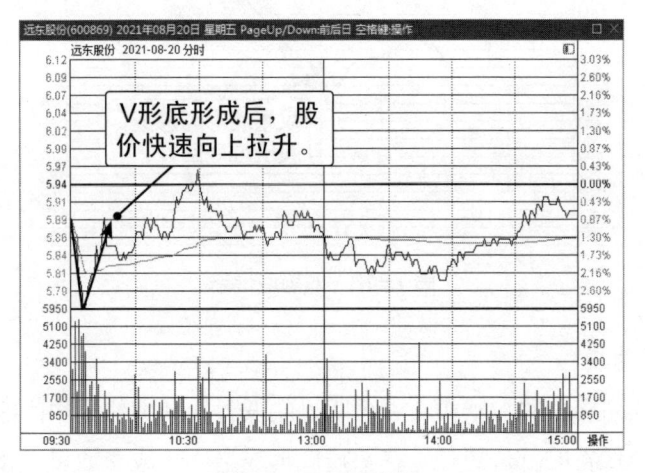

图 7-17 V 形底

对于 V 形底投资者需要注意以下几点。

① V 字尖底形成之前，应该是平开或低开，其后出现急跌走势。

② V 字尖底最低点跌幅不能少于 2%，且下跌的幅度越大，后期反弹的力度就越大，投资者的收益也就越大。另外，低点停留的时间不能超过 3 分钟。

③ V 形底形成之前，股价线应该一直处在均价线之下。

◆ 双重底

双重底形态是一个明显的见底信号，它是由股价下跌后回升，然后再次受到打压，反复两次后，股价形成双重底，随后股价止跌上涨。投资者一旦发现此形态可以在股价向上突破颈线位置时买进。如图 7-18 所示为双重底形态。

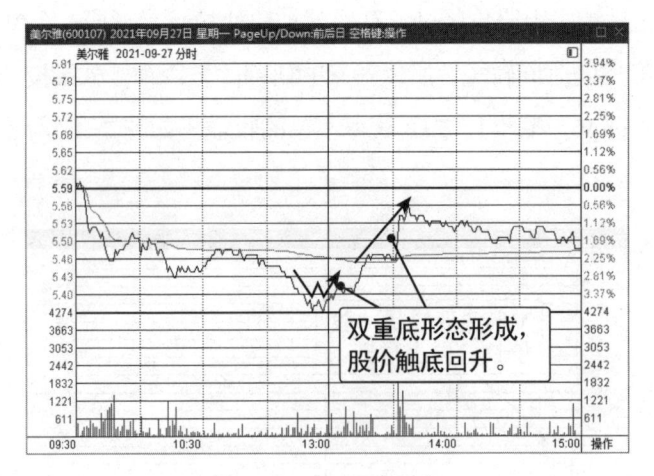

图 7-18 双重底形态

◆ 头肩底

盘中头肩底，其形状中有 3 个明显的低谷，其中位于中间的一个低谷比其他两个低谷的低位更低。在头肩底形成之后，成交放量，预示着股价开始拉升。如图 7-19 所示为头肩底。

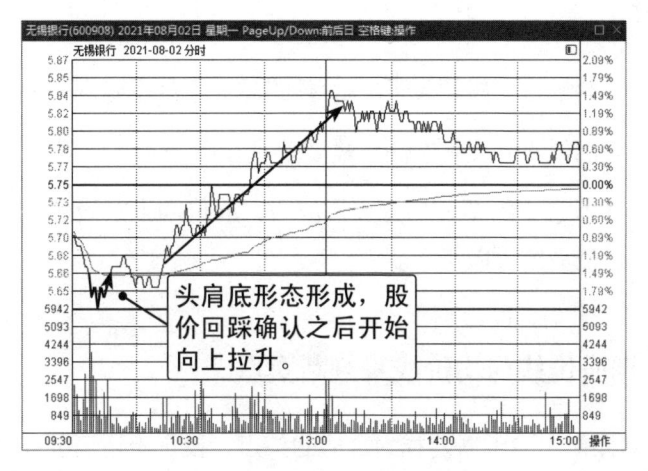

图 7-19　头肩底

注意头肩底形态需要与成交量结合分析，具体如下：

①股价线在进行拉升的时候，成交量也同步进行放大。

②股价线向上突破均价线或前一日收盘价时，成交量放大为买入点。

◆ 三重底

三重底指分时图中股价在盘中出现整理形态时，先后出现了 3 个大致处于同一水平位置的低点，这种形态就叫作三重底，而连接两次反弹的高点就形成了三重底的颈线。股价向上突破颈线时为买入点，如图 7-20 所示。

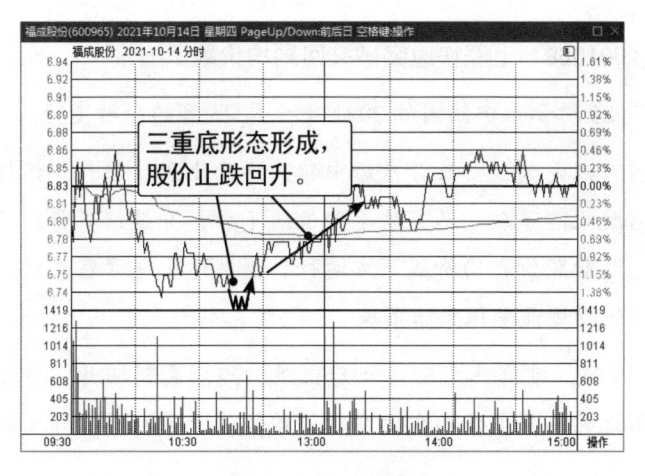

图 7-20　三重底

三重底形态在 T+0 操作过程中要注意以下 3 点。

①股价下跌幅度一般要大于 1%，跌幅越大后期反弹回升的高度越高。

② 3 个底部低点和反弹的高点需要分别在同一水平位置。

③三重底形态中的第三个低点形成后，股价向上突破颈线时，此形态才算完成，投资者才可以买入。

7.3.4 根据股价线与均价线来判断卖点

在 T+0 操作中除了需要找到合适的买点，投资者还需要找到适合的卖点，才能真正实现 T+0 超短线投资。首先投资者可以透过股价线与均价线的关系来判断卖点，具体内容如下。

（1）上涨无法突破均价线

当日股票开盘后运行于均价线下方，且继续下行。随后股价止跌回升，上升至均价线附近时却受到压力，未能成功上穿均价线，或者少量上穿均线价后再次向下，均线价就成了一条压力线，在均价线位置就可以视为卖出信号。

实例分析

中铝国际（601068）上涨快速突破又回到均价线下方

如图 7-21 所示为中铝国际 2021 年 9 月 23 日的分时走势。

从下图可以看到，当日开盘后中铝国际向上急速拉升，但仅仅维持了两分钟左右就止涨下跌，迅速跌至均价线下方，并继续下行，下方成交量呈现放量。随后股价在均价线下方运行，虽然途中也存在反弹回升但是股价触及均价线附近便受阻止涨下跌。

在 10:30 时，股价跌至 5.35 元后止跌，随后震荡回升，当股价再次靠近均价线附近时，虽然成功向上突破了均价线，但随后立即回到均价线下方。说明均价线仍然有较强的阻力，阻碍股价上涨，市场看空，此时为投资者的卖出机会。

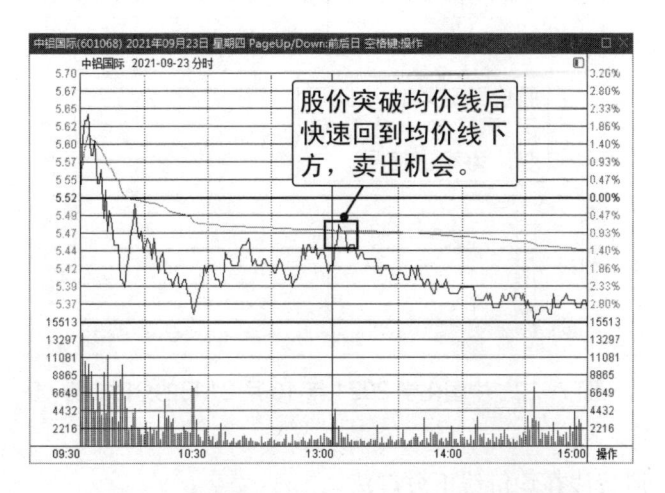

图 7-21　中铝国际 2021 年 9 月 23 日的分时走势

（2）股价向下跌破均价线

股价长期在均价线上方运行，向下跌破后也快速回到均价线上方，说明此时的均价线就成了一条支撑线，支撑股价上涨。一旦股价下跌，有效跌破均价线，说明场内多空实力转变，后市看空，此时为卖出信号。需要注意的是，股价下跌成交不一定会放量。

实例分析

中国化学（601117）股价跌破均价线转势信号卖出

如图 7-22 所示为中国化学 2021 年 10 月 21 日的分时走势。

从下图可以看到，当日开盘后中国化学在均价线的支撑下向上稳定攀升。当股价上涨至 11.50 元后止涨，短暂横盘后下跌，跌至均价线上后受到均价线的支撑止跌再次横盘。

10:18，股价下跌跌破均价线，并继续下行，说明均价线的支撑作用失效、转为阻力作用，多空对峙中，空头占据优势，转入空头市场，此时为投资者的卖出机会。

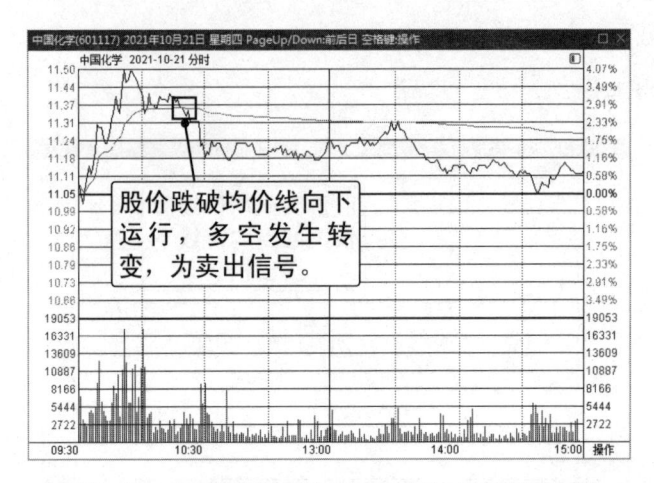

图 7-22　中国化学 2021 年 10 月 21 日的分时走势

（3）股价线在均价线下方震荡

在分时走势中，如果成交价长时间运行于均价线之下，说明股价处于弱势行情中。如果此时股价线并没有明显下跌，而是处于振荡前行的状态中，那么后市下跌的可能性很大。

投资者可以在每次成交价接近均价线时卖出，一旦成交价开始向下远离均价线，就是最后的卖出时机。

实例分析

国泰君安（601211）股价线在均价线下方震荡卖出

如图 7-23 所示为国泰君安 2021 年 7 月 26 日的分时走势。

从下图可以看到，当日开盘后股价在 17.24 元至 17.35 元区间横盘窄幅运行，股价线基本处于均价线下方，多次上涨触及均价线便受阻下跌，或是突破均价线后便立即回到均价线下方，说明此时市场处于弱势之中。

10:57 之后，股价结束横盘走势，开始明显向下移动，并逐渐与均价线拉开距离，说明股价即将转入下跌走势之中，此时为 T+0 投资者的卖出机会。

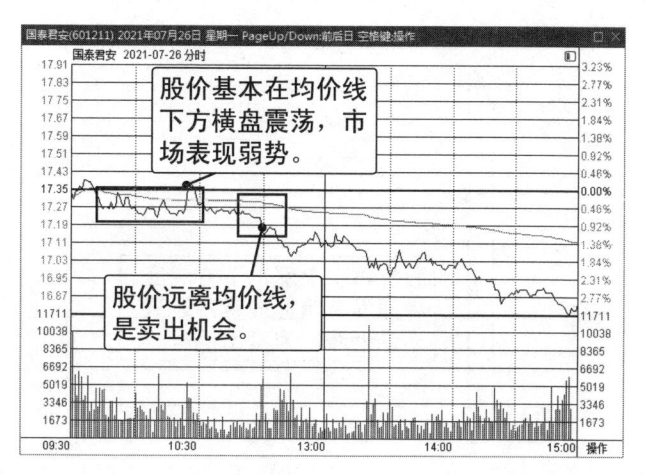

图 7-23　国泰君安 2021 年 7 月 26 日的分时走势

7.3.5　根据成交量变化判断卖点

成交量不仅可以做买点判断，还可以做卖点判断，下面我们来具体看看怎么应用。

（1）无量拉升卖出

股价在盘中形成两个以上波段的拉升，第一个波段放量拉升之后，继续第二个或第三个波段的拉升，但此时拉升下方却没有了成交放量支撑，此为无量拉升。说明此时场内并没有实际的资金投入，极有可能是主力的对敲行为，这是股价阶段性见顶的信号，投资者在发现无量拉升时应立即卖出。

实例分析

中国中铁（601390）股价无量上涨卖出

如图 7-24 所示为中国中铁 2021 年 9 月 10 日的分时走势。

从下图可以看到，当日开盘后股价放量拉升上涨至 6.80 元附近后止涨，下跌回调至 6.64 元附近后止跌横盘，随后股价再次放量上涨至 6.80 元附近后止涨下跌。

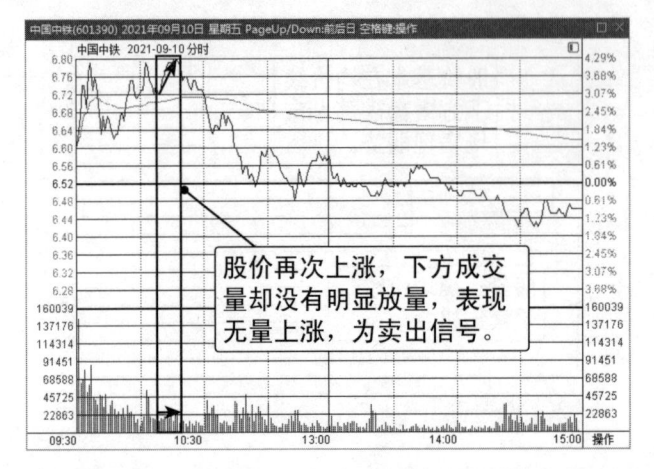

图 7-24　中国中铁 2021 年 9 月 10 日的分时走势

股价跌至 6.72 元附近后止跌，短暂横盘后再次向上拉升至 6.80 元附近，此时仔细观察下方成交量，发现此次上涨为无量上涨，下方成交量并没有明显放大，极有可能为主力的对敲行为，后市看跌。投资者应在此位置卖出为宜。

（2）放量股价滞涨

股价在早盘放量以一个或者两个以上波段推高之后，主力将股价维持在均价线之上反复震荡，随后成交再次放量但股价却并未向上突破，这说明主力在盘中对倒出货，股价已经阶段性见顶。因此，投资者应在放量滞涨时果断卖出。

实例分析

成都银行（601838）股价放量滞涨卖出

如图 7-25 所示为成都银行 2021 年 6 月 4 日的分时走势。

从下图可以看到，成都银行当日以 13.54 元价格开盘后，下方成交放量推动股价向上攀升。当股价上涨至 13.84 元后止涨下跌，跌至 13.67 元附近时，下方成交再次放量，带动股价止跌回升。当股价上涨至 13.93 元附近后再次止涨，股价回调至 13.84 元后止跌，并在该价位线上横盘运行。

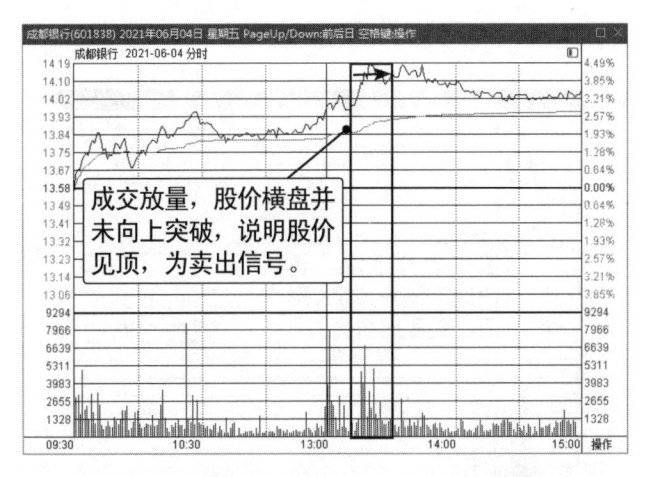

图 7-25 成都银行 2021 年 6 月 4 日的分时走势

13:00 后，下方成交再次放量，向上拉升股价至 14.19 元附近。随后下方成交持续放量，但股价依然维持在 14.10 元至 14.19 元区间横盘窄幅波动并未向上突破，说明极有可能主力在盘中对倒出货，股价出现阶段性见顶，投资者可在此位置立即卖出离场。

7.3.6 根据股价线形态来判断卖点

股价线在波动过程中不仅会形成具有指示意义的底部买入形态，同样也会形成具有指示意义的顶部卖出形态。常见的分时走势股价线顶部形态有倒 V 形顶、双重顶形态、头肩顶形态及三重顶形态，具体内容如下所示。

◆ 倒 V 形顶

股价线倒 V 形顶是指股价在盘中突然急速拉高，到达一定高度后又急速回落形成的形似倒立的英文字母"V"的走势。它是常见的顶部形态，投资者一旦发现该形态可立即离场。

但在实际投资中倒 V 形顶形态形成时间较短，研判比较困难，参与风险也比较大。可是这种形态的爆发力最强，如果把握好，投资者可以迅速

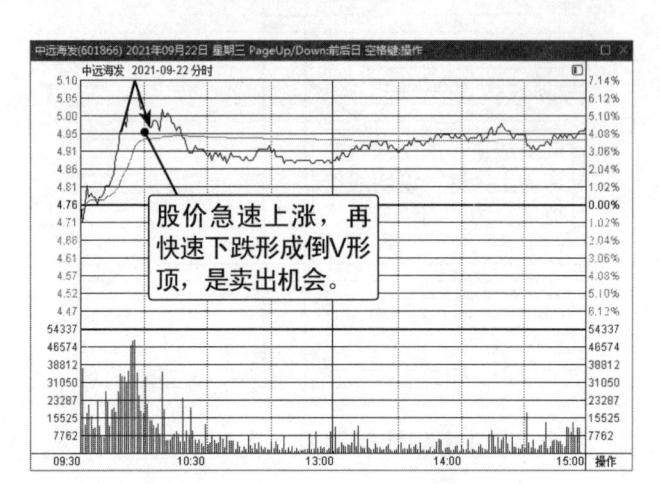

获取利润。如图 7-26 所示为倒 V 形顶形态。

图 7-26　倒 V 形顶形态

◆ 双重顶形态

双重顶是比较常见的顶部反转形态，它的形成说明经过一段时间上涨后，股价上涨的多头力量已经减弱，向上抬升的力量不足，而此时空头力量增强，股价存在见顶下跌的趋势。如图 7-27 所示为双重顶形态。

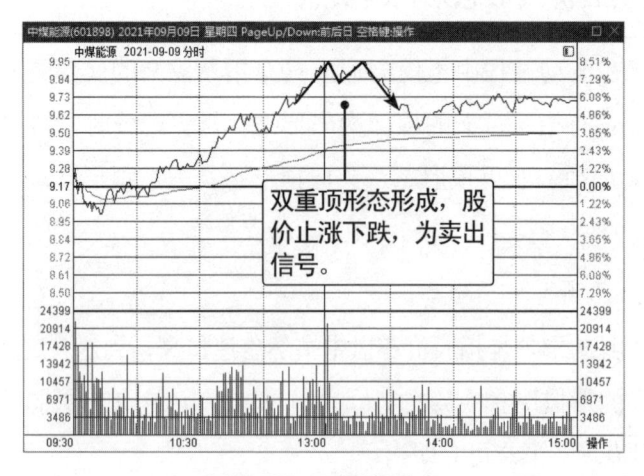

图 7-27　双重顶形态

双重顶的形成过程为股价在上升过程中会出现一顶比一顶高的走势，

但是在上升到一定高度后，股价行至前一高点附近时再也没有成交量配合继续创出新高，股价开始回落，并且击穿两峰之间的谷底，至此双重顶形态已经完成。

双重顶形态的两个顶点是最好的卖出时机，但是如果投资者没有把握住这个时机，那么在股价第二次冲高回落，并跌破第一次冲高回落的低点时，就是双重顶形态被确认的时候，也是这种形态的最后卖出时机。

◆ 头肩顶形态

头肩顶也是比较常见的一种顶部形态，股价 3 次冲高形成了 3 个明显的高点，其中第一个高点与第三个高点的高度相近，第二个高点则最高。两个回落形成的低点大致保持在同一水平位置上，它们之间的连线就是头肩顶形态的颈线。投资者应在发现头肩顶形态之后就立即卖出离场。如图 7-28 所示为头肩顶形态。

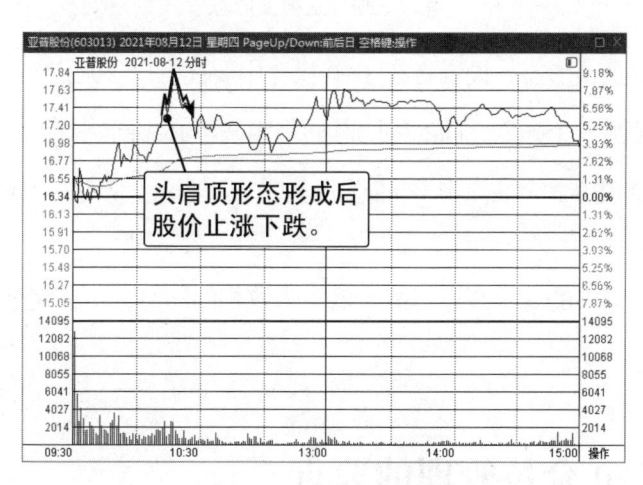

图 7-28　头肩顶形态

◆ 三重顶形态

三重顶形态与头肩顶形态类似，它也是股价 3 次冲高后形成的形态，区别在于，股价 3 次冲高形成的 3 个高点大致处于相同价位上，回落形成的低点也大致处于同一价位上。

三重顶形态是可靠的顶部形态，说明股价上涨受阻，上方压力较大，后市即将转入下跌趋势之中。投资者在发现3个相同顶点时就应该立即引起注意，及时离场。如图7-29所示为三重顶形态。

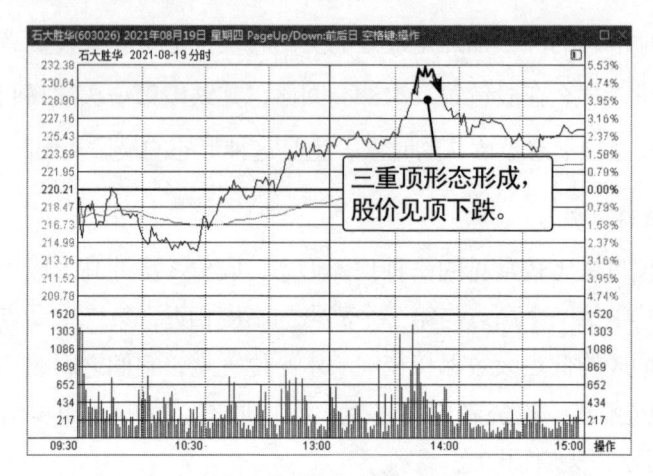

图7-29 三重顶形态

对于三重顶形态，投资者在T+0操作中要注意以下几点。

①三重顶3个高点之间的间隔时间与距离不必相同。

②三重顶中3个高点形成的时间越长，从理论上来看，下跌的力度则越强。

③三重顶中的3个高点与两个低点大致相同即可，不必完全相等。

7.4　T+0仓位管理的要点

在前面介绍T+0操盘时说过，实现T+0的前提是需要持有一定数量的可操作股票，其次手中还需要有闲置资金，才能在后续的投资中实现买进卖出T+0操盘。

这里其实对投资者提出了一点要求，即做T+0投资需要做好自己的仓位管理，避免全仓操作，这样不仅可以控制风险，还可以提高盈利空间。

7.4.1 学会建立底仓的方法

建立底仓是投资者实现 T+0 操盘的前提，建立的底仓成本越低，投资风险也就越低，后续的盈利空间也就越大。投资者在建仓时要注意以下几点内容。

①建仓要避免全仓，而具体多少仓位则根据投资者的实际需求来确定，不同的投资者建仓的比例会有所不同。一般来说，半仓建仓是比较合适的仓位，既不会出现重仓持股的风险，也不会错过当前的行情，此外，即便出现决策失误被套，余下的半仓也能通过 T+0 实现解套。

②建立底仓时要避免一次性建仓，因为股市波动较大投资者往往难以准确找到合适的低点，分批建仓则可以降低风险，也能摊低成本。

③建仓之前投资者应对行情走势有一个准确的判断，切忌在对行情走势认识模糊不清时入场。

建仓的方法有很多，这里介绍 3 种实际投资中比较常用的建仓方法，包括漏斗形仓位管理法、金字塔形仓位管理法及矩形仓位管理法。

（1）漏斗形仓位管理法

漏斗形仓位管理法是指初始入场的资金量较小，仓位比较轻，如果行情按相反方向运行，则分批多次建仓，加仓的比例越来越大，以摊低持股成本。这样的加仓方式呈现出下方小、上方大的一种形态，所以被称为漏斗形仓位管理法。

漏斗形仓位管理法的优势在于风险较小，摊低成本的速度较快，盈利空间大小与漏斗高低有很大的关系。如图 7-30 所示为漏斗形仓位管理法示意图。

图 7-30　漏斗形仓位管理

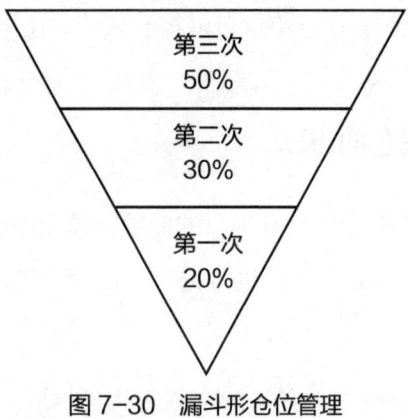

加仓的次数和比例可以按实际需要进行调整，图中为 3 次，实际也可以为 4 次、5 次等，但是注意加仓比例越来越大这一原则不可更改。

漏斗形仓位管理法对投资者的看盘和操作能力要求较高，一旦投资者判断失误，可能会严重影响资金的运转。

（2）金字塔形仓位管理法

金字塔形仓位管理法是与漏斗形仓位管理法截然相反的一种仓位管理法。初次建仓时的资金量较多，占比较大，如果估计走势朝着相反的方向发展，则分批多次建仓，以摊低持股成本，但每次加仓的比例逐渐减小。这样的加仓方式呈现出一个下方大、上方小的金字塔形，所以被称为金字塔形建仓法，如图 7-31 所示为金字塔形建仓法示意图。

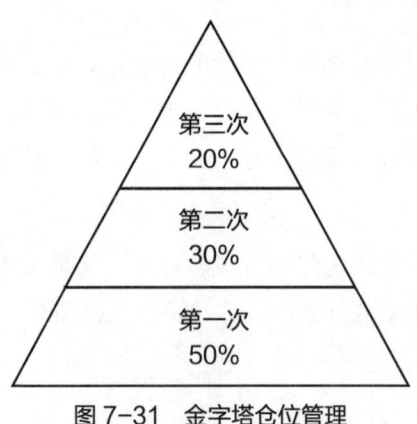

图 7-31　金字塔仓位管理

同样的，金字塔形的建仓次数和比例也可以根据实际需要来进行调整，但是加仓比例越来越小这一原则不可变。

因为金字塔形建仓中初次建仓的仓位很重，所以对投资者的看盘能力、分析能力等要求很高，如果是处于震荡市场中，则获利难度很高。

（3）矩形仓位管理法

矩形仓位管理法中每次进场的资金量占总资金的比例固定，如果行情向相反方向发展则逐步加仓，以降低成本。每次加仓时都需要按照这个固定比例进行，形态上像一个矩形，所以被称为矩形仓位管理法。如图 7-32 所示为矩形仓位管理法示意图。

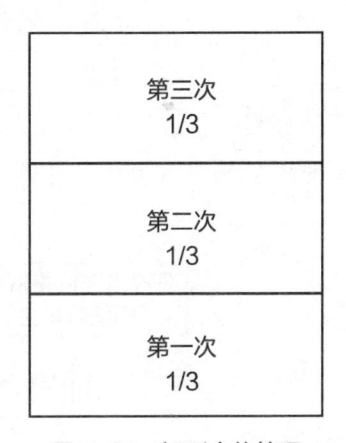

|第三次 1/3|
|第二次 1/3|
|第一次 1/3|

图 7-32　矩形仓位管理

在实际的建仓中，加仓的次数和比例都可以进行调整，常见的仓位比例除了图示中的 1/3 仓位外，还有 1/4 及 1/5 等。

因为矩形仓位管理法中每次只增加一定比例的仓位，持仓成本逐步抬高，将风险进行平均分摊，在持仓可以控制，后市方向和判断一致的情况下，会获得丰厚的收益。

但是在初始阶段，平均成本抬高较快，很容易陷入被动局面。同漏斗形建仓方法一样，越是反向变动，持仓量就越大，当达到一定程度，必然全仓持有，而价格只要向反方向变动少许，就会导致爆仓。

这几种建仓方式各有优点，不存在好坏之分，投资者可以按照实际的行情走势和需求进行选择。

7.4.2 T+0 半仓低吸

前面我们说过，T+0 建仓时最好以半仓比例进行建仓，手中留存一半的资金。而 T+0 半仓低吸是指投资者看好某只个股后市发展，如果该股迎来上涨，投资者必然会获利。但是，股价往往不是向上直线拉升的，而是波动上行，一旦股价出现价格低位点，投资者就可以利用手中留存的一半资金买进相应的股票实现半仓低吸。

实例分析

今世缘（603369）T+0 半仓低吸

如图 7-33 所示为今世缘 2020 年 5 月至 9 月的 K 线走势。

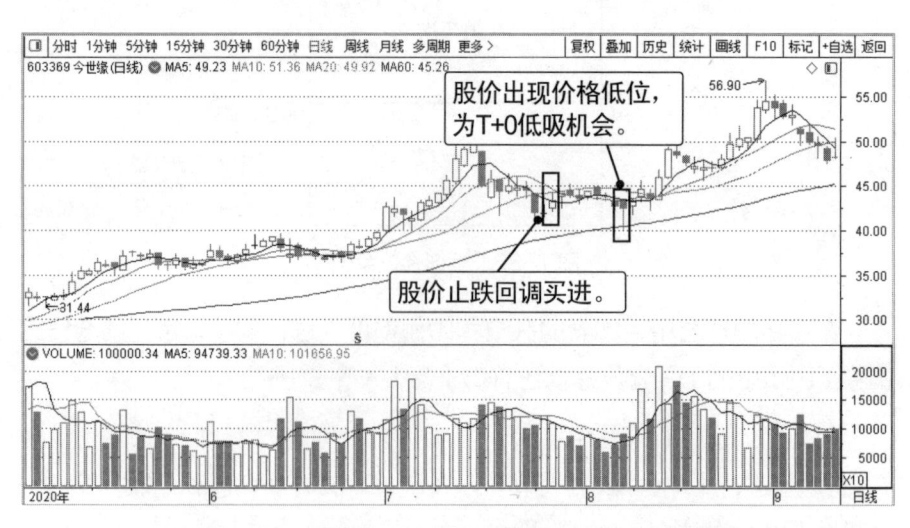

图 7-33　今世缘 2020 年 5 月至 9 月的 K 线走势

从上图可以看到，今世缘处于上升趋势之中，股价从 30.00 元附近波动上涨，短期均线、中期均线及长期均线纷纷上行，市场表现强势，该股短期看涨。

某投资者看重该股的近期上涨走势，7月上旬股价上涨至50.00元附近时止涨，回调至45.00元价位线附近横盘，此时，投资者在44.20元位置买进1 000股。

买进后，股价继续横盘波动，8月7日，股票以43.18元价格开盘，随后在43.08元价位线上横盘运行一小段后跌破均价线向下运行，跌至40.00元后止跌回升。如图7-34所示为今世缘2020年8月7日的分时走势。

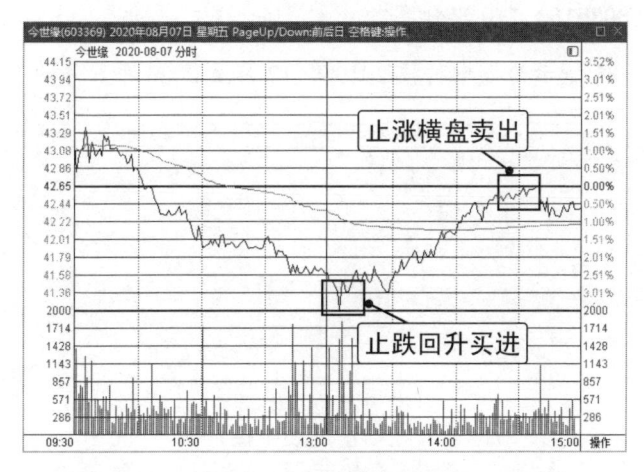

图7-34　今世缘2020年8月7日的分时走势

投资者发现股价跌幅超过3%，并跌破自己的买入成本时开始注意。当股价跌至40.00元止跌回升时，该投资者立即在40.50元附近买进1 000股。随后股价向上攀升，并有效突破均价线的压制，上升至前一日的收盘价附近止涨，横盘运行，此时接近尾盘，投资者立即在42.50元卖出原本持有的1 000股。

通过这一轮T+0买进卖出操作，投资者成功将自己的持股成本从44.20元降低至40.50元，还获得2 000.00元的差价收益，完成了低吸的目的。

7.4.3　T+0半仓高抛

T+0半仓高抛主要应用于空头市场中，此时股价下跌趋势明显，量能萎缩，长期持有风险较大，半仓高抛可以降低持股的成本和风险，另一方面可以等价格回涨时灵活利用T+0策略实现当日盈利。

操作T+0半仓高抛的前提条件为股价出现波动，一旦出现价格高位点，就可将手中的股票卖出，实现半仓高抛。

实例分析

淳中科技（603516）T+0半仓高抛

如图7-35所示为淳中科技2019年12月至2020年6月的K线走势。

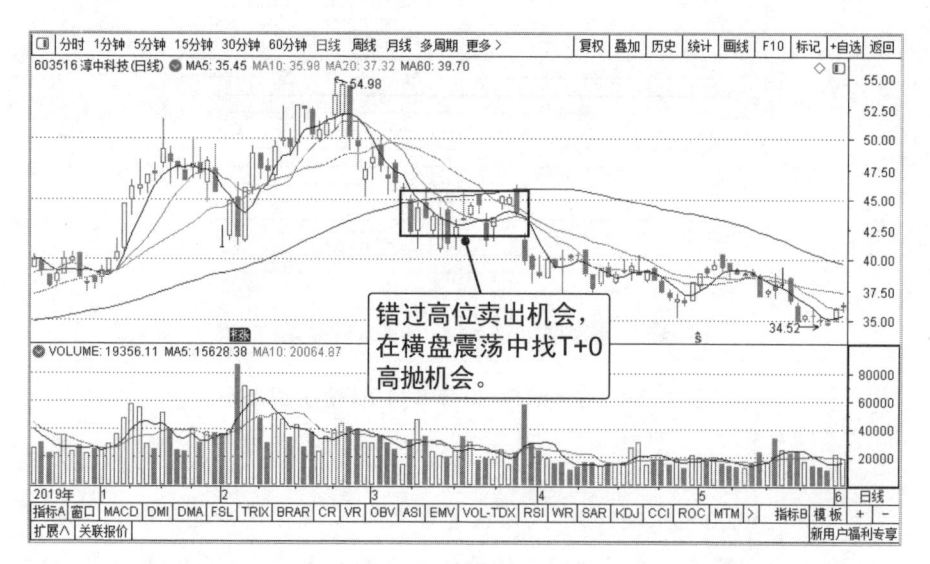

图7-35 淳中科技2019年12月至2020年6月的K线走势

从上图可以看到，淳中科技前期处于一段上升趋势之中，股价震荡向上。2020年3月初，股价上涨至55.00元附近滞涨，横盘整理，随后转入下跌趋势之中，5日均线、10日均线及20日均线纷纷拐头向下运行，短期市场看跌。

某投资者错过了最佳的卖出机会，所幸股价跌至45.00元附近后止跌横盘，并未出现大幅回调，但留给投资者短线操作的机会很少。因为投资者并未在高位卖出股票，所以持股时间越长，产生的亏损就可能越大。横盘整理阶段短时间内跌幅较小，给投资者提供了短线操作的机会，降低持股所占用的资金量，一方面避免股价大幅下滑而带来亏损，另一方面则通过减仓的方式完成 T+0 交易。

如图 7-36 所示为淳中科技 2020 年 3 月 11 日的分时走势。

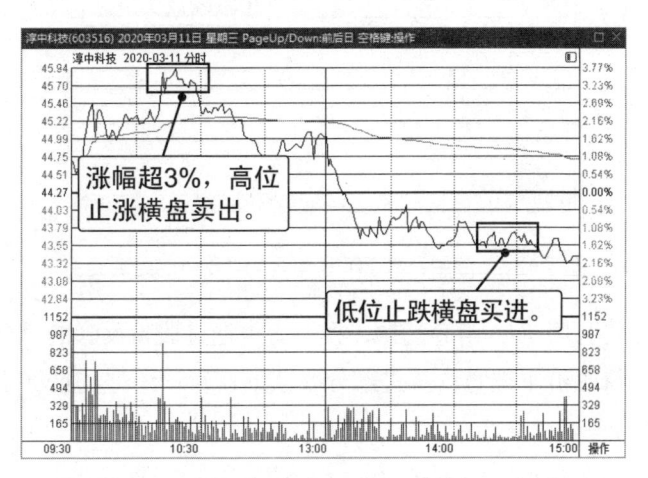

图 7-36　淳中科技 2020 年 3 月 11 日的分时走势

从上图可以看到，当日股价小幅高开后下方成交放量，带动股价向上攀升，上涨至 45.94 元，涨幅超过 3.77%，随后股价止涨下跌，此时为投资者的卖出机会。然后股价震荡下跌，跌破均价线后，运行至均价线下方并向下运行，股价跌至 43.55 元价位线后跌势减缓，开始横盘运行，此时为投资者的买进机会。

如图 7-37 所示为淳中科技 2020 年 3 月 18 日的分时走势。

从图可以看到，当日开盘后股价在成交的放量支持下向上攀升，最高上涨至 45.48 元，涨幅达到 6.46%，随后止涨下跌，此时为投资者的卖出机会。

股价在 45.09 元的高位区域横盘，13:00 后股价下跌且跌破均价线，运行至均价线下方，并向下运行。股价跌至 43.51 元附近后止跌短暂横盘，此时为投资者的买进机会。

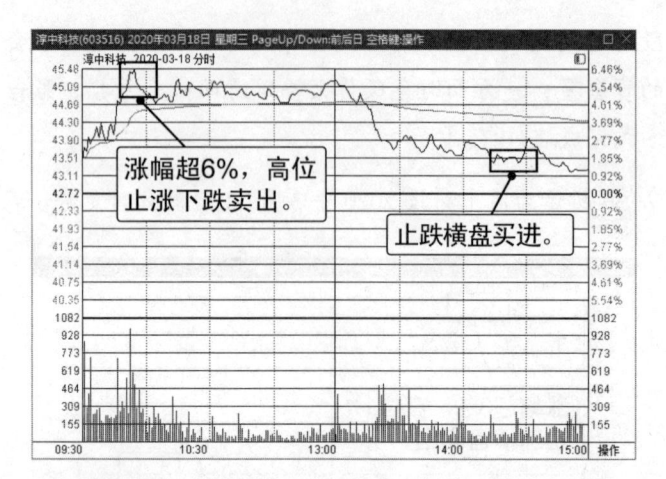

图 7-37　淳中科技 2020 年 3 月 18 日的分时走势

可以看到利用 T+0 半仓高抛，投资者可通过股价反弹的机会在高位时卖出股票，待股价下挫时再买进部分股票，在行情不好的情况下也可以将损失降到最低。

但是在空头趋势中，股价整体呈下跌走势，投资者在买进股票时可少量、分批多次买进，同时要尽可能买在低位，才能降低持股的风险。